Martina Meuth
Bernd Neuner-Duttenhofer

Sternstunden

Tips, Tricks und Rezepte
aus unserer Küche

Illustrationen von
Cornelia von Seidlein

Droemer

Copyright © 1999 bei Droemersche Verlagsanstalt
Th. Knaur Nachf., München
Alle Rechte vorbehalten. Das Werk darf – auch teilweise –
nur mit Genehmigung des Verlages wiedergegeben werden.
Umschlaggestaltung: Agentur Zero, München
Umschlagillustrationen: Cornelia von Seidlein
Gestaltung und Herstellung: Gesa Streich
Druck und Bindung: Spiegel Buch, Ulm
Printed in Germany
ISBN 3-426-27177-X

5 4 3 2 1

Inhalt

Winter

Zu diesem Buch

Kulinarische Sternstunden, so könnte man meinen, erlebt man nur selten und eher zufällig. Wir finden jedoch: Man kann Sternstunden planen. Allerdings muß man sein Bewußtsein so trainieren, daß man sie auch erkennt – wer ständig nur auf den großen, unübertrefflichen Eindruck einer Supernova wartet, bemerkt gar nicht, wenn eine Sternschnuppe vorüberzieht, die aller Achtung wert wäre. Will sagen: Ein guter Kartoffelsalat ist dem wahren Gourmet ebenso lieb wie ein perfekt gebratenes Täubchen.

Unsere kulinarischen Sternstunden sind entstanden für den *STERN* – in loser Folge haben wir für diese Zeitschrift über verschiedene Produkte und Zubereitungsarten geschrieben. Die Themen richteten sich nach der Jahreszeit, dem Interesse der Redaktion, unserem Geschmack und unseren Vorlieben – alles in allem also eine eher zufällige Zusammenstellung, was das Sternstundenhafte noch unterstreicht. Für dieses Buch haben wir die Geschichten ausgebaut, die Rezepte überarbeitet und neue Rezepte, die inzwischen Einzug in unsere Küche gehalten haben, hinzugefügt.

Natürlich sind einige Grundbedingungen unerläßlich für das Zustandekommen von kulinarischen Sternstunden. Es beginnt mit der Jahreszeit – im Winter will man anderes essen als im Sommer, die Produkte, die der Frühling bietet, unterscheiden sich von denen, die der Herbst uns schenkt. Eine Binsenweisheit, aber immer noch längst nicht so fest wie wünschenswert im Bewußtsein vieler Menschen verankert. Das außerordentliche Produkt, am liebsten nur unter Schwierigkeiten und für teures Geld zu haben, galt seit jeher als der Gipfel des luxuriösen Genießens. Und so steht – man kann das in eleganten Restaurants immer wieder erleben – durchaus nicht das jahreszeitliche Angebot im Mittelpunkt der Kochkunst, vielmehr liebt man es, den Gast mit Primeur-Gemüse, Spargel im Herbst, Erdbeeren an Silvester, Wild an einem lauen Sommerabend zu beeindrucken. Freilich ermöglichen heutige Kühltechnik und Transportbedingungen einen phantastisch unabhängigen, rund um das Jahr gleichen Weltmarkt frischer Produkte. Auch wir verwenden in unseren Rezepten gern und reichlich exotische Kräuter und Gewürze – dabei bleibt aber stets für uns das regionale und saisonale Angebot die Basis unserer Themenwahl und Rezepte, die gleichermaßen auf Qualität und Preiswürdigkeit bedacht sind.

Der Einkauf, das Produkt also, steht bei uns immer im Mittelpunkt. Dabei sind wir in Deutschland nicht sehr verwöhnt: Der Handel bietet im allgemeinen nur Durchschnittsware an, gute Spezial- und Fachgeschäfte muß man mit der Lupe suchen. Auch auf den Wochen- und Bauernmärkten findet man leider längst nicht die Qualität, die in Frankreich, Italien oder Österreich Standard ist – zu sehr scheinen die meisten Deutschen mehr uninteressierte Verbraucher als kritische Genießer zu sein, zu sehr schauen sie auf den Preis, zu wenig achten und belohnen sie die mühevolle, aber qualitätfördernde Arbeit kleiner – zumeist biologisch ausgerichteter und artgerechter Haltung verpflichteter – Betriebe, denen das gute Produkt am Herzen liegt, nicht engstirnige Ideologie. Wer gerne gut ißt, weiß das – leider erleichtern hohe Ansprüche die Suche nach den entsprechenden Zutaten keineswegs.

Die Grundlagen für kulinarische Sternstunden wollen also zunächst einmal gefunden werden! Aber – der Weg ist das Ziel! - keine Feinschmeckerin und kein Gourmet wird sich schließlich das Vergnügen eines anspruchsvollen Einkaufs entgehen lassen: Das Vergleichen der Waren, ein Schwätzchen mit Gleichgesinnten; der Erfahrungsaustausch mit von ihren Produkten überzeugten Bauern und fachkundigen Händlern; die gemeinsame Begeisterung für das Gute; ein kritisches Probieren und Beschreiben; das allmähliche Begreifen der Werte von Waren jenseits von Handelsklassen und Qualitätsprofilen, die nur das Aussehen der Massenprodukte normieren – alles zusammen schafft geistige Befriedigung und physisches Wohlbefinden.

Es entstehen so kulinarische Sternstunden sozusagen von selbst, wenn man nur ein wenig Muße, Spaß am Kochen und Freude am Gastgeben hat. Natürlich wird nicht immer Großes aus dem Zwang erwachsen, alltäglich etwas auf den Tisch zu bringen, aber es kann mit der Zeit solides handwerkliches Können daraus entstehen. Vorausgesetzt, man kocht nach vernünftig konzipierten Rezepten, welche die Erkenntnisse der Ernährungswissenschaft berücksichtigen und die moderne Küchentechnik zeit- und kaloriensparend einsetzen – für uns einfach selbstverständlich. Wir behaupten sogar: Gute Küche ist immer auch gesunde Küche, und intelligent und praktisch ist sie obendrein!

Wenn dann zu einer solchen Basis die besondere Gelegenheit kommt, man den Einkauf bereits mit Lust plant und zelebriert, die Vor- und Zubereitung ohne Streß zum zentralen Teil des Ereignisses wird und das fröhliche Tafeln am Ende der Höhepunkt eines genüßlich verbrachten Tages ist, dann befindet man sich – mit Freunden am Tisch und dem passenden Wein im Glas – schon längst mittendrin, in den schönsten kulinarischen Sternstunden … Wir haben zu den einzelnen Rezepten stets angegeben, was wir dazu am liebsten trinken würden. Außerdem verraten wir zum Schluß noch ein paar Versandadressen, bei denen man Zutaten bestellen kann, die nicht überall zu bekommen sind. So können sie kommen, die Sternstunden – wir wünschen Ihnen jede Menge davon und natürlich viel Vergnügen dabei!

Martina Meuth & Bernd Neuner-Duttenhofer,
Gut Neunthausen im Mai 1999

10

Zitronengras:
Der Duft der fernen Welt

Mitten im Gedränge weht eine Duftwolke vorbei. Augen zu und schnuppern: Und schon ist man Zehntausende von Kilometern weit entfernt, in der flirrenden Hitze eines quirligen Thai-Markts mit all seinen lauten Farben, widerstreitenden Düften und den zahllosen Imbißständen, an denen gekocht, gegrillt, gebraten wird, daß es nur so eine Lust ist. Hier ist er allgegenwärtig, der betörende würzig-frische Duft des Zitronengras. Inzwischen haben ihn also sogar die Parfumhersteller (wieder-)entdeckt. Für unsere Urgroßmütter hatte man bereits um die Jahrhundertwende in südfranzösischen Gewächshäusern Zitronengras gezogen. Weil sich daraus erheblich billiger als aus Zitronen das so teure Zitrusöl gewinnen läßt, das Parfums einen frischen, belebenden Duft verleiht.

Zitronengras, botanisch *Cymbopogon citratus,* ist eine Graspflanze, die man in vielen Gegenden der Tropen findet und die dann auch meist eine wichtige Rolle in der Küche spielt. Es gehört in die Curries, Suppen und Brühen aller Küchen Südostasiens, von Indien bis zu den Philippinen. Vom fast meterhohen Gras verwendet man eigentlich nur das untere, wie bei einer Frühlingszwiebel leicht verdickte, cremigweiße Ende von etwa zwanzig Zentimetern. Man kocht es entweder ganz oder in groben Stücken mit und fischt es vor dem Essen, wenn es

11

seinen Geschmack abgegeben hat, wieder heraus; oder man zerstößt und mixt es zusammen mit Ingwer, Knoblauch und Chilis zur Currypaste; schließlich mischt man das unterste, besonders zarte Ende, in hauchfeine Scheibchen geschnitten, auch gern in Salate, Curries oder Ragouts. Die messerscharfen, hellgrünen Blätter werden meist abgeschnitten, bevor das Zitronengras in den Handel kommt. Das ist schade, denn man kann sie zu einem Bündel geknotet wunderbar wie ein Lorbeerblatt in Brühen oder Saucen mitkochen, denen sie ihren unwiderstehlichen Zitronenduft mitteilen.

Lange Zeit konnte man bei uns Zitronengras nur fein geschnipselt und getrocknet im Gewürzglas kaufen, wo es einen Gutteil seines Aromas längst eingebüßt hatte. In Frankreich, wohin sich im Laufe des Indochinakrieges viele Vietnamesen geflüchtet hatten, war *citronelle* längst schon ein gängiges Gewürz, als man dieses Wort noch mit *Zitronenmelisse* übersetzte. Inzwischen jedoch locken bei uns bereits Restaurants mit dem appetitlichen Namen *Lemongrass,* und es gibt in nahezu allen größeren Städten Asien-Shops, die ein- bis mehrmals in der Woche

direkt aus Bangkok alles einfliegen lassen, was man für die thaiwürzige Küche braucht: nicht nur Koriandergrün, Thaibasilikum und die Blätter der schrumpeligen Kaffirzitrone mit ihrem Zitronenaroma, sondern auch frisches Zitronengras.

Es kann übrigens durchaus mal vorkommen, daß sich noch kleine Würzelchen am Zitronengras finden. Einen solchen Stengel sollte man unbedingt in lauwarmes Wasser ans sonnige Fenster stellen, wo sich die Wurzeln alsbald vermehren. Dann in einen Blumentopf pflanzen, so warm wie möglich stellen, feucht halten und fleißig düngen, und man kann mit Freude beobachten, wie aus einem Stengel viele werden, die sich kontinuierlich ernten lassen. So hat man stets frisches Zitronengras im Haus.

Übrigens: Kennen Sie Eisenkraut? Jene Würzpflanze, deren Blätter die Franzosen gern als erfrischenden Verveine-Tee aufbrühen und welche die Italiener *citronella* nennen? Wenn Sie die Blätter zwischen den Fingern zerreiben, riecht es nach … Augen zu und schnuppern: Zitronengras!

Garnelen mit Zitronengras

Das ist schnelle Küche par excellence: Dieses erfrischen-
de, sommerleichte Gericht steht wirklich im Handumdrehen auf dem Tisch. Die Zutaten dafür kann man sogar
stets im Haus haben (Garnelen gehören in jeden Tiefkühlvorrat!), so daß plötzlicher Lust auf exotische Düfte
ohne Verzögerung nachgegangen werden kann.

Für zwei Personen:
je 2 EL Zitronensaft, Fischsauce und Hühnerbrühe,
1/2 – 1 TL zerkrümelte, getrocknete Chilis (nach
Geschmack), 1 TL Zucker, 2 EL feingeschnittenes frisches
oder 1 TL getrocknetes Zitronengras,
6 große Garnelenschwänze (roh, ausgelöst und entdärmt),
1 Kaffirzitronenblatt, 2 Frühlingszwiebeln,
Salatblätter zum Anrichten, Koriandergrün oder glatte
Petersilie zum Garnieren

1. Zitronensaft, Fischsauce und Hühnerbrühe mit
   Chilikrümeln, Zucker und Zitronengras in einem kleinen Topf aufkochen.
2. Die Garnelenschwänze sorgfältig waschen, längs
   halbieren und in diesen Sud legen. Zwei Minuten
   köcheln, dabei immer wieder umwenden, damit alle
   Garnelenstücke von dem wenigen Sud erreicht und
   gleichzeitig gar werden.
3. Das Zitronenblatt in haarfeine Streifen, die Frühlingszwiebel in schmale Ringe schneiden und untermischen.

4. Einmal aufkochen und sofort auf einer mit Salatblättern ausgelegen Platte anrichten. Großzügig mit
grob zerzupften Korianderblättchen oder Petersilie bestreuen.

Miesmuscheln mit Zitronengras und Thaibasilikum

Für vier Personen:
1 kg Miesmuscheln, 1 fingerlanges Stück Galgant,
2 Zitronengrasstengel, 5 Stengel Thaibasilikum

Dip:
je 1 TL feingewürfelter Ingwer und Knoblauch, 1 EL feinge-
würfelte grüne oder rote Chilischote, je 3 EL Zitronensaft,
Sojasauce und Fischsauce, 1 TL Zucker

1. Die Muscheln gründlich abbürsten, dabei den Bart entfernen. Die Muscheln wenn nötig in immer wieder
gewechseltem Wasser entsanden lassen. Geöffnete
Muscheln herauslesen und wegwerfen – sie sind ver-
dorben.
2. Die sauberen Muscheln in einen ausreichend großen
Topf füllen, den gehackten Galgant, das in Streifen
geschnittene Zitronengras und die abgezupften
Basilikumblätter dazwischenstreuen.
3. So viel Wasser angießen, daß es zwei Zentimeter hoch
im Topf steht. Zugedeckt etwa fünf Minuten heftig

kochen lassen, dabei immer wieder den Topf schütteln und rütteln, damit alle Muscheln irgendwann einmal Bodenkontakt haben. Muscheln, die jetzt noch geschlossen sind, ebenfalls herauslesen und wegwerfen.

4. Für den Dip Ingwer und Knoblauch, Chili und Zitronensaft, Soja- und Fischsauce sowie Zucker miteinander verrühren.

5. Die Muscheln werden in einer großen Terrine zu Tisch gebracht. Jeder Gast bekommt ein kleines Schälchen mit Dip, in den er seine ausgelösten Muscheln stippen kann; außerdem gibt's den durch ein Sieb gefilterten Sud in kleinen Täßchen als belebendes Süppchen.

Hühner-Curry mit Zitronengras

Im Asien-Shop kann man fertige Thai-Currypaste in vier verschiedenen Farben und damit Geschmacksrichtungen kaufen; rot, grün, gelb (je nachdem, welche Sorte Chilis Hauptzutat sind) und das etwas mildere rote Massamam-Curry. Die würzigen Pasten halten sich in Schraubgläsern im Kühlschrank viele Monate und sind eine ideale Basis für jede Art von Curry. Das folgende Grundrezept läßt sich auch mit jedem anderen Fleisch zubereiten und ergibt blitzschnell ein herrliches Currygericht mit würziger Sauce.

Für vier Personen:

6 Hähnchenschenkel, 3 EL Öl, 3 Knoblauchzehen,
1 cm Ingwerwurzel, 1 TL rote Currypaste,
3 EL Fischsauce, 1/8 l – 1/4 l Hühnerbrühe,
1/2 TL Zucker, 1 Zitronengrasstengel,
3 – 4 Kaffirzitronenblätter, 2 Frühlingszwiebeln

1. Die Hähnchenschenkel häuten und quer zum Knochen in drei Zentimeter lange Stücke schneiden.
2. In einem passenden Topf das Öl erhitzen, die Hähnchenstücke darin sanft rundum golden anbraten, dabei den feingehackten Knoblauch und Ingwer dazwischenstreuen.
3. Die Currypaste zufügen, die Hähnchenstücke so lange drehen und wenden, bis sie überall davon überzogen sind.
4. Fischsauce und Hühnerbrühe darübersprenkeln, mit Zucker bestreuen, erst wenn er nach einigen Sekunden beginnt zu karamelisieren, mit so viel Hühnerbrühe ablöschen, daß die Hühnerstücke nicht ganz bedeckt sind.
5. Vom Zitronengras etwa einen Eßlöffel in haarfeine Ringe schneiden und beiseite legen, den Rest in zentimetergroße Stücke hacken und zufügen. Das Curry etwa 15 bis 20 Minuten zugedeckt sanft köcheln.
6. Vor dem Servieren die ebenfalls in haarfeine Streifen geschnittenen Zitronenblätter und Frühlingszwiebeln mit dem Zitronengrasringen einrühren.

Spaghetti mit Zitronengras und Rindfleisch

Für zwei bis vier Personen:

250 g Hartweizengrieß-Spaghetti, Salz, 1 TL Sesamöl,
250 g Rinderlende, 2 EL Öl, je 1 TL gehackter Knoblauch
und Ingwer, 1 grüne und 1 rote Chilischote,
4 cm Zitronengras (vom weißen Teil),
je 2 EL Fischsauce, Zitronensaft und Hühnerbrühe,
2 Frühlingszwiebeln, 2 EL geröstete, grob zerstoßene
Erdnüsse, Koriandergrün

1. Die Spaghetti in reichlich Salzwasser al dente kochen, abgießen und in einer Schüssel mit dem Sesamöl durchschwenken, damit sie nicht aneinanderkleben.
2. Das Rindfleisch in schmale Streifen schneiden. Im heißen Öl rasch und scharf anbraten.
3. Knoblauch und Ingwer darüberstreuen, die entkernten und in Streifen geschnittenen Chilis zufügen sowie das in hauchfeine Scheibchen geschnittene Zitronengras.
4. Alles gründlich durchschwenken, erst dann mit Fischsauce und Zitronensaft würzen und mit Brühe anfeuchten.
5. Die feingeschnittenen Frühlingszwiebeln, die Erdnüsse sowie schließlich die Spaghetti untermischen. Noch einmal erhitzen, auf Teller verteilen und mit Koriandergrün bestreut servieren.

Lamm-Curry mit Macadamia-nüssen und Zitronengras

Die fetten, mildsüßen Macadamianüsse kann man in-zwischen auch bei uns kaufen. Man liebt sie feingemah-len, um damit Currys und Saucen anzudicken. Dafür eig-nen sie sich am besten roh, also noch nicht geröstet. Falls man sie nirgendwo findet, kann man sich ohne weiteres mit Mandeln behelfen, die man überbrühen und häuten sollte, bevor man sie im Mixer fein zerkleinert; sie wer-den dadurch aufgeweicht und geben der Sauce ebenfalls eine gute Bindung.

Für vier bis sechs Personen:
6 rote Chilischoten, 3 Schalotten oder kleine Zwiebeln,
2 cm Ingwer, 2 – 3 Knoblauchzehen,
2 Stengel Zitronengras, 1 kg Lammfleisch (Keule),
3 EL Öl, 50 g Macadamianüsse oder Mandeln,
1/4 l Kokossahne, Pfeffer, 1/2 TL Zucker, Koriandergrün

1. Die Chilis entkernen und in Streifen schneiden; Scha-lotten, Ingwer und Knoblauch fein hacken. Die grünen Teile vom Zitronengras abschneiden und zu einem handlichen Bündel schnüren. Das Weiße in feine Schei-ben schneiden.
2. Das Fleisch in etwa drei Zentimeter große Würfel schneiden.
3. Das Öl in einem Schmortopf erhitzen, das Lamm-fleisch darin rundum kräftig anbraten; portionsweise, damit die Stücke braten und nicht schmoren.

4. Die vorbereiteten Gewürze und die gemahlenen Nüsse zufügen; einige Minuten auf nunmehr kleinerem Feuer mitdünsten.

5. Die Kokossahne angießen, mit Wasser knapp bedecken. Mit Salz, Pfeffer und Zucker würzen. Das Zitronengrasbündel zufügen. Zugedeckt etwa eine Stunde sanft köcheln, bis das Fleisch zart ist.

6. Vor dem Servieren noch einmal abschmecken und mit Koriandergrün bestreuen.

Hühnersuppe mit Kokos und Zitronengras

Diese wunderbar würzige und belebende Suppe ißt man nicht nur pur als Vorspeise, sondern hat sie gern als begleitendes Gericht während der ganzen Mahlzeit auf dem Tisch, um sich immer wieder ein paar Löffel davon über den Reis zu schöpfen, ihn damit zu würzen und zu befeuchten. Im selben Sud kann man übrigens auch Garnelen oder mundgerecht geschnittene Fischfiletstücke gar ziehen lassen.

Für vier Personen:

1/2 l Hühnerbrühe, 2 – 3 Kaffirzitronenblätter,
1 Zitronengrasstengel, 1 zentimeterdicke Scheibe Ingwer,
3 EL Fischsauce, 3 EL Zitronensaft,
1/8 l ungesüßte Kokossahne (aus der Dose oder dehydriert),
2 rote Chilischoten, 150 g Hähnchenbrust, Koriandergrün

1. Brühe, zerzupfte Zitronenblätter, in zentimeterlange Stücke geschnittenes Zitronengras, gehackten Ingwer, Fischsauce, Zitronensaft und Kokossahne aufkochen.
2. Die Chilischoten entkernen, in Streifen schneiden und in die Brühe rühren – in Thailand werden sie allerdings mit den Kernen verwendet, dafür durch einen kräftigen Schlag mit dem flachen Küchenbeil plattgeklopft, so daß sie alle ihre ätherischen Öle freigeben; dadurch prägt das Aroma der Chilis die Suppe mehr als ihre Schärfe!
3. Das Hähnchenfleisch in feine Scheiben schneiden, in der Brühe einige Minuten ziehen lassen, bis sie gar sind.
4. In Portionsschälchen verteilen und mit zerzupften Korianderblättchen bestreuen.

Frühlingsgewirbel im Wok

Spargelspitzen, leuchtendgrün, prall, zart und knackig zugleich, junge Möhren, süß, mild und mit jenem unwiderstehlichen Biß, der den Zähnen kaum merkbaren, aber dennoch deutlichen Widerstand bietet, Bohnenkerne, natürlich aus ihrer ledrig-weißlichen Haut gepult, die eben nicht mehlig, sondern durch und durch saftig sind: Für den leidenschaftlichen Feinschmecker sind diese Genüsse der Inbegriff von Frühling!
Aber wie schwierig, sich diesen Traum zu erfüllen: Nach deutscher Sitte und Art zubereitet, gelangen die zarten Frühlingsgemüse meist viel zu weich auf den Teller, beim allzu schonenden Dünsten der Franzosen bleiben sie im allgemeinen zu fest und beim brutalen Braten der Italiener trocknet das empfindliche Gemüse gern aus!
Guter Rat auch in dieser kulinarischen Frage gelangt aus dem Fernen Osten zu uns. Die Chinesen scheinen ihren Wok, dieses genial-universale Brat- und Kochgeschirr, speziell für die Zubereitung von empfindlichen Gemüsen erfunden zu haben: In ihm geraten sie perfekt, und zwar ohne jegliche Schwierigkeiten! Natürlich muß man dafür etwas tun, denn im Wok dürfen die Zutaten niemals wie in einer Pfanne ruhen oder in einem Topf sich selbst überlassen bleiben, sondern müssen ständig in Bewegung gehalten werden. »Pfannenrühren« nennt man diese Garmethode. Und wer einmal einem Chinesen zugeschaut hat, wie er mit seiner Rührschaufel im Wok herumfuhrwerkt, wenn das Gas mit voller Pulle ein

wahres Höllenfeuer darunter entfacht, der wird nur noch von »Pfannenwirbeln« sprechen wollen …

Machen Sie also chinesischen Wirbel in Ihrer Küche: Dampfabzug auf größte Stufe einschalten, die stärkste Hitze erzeugen, den Wok daraufsetzen und etwas geschmacksneutrales, hitzebeständiges Öl (Soja-, Sonnenblumen-, Erdnußöl) hineingießen. Sobald es zu rauchen beginnt, den Wok schwenken, bis ein Ölfilm die gesamte Wand überzieht, dann rasch nacheinander die verschiedenen Zutaten zufügen. Dabei ebenso energisch wie emsig rühren, wenden, wirbeln: So werden auch die Zutaten zunächst von einem dünnen Ölfilm überzogen und in rascher Folge mal der großen Hitze im Mittelpunkt des Woks, mal der milderen Wärme am Rand ausgesetzt. Und dabei geschieht folgendes: Die sehr intensive Hitze bringt das in den Zellen enthaltene Wasser geradezu explosionsartig zum Verdampfen und bricht dadurch deren Struktur auf; unmittelbar danach, in den milderen Wärmezonen, kann sich das Gargut wieder entspannen, die Hitze wird nunmehr sanft weiter nach innen geleitet, das Gemüse wird gar und aller Saft bleibt erhalten.

Dieses Wechselspiel tut freilich nicht nur zarten Spargelspitzen gut, sondern bekommt überhaupt allen empfindlichen Zutaten. Erbsenschoten zum Beispiel (auch Mangetouts oder Zuckerschoten genannt) gelingen eigentlich nur im Wok perfekt. Beim Blanchieren beispielsweise wird ihre Außenschicht zu weich, beim Dünsten, Schmoren oder Braten löst sie sich häufig sogar auf und verliert das Gemüse seine natürliche Farbe und seinen Biß.

Im Wok lassen sich wunderbar verschiedene Gemüse mischen. Sie werden dafür jeweils ungefähr in gleiche oder ähnliche Form zugeschnitten, möglichst auch in der Größe aufeinander passend abgestimmt. Es versteht sich, daß Gemüse und Zutaten mit festerer Struktur zuerst herumgewirbelt werden, man Zartes erst zum Schluß hinzufügt.

Auch Fisch, Krustentiere und Fleisch geraten im Wok verblüffend saftig: In schmale Scheiben, Streifen oder Würfel geschnitten, sollte man sie zuvor in einer Mischung aus Speisestärke und Eiweiß wenden. Sie bildet beim ersten Kontakt mit dem heißen Öl im Wok unverzüglich eine schützende Schicht, die Fisch und Fleisch wunderbar und geradezu verblüffend saftig hält.

Im folgenden zwei eher europäisch abgeschmeckte Frühlingsgerichte aus dem Wok sowie einige asienwürzige Rezepte.

Staudensellerie
mit Cashewkernen und Garnelen

Für vier bis sechs Personen:

300 g rohe, ausgelöste Garnelenschwänze, 1 EL Eiweiß,
1 EL Speisestärke, 1 Staude Sellerie, 2 Frühlingszwiebeln,
2 EL neutrales Öl, 1 EL chinesisches Sesamöl,
50 g Cashewkerne, je 1 TL feingehackte Ingwerwurzel und
Knoblauch, Salz, Pfeffer, Zucker,
1 El Sojasauce, je 2 EL Sherry und Hühnerbrühe

1. Die Garnelen entdärmen (am Rücken längs aufschlitzen, den schwarzen Darm entfernen). Die Garnelen je
   nach Größe längs halbieren oder sogar zusätzlich quer
   durchschneiden. Die Stücke in einer Schüssel mit Eiweiß und Stärke gründlich mischen.
2. Staudensellerie putzen und waschen, quer in dünne
   Streifen, Frühlingszwiebeln in zentimeterbreite Scheibchen schneiden.
3. Beide Ölsorten im Wok erhitzen. Zuerst die Cashew-
   nüsse darin eine Minute lang schwenken und golden
   werden lassen. Herausheben und beiseite stellen.
4. Dann die Garnelen darin pfannenrühren, bis sie rosa
   geworden sind, dabei mit Salz, Pfeffer, Zucker würzen,
   sowie die Hälfte vom Ingwer und Knoblauch darüberstreuen. Herausheben und auch beiseite stellen.
5. Im verbliebenen Fett den Sellerie sowie die Frühlingszwiebeln mit dem restlichen Ingwer und Knoblauch
   pfannenrühren, ebenfalls sofort salzen, pfeffern und
   mit einer Zuckerprise würzen.

6. Schließlich alles im Wok mischen, Sojasauce, Sherry und Hühnerbrühe angießen, einmal aufkochen.

Tip: Dazu paßt ein leicht klebender chinesischer oder thailändischer Reis am besten.

Spinat mit Ingwer und Sesam

Für vier bis sechs Personen:
500 g Spinat, 2 EL neutrales Öl, 1 EL chinesisches Sesamöl,
je 1 TL feingehackter Ingwer und Knoblauch,
1 EL Sesamsamen, Zucker, Salz, Pfeffer,
3 El Austernsauce (Asienladen), Zitronensaft

1. Den Spinat gründlich putzen, verlesen und mehrmals waschen. Dicke, harte Stiele entfernen.
2. Beide Ölsorten im Wok erhitzen, Ingwer, Knoblauch und Sesam darin anrösten, Spinat zufügen und unter Rühren bratend zusammenfallen lassen. Mit Zucker, Salz und Pfeffer würzen.
3. Zum Schluß Austernsauce angießen, aufkochen, mit einigen Tropfen Zitronensaft abschmecken.

Tip: So bekommt Spinat eine neue Geschmacksdimension. Eine herrliche Beilage für jegliche Art von kurzgebratenem Fleisch oder sogar zu gedünstetem oder gedämpftem Fisch. Oder ein Gemüsegang im chinesischen Menü, das ja stets aus so vielen Gerichten bestehen soll, wie Gäste am Tisch sitzen.

Frühlingsgemüse mit Kalbsbries

Für vier bis sechs Personen:

1 Bund Frühlingszwiebeln, 1/2 junge Knoblauchknolle,
250 g grüner Spargel, 250 g ausgelöste Dicke Bohnenkerne
(Puffbohnen), 2 El neutrales Öl,
je eine großzügige Handvoll Blumenkohl- und
Broccoliröschen, Salz, Pfeffer, 3 – 4 EL Hühnerbrühe

Kalbsbries:
500 g Kalbsbries, 1 Kräuterstrauß aus 2 Thymianzweigen,
1 Stück Lauch und 2 Lorbeerblättern, 1/2 TL Pfefferkörner,
Salz, 2 EL Butter, 1 – 2 EL Sesamsamen

1. Das Frühlingszwiebelgrün abschneiden und beiseite legen. Das Weiße längs halbieren oder vierteln. Knoblauchzehen schälen. Spargel putzen (auch schälen – es ist ein Irrtum, daß man grünen Spargel nicht schälen muß!), die Spitzen abschneiden, die Stangen in Stücke schneiden, die so lang wie die Spitzen sind. Die Dicken Bohnen in kochendes Wasser werfen und kalt abschrecken. Dann läßt sich die dünne ledrige Haut leicht und schnell abschnipsen.

2. Im Wok das Öl erhitzen. Zuerst die Blumenkohlröschen eine Minute unter Rühren braten, dann nacheinander Broccoli, Spargelstücke, Frühlingszwiebeln, Knoblauch und schließlich die Bohnenkerne zufügen. Bei starker Hitze zwei bis drei Minuten pfannenrühren, dabei salzen, pfeffern, die Spargelspitzen untermischen und schließlich die Hühnerbrühe angießen.

3. Die Hitze reduzieren, das Gemüse weiter zwei bis drei Minuten unter Rühren braten. Zum Schluß das in feine Ringe geschnittene Frühlingszwiebelgrün untermischen.

4. Das Bries kann man bereits am Vortag vorbereiten: Zunächst wässern, bis es schön weiß ist. Dann einen Sud aus Wasser, dem Kräuterstrauß, Pfeffer und Salz kochen. Das Bries darin auf allerkleinster Hitze 20 Minuten gar ziehen und im Sud abkühlen lassen. Das Bries jetzt sorgfältig putzen (dabei Häute, Sehnen und Knorpel entfernen) und in fünfmarkstückgroße Röschen teilen.

5. Kurz vor dem Servieren die Briesröschen in heißer Butter auf allen Seiten langsam braun braten, dabei salzen und pfeffern und mit Sesamsamen bestreuen, bis sie rundum gleichmäßig überzogen sind. Sie sollen golden werden, dürfen aber nicht verbrennen.

Tip: Das Gemüse auf Tellern verteilen, die goldbraunen Briestaler hübsch darauf anrichten. Dazu paßt ein sahniges Kartoffelpüree.

Pfannengerührte Radieschen mit Tofu und Kohlrabi

Für vier bis sechs Personen:

2 Bund Radieschen, 2 – 3 Frühlingszwiebeln,
3 Knoblauchzehen, 1 Kohlrabi,
20 g getrocknete chinesische Morcheln,
1 walnußgroßes Stück Ingwer, 2 EL neutrales Öl,
2 EL Sesamöl, Zucker, Salz, Pfeffer,
1 gehäufter TL Sambal Oelek (indonesische Chilipaste),
2 – 3 EL Hühnerbrühe, 1 EL Sojasauce, 250 g Tofu

1. Radieschen putzen, in dünne Scheiben hobeln, schöne, zarte Blätter aufheben. Frühlingszwiebeln in zentimeterschmale Ringe schneiden, das Grün ebenfalls fein schneiden, jedoch beiseite legen. Knoblauch in dünne Scheiben schneiden. Kohlrabi in halbzentimeterbreite Stifte schneiden.

2. Morcheln mit heißem Wasser überbrühen und einweichen. Ingwer in feine Streifen schneiden.

3. Neutrales Öl und einen Löffel Sesamöl im Wok erhitzen, die Gemüse darin rasch nacheinander pfannenrühren, dabei mit Zucker, Salz und Pfeffer würzen. Die Chilipaste zufügen und mitbraten. Mit Hühnerbrühe auflösen.

4. Den Tofu in zwei Zentimeter große Würfel schneiden, das Gemüse im Wok an den Rand schieben, in die freie Mitte die Tofuwürfel setzen. Vorsichtig auf allen Seiten im chiliwürzigen Sud Farbe nehmen lassen.

5. Gemüse auf eine Platte häufen, Tofuwürfel daraufset-

zen. Im Wok die feingeschnittenen Radieschenblätter sowie das Frühlingszwiebelgrün durcheinanderwirbeln, mit etwas Sesamöl besprenkeln und über die Tofuwürfel geben.

Erbsenschoten mit Möhren und Hühnerbrust

Für vier bis sechs Personen:

300 g taufrische Erbsenschoten (sie müssen sich fest und knackig anfühlen), 2 kleine Möhren, 150 g Champignons, 300 g ausgelöste Hühnerbrust, 1 EL Speisestärke, 2 EL neutrales Öl, 1 EL chinesisches Sesamöl, je 1 TL feingehackter Ingwer und Knoblauch, Salz, Pfeffer, Zucker, nach Belieben 1 – 2 rote, getrocknete Chilischoten, je 2 EL Sojasauce, Sherry und Hühnerbrühe

1. Das untere Ende und den Stielansatz der Erbsenschoten abknipsen. Die Möhren schaben oder mit dem Sparschäler schälen, längs in schmale Streifen schneiden, auf Schotenlänge kürzen. Die Pilze putzen, in Scheibchen schneiden.
2. Das Fleisch in dünne Scheiben oder Streifen schneiden. Die Stärke gründlich einmassieren.
3. Im Wok beide Ölsorten erhitzen, das Fleisch darin auf stärkstem Feuer unter ständigem Rühren anbraten, dabei Ingwer und Knoblauch zufügen, mit Salz, Pfeffer, Zucker und zerkrümelter Chilischote würzen.

4. Mit einer Schaumkelle herausheben und beiseite stellen. Im verbliebenen Bratfett die Möhrenstreifen, die Zuckerschoten und schließlich die Pilze zwei Minuten auf stärkstem Feuer unter Rühren braten.
5. Das Fleisch wieder zurück in den Wok geben, alles energisch herumwirbeln und vermischen, mit Sojasauce, Sherry und Hühnerbrühe auffüllen.

Tip: Dazu paßt am besten duftender Langkornreis.

Zweierlei Spargel mit Morcheln

Wer beim Sonntagsspaziergang die Augen offenhält und Glück hat, findet sie im Frühling an Wiesen- und Waldrändern, die begehrten aromatischen, hell- bis dunkelbraunen Pilze. Sie verstecken sich im Gras an Böschungen und unter trockenem Laub. Natürlich kann man auch – für leider viel Geld – beim Delikatessenhändler fündig werden.

Erheblich billiger sind getrocknete Morcheln, von denen bereits ein Tütchen mit 25 Gramm dem Gericht üppiges Morchelaroma verleiht. Voller Ersatz können sie indes nicht sein, denn frische Morcheln sind einfach unvergleichlich in Duft, Aroma und Konsistenz.

Für vier Personen:

500 g weißer und 500 g grüner Spargel, 2 – 3 Frühlingszwiebeln, 2 – 3 Knoblauchzehen, ca. 150 g frische Morcheln, 2 EL neutrales Öl, Salz, Pfeffer, 2 EL Butter, Petersilie

1. Den Spargel sorgfältig schälen. Die Spitzen abschneiden, die Stangen in ebenso lange Stücke schneiden; dicke Stangen noch einmal längs halbieren. Frühlingszwiebeln in zwei Zentimeter lange Stücke schneiden, Knoblauch schälen. Die Morcheln gründlich putzen und waschen; je nach Größe halbieren, vierteln oder sogar noch kleiner schneiden.
2. Das Öl im Wok erhitzen, die Spargelstücke darin zuerst eine bis zwei Minuten pfannenrühren, dabei salzen und pfeffern. Erst dann die zarten Spitzen zufügen. Nach einer Minute mit einer Schaumkelle herausheben und beiseite stellen. Das Feuer herunterschalten.
3. Die Butter in den Wok geben, die Morchelstücke zufügen und auf kleiner Hitze einige Minuten dünsten. Salzen, pfeffern und reichlich feingehackte Petersilie untermischen.
4. Den Spargel wieder in den Wok füllen, alles sorgsam mischen, erhitzen und abschmecken.

Tip: Als Vorspeise in einem eleganten Menü genügt hierzu frisches Weißbrot. Ein ganzes, vollständiges Gericht wird hieraus, wenn man unmittelbar vor dem Servieren frisch gekochte Nudeln, zum Beispiel Penne oder kurze Makkaroni, untermischt.

Kennen Sie Kitz?

Wer auf sich hält, sagt Kitz, wenn er Kitzbühel meint. Und somit ist Kitz als Ort jedem geläufig – nicht aber als das gute, ein wenig altmodische Zicklein! Schade, handelt es sich doch um ein außerordentlich wohlschmeckendes Fleisch.

Dies bemerkt auch das gründlichste Werk der deutschen Kochliteratur, Webers »Universal-Lexikon der Kochkunst«, erstmals erschienen 1878. Aber schon der erste praktische Hinweis ist mit Vorsicht zu genießen: Man soll Kitz (oder Ziege) wie Lamm (Hammel) zubereiten – was, wie wir sehen werden, nur bedingt zu empfehlen ist. Und dann wird eilig noch ein Ratschlag gegeben, wie »man dem Fleisch den eigenthümlich weichlichen, süßlichen Geschmack benehmen« kann: In eine essigsaure, überwürzte Beize legen. Ein klares Mißverständnis, das für die deutsche Küche symptomatisch erscheint! Denn: Bereitet man Kitz wie Lamm bei milder Hitze zu, gerät das Fleisch tatsächlich nicht besonders gut, wird gleichzeitig schwammig und ein wenig zäh. So verwundert es nicht, daß sich kaum jemand mit der Zubereitung von Kitz befaßt – versuchen Sie einmal, in einem Kochbuch ein Rezept für dieses vor Lamm, Schwein und Rind wohl älteste Haustier zu finden!

Hinzu kommt, daß es Kitz bei uns nur noch selten gibt – je reicher das Land wurde, desto weniger war es nötig, auch die kargsten Winkel zu bewirtschaften. Die Ziege ist schließlich ein genügsames Tier, deshalb rund ums

Mittelmeer und in anderen trockenen Regionen zu Hause. Bei uns hat man die korrekte Zubereitung, die unsere Altvordern entwickelt hatten, einfach vergessen. Erst Eckart Witzigmann und in der Folge seine Schüler und andere Gourmetköche brachten das zarte Milch-Zicklein wieder auf die feine Tafel. Und nun findet man es auch ab und zu wieder beim Metzger – auf dem Münchner Viktualienmarkt beispielsweise, allerdings zu phantastischen Preisen. Billiger kann man es bei alternativen Landwirten erstehen, die sich wieder vermehrt um Ziegen kümmern, nachdem Ziegenkäse zu einem begehrten und gutbezahlten Artikel geworden ist. Ein paar Zicklein sind dann im Frühjahr immer übrig – ihre kurze Saison dauert nur von Ostern bis Anfang Juni. Die männlichen Zicklein stehen dann im allgemeinen recht billig zum Verkauf; denn ausgewachsene Böcke, die übrigens tatsächlich infernalisch stinken, braucht man ja nur wenige, da sie für die Milchproduktion nicht taugen. Es lohnt sich daher, auf Bauernmärkten Ausschau zu halten und sein Zicklein direkt vom Erzeuger zu erwerben.

Die ganz jungen Tiere, die nur Muttermilch gesaugt haben, Milchkitz genannt, kann man kurz braten, also an den Knochen gerade eben rosa servieren. Haben die Tiere dagegen schon auf der Weide gestanden, hat das Fleisch eine feste Struktur bekommen und muß bei starker Hitze vollkommen durchgebraten werden. Es schmeckt dann auch kerniger! Keine Angst, daß das Fleisch dabei zu trocken wird: Die vielen Anteile von Gallertstoffen in den reichlich vorhandenen Sehnen, die allerdings beim richtigen Garen schmelzend-weich werden, und die im Muskelfleisch enthaltene Gelatine machen das Fleisch zart und saftig. Außerdem entsteht durch sie eine unvergleichlich knusprige, himmlisch wohlschmeckende Kruste, die das Fleisch selbst bestens vor dem Austrocknen schützt. Daher wird das Kitz-fleisch zum Braten oder Grillen auf keinen Fall pariert, Sehnen und Häuten bleiben immer daran. Nur wenn es geschmort oder gebacken wird, entfernt man diese Partien und verwendet sie zur Sauce.

Das Zicklein Stück für Stück

Wenn Sie die Chance haben, ein ganzes Tier zu bekom-men, zerlegen Sie es gleich in die einzelnen Teile, die Sie natürlich nicht alle gleich verwenden müssen, sondern problemlos in Folie luftdicht verpackt einfrieren können und dann bei Gelegenheit in der richtigen Form parat haben.

Der Rücken: Er reicht gerade eben für zwei Personen, wird im Ganzen gebraten. Das Auslösen der Filets ist Blödsinn, das Fleisch kann man dann zwar kurzbraten, es schmeckt aber längst nicht so gut wie am Knochen gegart. Rechnen Sie 1/2 Stunde bei stärkster Hitze, dann den Ofen ausschalten und den Rücken bei geschlossener Tür weitere 20 Minuten nachziehen lassen.

Die Rippen: Man schneidet sie mit dem daraufliegenden Fleisch mit einer Geflügelschere vom Rücken. Sie werden bei wenigstens 220 Grad, besser 240 Grad, eine knappe Stunde im Ofen gebraten. Ab und zu umwenden, gegen Ende der Bratzeit mit Weißwein oder Salzwasser über-gießen. Im Restaurant kocht man daraus den Saucen-fond. Wir finden jedoch, es ist der beste Zickleinbraten

überhaupt: Die einzelnen Rippen abschneiden und ab-
nagen!

Die Keulen: Sie werden im Backofen bei höchster
Temperatur gebraten. Die Keulen vom Milchkitz eine
halbe Stunde, von einem größeren Kitz 45 Minuten. Ab
und zu umwenden. Danach in beiden Fällen den
Backofen ausschalten und die Keulen eine weitere halbe
Stunde bei leicht geöffneter Tür nachziehen lassen. Eine
Keule reicht für zwei bis vier Personen – je nach Größe;
außerdem kommt es natürlich darauf an, ob und wie
viele Vorspeisen man serviert.

Die Schultern: Wie Keulen braten, obwohl sie dünner
sind. Bei geschlossener Ofentüre nachziehen lassen. Gut
geeignet zum Schmoren – dafür 2 1/2 Stunden rechnen.
Eine Schulter reicht für eine bis zwei Personen.

Der Hals: Der Zickleinhals ist äußerst muskulös, die Tiere messen ihre Kräfte ja spielerisch durch Kopfstöße. Er wird noch eine halbe Stunde länger als Keulen und Schultern gebraten, muß bei geschlossener Türe nachziehen. Hervorragend geeignet zum Schmoren – braucht dabei auch 2 1/2 Stunden. Für eine bis zwei Personen – das Verspeisen ist allerdings ein ziemliches Gefiesel, denn man muß das Fleisch mit einem spitzen Messer geduldig von den Wirbeln schneiden: etwas für Liebhaber!

Die Innereien: Keine andere Leber schmeckt so gut wie die vom Zicklein, die erfreulicherweise auch besonders groß ausfällt. In Scheiben schneiden, leicht in Mehl wenden und nur eine Minute pro Seite bei scharfer Hitze in Öl oder Butterschmalz braten, dann salzen und pfeffern und bei milder Hitze nachziehen lassen. Gut mit gebratenem Salbei!

Nieren, Herz, Hirn und Bries sind zwar klein, schmecken aber ebenfalls köstlich – in Spitzenrestaurants bereitet man daraus eine einzige Portion, alles kurz gebraten, und nennt es »Das Beste vom Zicklein«. Nur selten sind leider auch die *Animelle* dabei, das sorgfältig aus der Haut gelöste Rückenmark. Den Bratfond mit etwas Aceto Balsamico ablöschen!

Das Blut: Es ist eine unglaubliche Delikatesse – Sie sollten alles daransetzen, es vom Metzger zu bekommen, der es natürlich sofort nach dem Schlachten ordnungsgemäß abrühren muß, damit es nicht gerinnt. Gut würzen mit Salz, Pfeffer, Piment, Chili und fein gewürfelter, mit etwas Knoblauch gedünsteter Zwiebel. In eine Form füllen und im Wasserbad bei 120 Grad im Ofen langsam stocken lassen. Abgekühlt in Scheiben schneiden und diese in Olivenöl mit Knoblauch und Thymian oder Salbei aufbraten – ein Gedicht! Wir machen auch mit Weißbrot und Milch gebundene Blutwurst in karibischer Art daraus – beim Untermischen muß man vorsichtig und langsam arbeiten (nie im Mixer oder in der Küchenmaschine!), damit die Masse nicht gerinnt. Und nicht zu lange im leise siedenden Wasser ziehen lassen, sonst wird die Wurst hart; man muß sie herausnehmen, solange die Masse noch weich ist und zum Abkühlen sofort in kaltes Wasser legen, damit sie nicht nachgart. Die Arbeit lohnt sich …

Gebratene Zickleinkeule mit Bärlauch und Spargel

Ein kulinarisches Gipfeltreffen im Frühling! Spargel und Bärlauch, beide zu den Liliengewächsen zählend, vertragen sich hervorragend miteinander und bilden den kraftvollen Widerpart zum zarten Milchkitz.

Für vier Personen:
1 Milchkitzkeule von ca. 1 kg, Salz, Pfeffer aus der Mühle,
3 EL Olivenöl extra vergine,
je 2 Zweiglein Thymian und Rosmarin,
50 g Butter, 1 kg Spargel, 250 g Bärlauchblätter (siehe Anmerkung)

1. Die Keule mit Salz, Pfeffer und 1 EL Olivenöl einreiben und 15 Minuten ruhen lassen.
2. Den Backofen auf höchste Stufe vorheizen.
3. Das restliche Öl in einen Bräter gießen, Thymian- und Rosmarinzweige nebeneinander hineinlegen, die Keule daraufbetten, in den Ofen schieben und auf jeder Seite 15 Minuten braten. Zwischendurch immer wieder etwas Wasser angießen, damit die Kräuter nicht verbrennen. Der Braten muß nicht beschöpft werden.
4. Keule aus dem Bräter nehmen. Auf einer feuerfesten Platte wieder in den jetzt ausgeschalteten, einen guten Spalt breit geöffneten Backofen schieben, um sie eine halbe Stunde nachziehen zu lassen. Dabei ab und zu umdrehen. Jetzt hat man genug Zeit für Sauce und Beilagen.

5. Den Spargel schälen und in Salzwasser knackig-gar kochen.

6. Das Öl aus dem Bräter abgießen und 30 g Butter darin aufschäumen lassen. Den kleingeschnittenen Bärlauch zufügen und zusammenfallen lassen. Mit etwas Wasser und dem beim Ruhen aus der Keule getretenen Saft angießen. Abschmecken, zum Schluß die restliche Butter einschwenken.

7. Fleisch in dünnen Scheiben von der Keule schneiden, auf vorgewärmten Tellern mit dem Spargel anrichten, mit dem Bärlauchgemüse bedecken und mit der noch einmal abgeschmeckten, klaren Sauce umgießen.

TIP: Größter Luxus, wenn Sie das Ganze mit einer anderen Frühjahrsköstlichkeit krönen wollen, sind ein paar Morcheln! Dazu schmeckt ein guter deutscher Silvaner oder Weißburgunder, Spätlese trocken.

Anmerkung: Bärlauch wächst in feuchten Auwäldern – man erschnuppert ihn am charakteristischen Knoblauchduft, der an warmen Tagen auch dem ahnungslosesten Spaziergänger oder Autofahrer seine Präsenz signalisiert. Die lanzettförmigen Blätter sehen zwar ähnlich wie die giftigen Maiglöckchen aus, können aber wegen des Duftes und der feineren Struktur kaum verwechselt werden. Die ebenfalls würzigen Sternchen der Blüten erinnern an Lilien. Man sammelt Bärlauchblätter von Ende März bis in den Juni hinein – je zarter und kleiner, desto besser schmecken sie. Immer häufiger kann man ihn auch kaufen – er wird für Handel und Gastronomie absurderweise aus Frankreich importiert.

Zickleinragout

Natürlich kann man Zicklein nach fast jedem Ragout-
oder Gulaschrezept zubereiten – auch das Fleisch nicht
ganz so junger Tiere eignet sich bestens dazu. Aber man
sollte aufmerksam sein und das Gericht nicht durch zu
viele Komponenten überwürzen; Zicklein gewinnt,
wenn es eindeutig abgeschmeckt wird!

Für vier Personen:

*2 Zickleinschultern, 4 EL Olivenöl extra, 12 große
Knoblauchzehen, 1 Zwiebel, 1 kg reife Fleischtomaten,
2 Zweige Rosmarin oder 1 Bund Basilikum, Salz,
Pfeffer aus der Mühle*

1. Das Fleisch sorgsam auslösen, parieren und in etwa
   3 cm große, möglichst gleichmäßige Stücke schneiden.
2. Olivenöl in einem Schmortopf erhitzen, die Fleischstücke darin auf allen Seiten kräftig anrösten.
3. Die ungeschälten Knoblauchzehen, die geputzte und
   geviertelte Zwiebel zugeben und anbraten. Dann die
   geschälten, entkernten und kleingeschnittenen Tomaten sowie den Rosmarin oder die Hälfte des Basilikums (auf jeden Fall die Stiele selbst) zugeben.
4. Salzen, pfeffern und zwei Stunden zugedeckt leise
   schmoren lassen. Ab und zu nachschauen und nöti-
   genfalls ein wenig Wein oder Wasser nachgießen,
   damit nichts anbrennt.
5. Knoblauch aus den Schalen drücken und die Sauce
   mit diesem Knoblauchmark zusätzlich binden. Ab-

schmecken und das restliche Basilikum in Stückchen zerzupft unterrühren.

Dazu gibt's: Die ersten neuen Kartoffeln. Und als Getränk einen duftigen Weißwein – ein Sancerre oder Sauvignon Blanc aus dem Friaul oder der Steiermark.

Zickleinsalat

Wenn etwas Fleisch vom Zickleinbraten übrigbleibt, ist dies kein Fehler – wie so häufig, schmeckt der kalte Braten mindestens genauso gut wie der heiße!

Für zwei Personen:
200 – 250 g Zickleinbraten, einige Stengel Petersilie, Kerbel und/oder Estragon, 3 kleine Cornichons, 2 Frühlingszwiebeln, 1 EL Kapern, Salz, Pfeffer, 1 EL Zitronensaft, 1 TL Aceto Balsamico, 3 EL Olivenöl

1. Fleisch von den Knochen lösen und in kleine Stücke schneiden.
2. Kräuter, Cornichons und Frühlingszwiebeln mit ihrem Grün fein hacken.
3. Alle Zutaten miteinander vermischen.

Tip: Nach Belieben noch eine kleine, entkernte Chilischote hineinschnibbeln und Koriandergrün verwenden! Eine wunderbare Vorspeise, zu der ein kräftiger Weißwein und eine knusprige Baguette paßt.

43

In Barolo geschmorte Zickleinschultern

Eines der klassischen Gerichte der Piemonteser Küche – in jedem Restaurant ein wenig anders gewürzt.

Für vier Personen:

2 Zickleinschultern mit Abschnitten und Knochen, eventuell auch der Nacken, 4 EL Olivenöl oder Butterschmalz, 2 Zwiebeln, 4 Knoblauchzehen, 1 Bund Suppengrün (Möhre, Porree, Sellerieknolle, Petersilie), 1 Rosmarinzweig, 2 Lorbeerblätter, 6 Wacholderbeeren, 1 gehäufter EL schwarze Pfefferkörner, 1 Flasche (0,75 l) Barolo – ersatzweise ein einfacherer Nebbiolo, Salz

1. Die Schulter parieren, alle abgeschnittenen Teile aufheben.
2. Auf dem Herd in einem Bräter das Öl (Butterschmalz) erhitzen. Schultern, Knochen, Nacken und alle Abschnitte darin kräftig auf allen Seiten anrösten.
3. Die Würzgemüse grob hacken und samt den Gewürzen in den Bräter geben, ebenfalls etwas bräunen lassen.
4. Mit dem Wein seitlich angießen, zum Kochen bringen. Das Fleisch salzen.
5. Nach dem Aufkochen des Weins: Entweder die Hitze herunterschalten, den Topf zudecken und das Fleisch in 2 1/2 Stunden leise gar schmoren, dabei niemals kochen lassen. Oder den Bräter zudecken und ebenso lange in den 160 Grad heißen Ofen schieben.

44

6. Falls der Topf nicht gut schließt, ab und zu nachschauen, ob genügend Flüssigkeit da ist, gegebenenfalls etwas Wein nachgießen.
7. Zur Fertigstellung der Sauce die Fleischstücke herausheben und warmhalten, die Flüssigkeit samt Gemüse durch ein Sieb passieren. Die Sauce soll jetzt leicht gebunden sein durch die Gelatine und das Gemüse – falls man sie dicker wünscht, mit etwas Mehlbutter oder Speisestärke aufschlagen.

Dazu gibt's: Bandnudeln oder Salzkartoffeln, grünes Gemüse oder Salat. Und natürlich einen kräftigen Barolo.

Tip: Die Sauce mit einer Handvoll getrockneten Steinpilzen noch würziger machen.

Ausgebackenes Zicklein

In Bayern eine beliebte, traditionelle Zubereitungsart des Osterkitz. Man reicht dann gerne eine Mayonnaise dazu, die mit viel frischem Schnittlauch, Kerbel und Brunnenkresse angereichert ist. Um sie leichter zu machen, das Öl mit ganzen Eiern aufschlagen, nicht nur die Eigelb verwenden.

Für zwei bis drei Personen:
1 Zickleinkeule, Salz, Pfeffer aus der Mühle, 3 EL Mehl,
2 Eier, 3 EL Bier, ca. 5 EL Semmelbrösel,
Butterschmalz zum Ausbacken

1. Das Fleisch der Zickleinkeule auslösen und in etwa 2 cm dicke Scheiben schneiden. Salzen und pfeffern.
2. Erst ohne Druck in Mehl wenden (überschüssiges Mehl abklopfen), dann in den mit Bier verquirlten Eiern und zuletzt in Semmelbröseln. Die Panierung sollte gleichmäßig sein, aber nicht dick. Überschüssige Brösel abschütteln.
3. Im mäßig heißen Butterschmalz in der Pfanne oder in der Friteuse schwimmend ausbacken – hält man einen Kochlöffel in das Schmalz, sollen gerade eben erkennbar kleine Bläschen aufsteigen, dann hat es die richtige Temperatur. Auf jeder Seite etwa fünf Minuten backen.

Dazu gibt's: Kartoffelsalat und die erwähnte Kräutermayonnaise.

46

Aufs Korn genommen: Risotto

Da hat sich in den letzten Jahren viel getan! Risotto ist Mode geworden, zum Bistro-Gericht par exellence avanciert, und seither hat man auch bei uns gelernt, ihn zuzubereiten. Endlich wird Risotto, wie es sich gehört, im Suppenteller mit dem Löffel serviert, cremig-sanft, nach Butter und Parmesan duftend und von verführerischer, weicher Konsistenz – natürlich mit dem nötigen Biß, den die einzelnen Körner unbedingt noch haben müssen. Vorbei die Zeiten, wo Risotto verkochter, pappiger Reis bedeutete – manchmal gab's aber unter diesem Begriff auch im Gegenteil feste Reiskörner, die so gar nichts Anschmiegsames hatten.

Inzwischen kann man auch bei uns in den Feinkostgeschäften, im Reformhaus oder in den riesigen Lebensmittelabteilungen der Megamärkte oder Kaufhäuser die richtigen Reissorten kaufen – notfalls läßt man sie sich von einem der Versandhäuser zuschicken, die zunehmend dafür sorgen, daß man auch abseits großstädtischer Kaufmöglichkeiten zu Spitzenprodukten kommt (siehe Bezugsquellen auf Seite 329).

Das ist wichtig: denn kein guter Risotto ohne den richtigen Reis! Man braucht einen Rund- bis Mittelkornreis, der im Gegensatz zu den schlanken Langkornreissorten, die man in der asiatischen oder orientalischen Küche verwendet, über einen höheren Gluten-(Kleber-)anteil verfügt. Es ist übrigens der Reis, den auch die Japaner lieben. Bei den prestigebewußten japanischen Feinschmeckern soll der teure *Rosa Marchetti,* der leider nur in kleinsten Mengen im Piemont angebaut wird, besonders begehrt sein.

In Italien ist *Arborio* die bekannteste Sorte, geschmacklich besser sind jedoch *Vialone nano* (im Veneto liebt man besonders den mittelkörnigen *semifino*) oder Reis der Sorte *Roma* oder *Baldo.* Der König unter den Risottoreissorten ist jedoch der eher kleinkörnige *Carnaroli* aus der Lombardei und dem Piemont. Leider ist er auch der rarste und daher teuerste.

Aber nicht nur auf die Sorte kommt es an, auch auf das Anbaugebiet und, ganz wichtig!, die Reismühle. Viele dieser Mühlen in Italien arbeiten noch auf die handwerkliche, althergebrachte Weise: Die Reiskörner werden in exakt abgemessener Portion in einer marmornen Mörserschale durch einen (meist noch mit Wasserkraft betriebenen) Eisenstößel so lange und zugleich so behutsam gestampft, daß sie allein durch das Herumwirbeln sich aneinander ab-

schleifen und polieren. Dabei wird die Spelzen- und Schalenschicht entfernt, das wertvolle sogenannte Silberhäutchen, jene Hülle des Reiskorns, in dem die meisten Vitamine und Mineralstoffe stecken, bleibt jedoch weitgehend erhalten. Es versteht sich, daß ein solcher Spitzenreis seinen Preis hat.

Ein Tip, der für alle Risotti gilt: Sie gewinnen an Frische und Eleganz, wenn man ganz zum Schluß ein paar Tropfen Zitronensaft unterrührt – eine Zutat, die in den meisten Kochbüchern fehlt. Italiens Köche haben diesen Trick erst in den letzten Jahren entdeckt! Die Säure macht den Risotto leichter, macht die Üppigkeit von Butter und Parmesan besser bekömmlich.

Risotto (Grundrezept)

Für vier Personen:

75 g Butter, 1 Zwiebel, 250 g Risottoreis,
1/4 l trockener Weißwein,
1 – 1,3 l kräftige Gemüse- oder eine leichte Hühnerbrühe,
Salz, Pfeffer, 50 g frisch geriebener Parmesan (Parmigiano Reggiano oder Grana)

1. Zwei Eßlöffel Butter in einem Topf langsam schmelzen. Die Zwiebel fein hacken und darin andünsten, ohne Farbe nehmen zu lassen.
2. Den Reis hinzuschütten und sorgsam unterrühren, bis alle Reiskörner von Fett glänzen. Erst dann den Wein angießen und rasch einkochen.

3. Inzwischen die Brühe in einem zweiten Topf zum Kochen bringen, jeweils eine Schöpfkelle heißer Brühe an den Reis gießen, der ständig leise brodeln soll. Es ist wichtig, daß die Temperatur im Topf sich nicht zu sehr abkühlt. Deshalb immer mit kochendheißer Brühe aufgießen! Und: Erst die nächste Kelle hinzuschütten, wenn die Flüssigkeit vom Reis aufgenommen wurde. Dabei unermüdlich rühren oder am Topf rütteln und schütteln, damit die Reiskörner in Bewegung bleiben.

4. Insgesamt dauert es etwa 20 Minuten, bis die Reiskörner gar sind. Wieviel Flüssigkeit sie dabei aufnehmen, hängt davon ab, wie ausgetrocknet sie waren. Daher der große Spielraum in der Mengenangabe.

5. Den Reis mit wenig Salz (der Käse bringt noch Salz genug) und reichlich Pfeffer würzen.

6. Sobald die richtige Konsistenz erreicht ist, den Topf vom Feuer ziehen, die restliche Butter und den Parmesan untermischen. Kräftig und ausdauernd etwa zwei Minuten rühren beziehungsweise den Topf schwenken, bis der Risotto cremig und sanft geworden ist. Falls der Risotto zu trocken wirkt, mit heißer Brühe verdünnen.

7. Den fertigen Risotto sofort in vorgewärmten, tiefen Tellern servieren. Wichtig ist: Es müssen stets die Gäste auf den Risotto warten, niemals umgekehrt!

Tip: Es ist dies der Risotto, den man mit dem Duft von weißen Trüffeln adeln kann: Einfach die teure Knolle so großzügig, wie man es sich leisten kann, darüberhobeln. Man kann ersatzweise ein paar Tropfen Trüffelessenz oder Trüffelöl hineinrühren – aber bitte darauf achten, daß auf dem Etikett unter den Inhaltsstoffen nicht *aromi* aufgeführt sind, denn dies wären künstliche Aroma- stoffe, die nicht nur aufdringlich schmecken, sondern schädlich für die Gesundheit (stark kanzerogen) sind!

Dieses Grundrezept läßt sich nun mannigfaltig mit vie- lerlei Zutaten und Gewürzen abwandeln. Die berühm- teste Variation ist der leuchtendgelbe, safranduftende:

Risotto milanese

Für vier Personen:

50 g Rindermark, 75 g Butter, 1 Zwiebel,
250 g Risottoreis, 1/4 l trockener Weißwein,
ca. 1 – 1,3 l kräftige Hühnerbrühe, 1 Tütchen Safran, Salz,
Pfeffer, 50 g frisch geriebener Parmesan, etwas Zitronensaft

1. Das Mark fein hacken und mit zwei Eßlöffeln Butter in einem Topf langsam schmelzen. Die Zwiebel fein wür- feln und darin andünsten.
2. Den Reis hinzuschütten und unterrühren. Wein angie- ßen und rasch einkochen.
3. Schöpfkellenweise heiße Brühe an den Reis gießen, der leise brodeln soll. Den Reis dabei ständig in Bewegung halten.
4. Nach gut zehn Minuten den Safran mit etwas heißer Brühe auflösen und unter den Reis rühren, der sich so- fort leuchtend gelb färbt und einen unwiderstehlichen Duft entwickelt. Mit Salz und reichlich Pfeffer würzen.

5. Sobald die richtige Konsistenz erreicht ist, den Topf vom Feuer ziehen, die restliche Butter und den Parmesan unterrühren. Kräftig und ausdauernd etwa zwei Minuten rühren und schwenken, bis der Risotto cremig und sanft geworden ist.

6. Ganz zum Schluß mit etwas Zitronensaft würzen – das gibt dem Risotto eine unvergleichliche Frische und Leichtigkeit.

Tip: Italiens berühmtester Koch, Gualtiero Marchesi, hat den Safranrisotto zu höchster kulinarischer Vollendung gebracht und mit Blattgold veredelt: Auf den dampfendheißen Risotto kommt ein Blatt, das in der Hitze wabert und flimmert – ein tolles Bild! Das Gold kann man sich für einen festlichen Anlaß schon mal leisten, es kostet nur ein paar Mark. Man bekommt es beim Juwelier oder beim Rahmenbauer (auf keinen Fall den Blattgoldersatz aus dem Bastelgeschäft verwenden, dieser ist giftig!). Man ißt es mit – es schadet dem Körper nicht, macht ihn allerdings auch nicht wertvoller!

Risotto mit grünem Spargel

Hier wird ausdrücklich kein Weißwein verwendet, damit das Spargelaroma nicht überlagert wird, außerdem bleibt das schöne Spargelgrün besser erhalten.

52

Für vier Personen:
1 kg grüner Spargel, Salz, 100 g Butter, 1 Zwiebel,
1 Bund glattblättrige Petersilie, 250 g Risottoreis,
ca. 1,5 l Spargelsud vom letzten Spargelessen oder frisches
Wasser (erhält den Spargelgeschmack) oder Gemüsebrühe,
Salz, Pfeffer, 50 g Parmesan

1. Den Spargel schälen – jawohl, auch grünen Spargel muß man schälen, will man nicht nur die zarten Spitzen verspeisen oder die Stangen, wie in Italien üblich, auslutschen. Die Spitzen abschneiden und beiseite legen. Die Stiele in dünne Scheibchen schneiden.

2. Zwei Eßlöffel Butter in einem Topf erhitzen, zuerst die feingehackte Zwiebel darin andünsten, dann die feingehackte Petersilie und die Spargelstücke zufügen. Nach einigen Minuten den Reis hinzuschütten und untermischen. Salzen und pfeffern.

3. Spargelsud oder heißes Wasser angießen, bis der Reis eben bedeckt ist. Ständig am Kochen halten und immer wieder nachgießen, was der Reis aufgenommen hat.

4. Inzwischen die Spargelspitzen in Salzwasser knackig gar kochen (je nach Frische vier bis acht Minuten).

5. Kurz bevor der Reis die richtige Konsistenz hat, die Spargelspitzen unterrühren. Erst nach fünf weiteren Minuten Butter und den frisch geriebenen Parmesan einarbeiten.

Tip: Trinken Sie dazu einen kräftigen Weißwein aus dem Friaul!

Basilikumrisotto

Für vier Personen:

100 g Butter, 1 Zwiebel, 250 g Risottoreis,
1/4 l trockener Weißwein,
1 – 1,3 l Gemüse- oder eine leichte Hühnerbrühe,
1 dicker Strauß Basilikum (ca. 50 g), 3 – 4 Knoblauchzehen,
40 g Parmesan, Salz, Pfeffer

1. Zwei Eßlöffel Butter erhitzen. Die feingewürfelte Zwiebel darin andünsten. Den Reis zufügen und dünsten, bis die Reiskörner vor Fett glänzen.
2. Den Wein angießen und verkochen lassen. Schöpfkellenweise die kochendheiße Brühe angießen, dabei immer wieder rühren.
3. Basilikumblätter zusammen mit den geschälten Knoblauchzehen, der restlichen Butter und dem Stück Parmesan im Mixer auf höchster Geschwindigkeit zu einer leuchtendgrünen Paste mixen.
4. Sobald die Reiskörner die richtige Festigkeit erreicht haben, die Basilikum-Parmesan-Butter unterrühren und gründlich einarbeiten.

Tip: Butter und Parmesan, alleine oder auch zusammen mit Kräutern zur Paste gemixt, läßt sich wunderbar im Tiefkühlvorrat aufbewahren. Am besten gleich als Würfel, die man einzeln entnehmen kann. Vor allem das empfindliche Basilikum, das sonst ja Tiefkühlen übelnimmt und dabei schwarz wird, behält so nicht nur seinen Duft, sondern auch seine Leuchtkraft.

Schwarzer Risotto

Es ist nicht immer ganz einfach, den Farbstoff hierfür zu finden: die Tinte des Sepia, jenes kompakten Tintenfischs, der meist schon geputzt in den Läden angeboten wird. Fragen Sie trotzdem beim Fischhändler nach, er kann für Sie entweder ungeputzte Tintenfische oder sogar die noch gefüllten Farbbeutel besorgen. Er wird es gerne tun, vor allem, wenn er Italiener ist! Hat man einen intakten Tintenfisch bekommen, ist der Rest ganz einfach: die Fangarme packen und vorsichtig herausziehen, das kleinfingernagelgroße Säckchen mit der Tinte sitzt unter der Maulöffnung. Vorsichtig ablösen und öffnen, den Inhalt in ein Schälchen pressen. Die Tentakel (Fangarme) oberhalb des Kopfes abschneiden, die Eingeweide mitsamt dem harten Kalkblatt, das im Körper sitzt, entfernen.

Für vier Personen:
1 Schalotte, 1 Knoblauchzehe, 100 g Butter,
350 g geputzter Tintenfisch mit seiner Tinte,
250 g Risottoreis, 1/2 l Weißwein, Salz, Pfeffer,
3/4 – 1 l Gemüsebrühe, 40 g erstklassiger Parmesan,
etwas Zitronensaft und Zitronenschale

1. Schalotte und Knoblauch sehr fein würfeln, in zwei Eßlöffeln Butter in einem Topf andünsten.
2. Den Tintenfisch in zentimeterkleine Würfel schneiden und einige Minuten mitdünsten. Den Reis hinzuschütten und heiß werden lassen. Erst dann die Tinte unter-

rühren, die sofort alles schwarz färbt. Nach und nach den Wein angießen, salzen und pfeffern.

3. Wenn der Wein verkocht ist, die kochendheiße Brühe schöpfkellenweise zufügen, dabei den Risotto unermüdlich in Bewegung halten.

4. Zum Schluß die restliche Butter und den frisch geriebenen Parmesan einarbeiten. Den Risotto mit frisch geriebener Zitronenschale würzen.

Tip: Hierzu paßt hervorragend Vermentino oder Pigato aus Ligurien, Vermentino von Sardinien, Vernaccia di San Gimignano oder einer der neuen Weißweine aus Sizilien.

Risotto mit Schinken und Artischocken

Für vier Personen:

1 Zwiebel, 2 Knoblauchzehen, 100 g Butter,
50 g luftgetrockneter italienischer Schinken,
4 kleine italienische Artischocken mit ihrem Stiel,
Zitronensaft, 250 g Risottoreis, 1/4 l Weißwein, Salz,
Pfeffer, 1 – 1,3 l Gemüsebrühe, 1 Bund Petersilie,
50 g Parmesan

1. Zwiebel und Knoblauch fein hacken und in zwei Eßlöffeln Butter andünsten. Den Schinken in feine Streifen schneiden und mitdünsten.

2. Die Artischocken bis auf ihr Herz großzügig schälen, auch die Stiele sorgfältig von Fasern befreien.

3. Das gesäuberte Herz in Scheibchen schneiden – bis man es weiterverarbeiten kann, in mit Zitronensaft gesäuertem Wasser aufbewahren, damit es sich nicht braun färbt.

4. Die Stiele in dünne Scheiben schneiden, in den Risotto-topf geben und ebenfalls einige Minuten dünsten.

5. Erst jetzt den Reis zufügen und mitschwenken, bis er überall von einem Fettfilm überzogen glänzt.

6. Wein angießen und rasch einkochen. Salzen und pfeffern. Schöpfkellenweise die Brühe angießen und den Reis leise brodelnd garen.

7. Die Artischockenherzen unterdessen in etwas Olivenöl braten, salzen, pfeffern, mit Petersilie und Zitronensaft würzen.

8. Die restliche Butter, abgezupfte Petersilienblättchen und Parmesan im Mixer zerkleinern und unter den Reis rühren. Zwei Minuten energisch einarbeiten, erst dann die Artischockenherzen unterrühren, den Risotto jetzt sofort servieren.

Tip: Als Wein empfiehlt sich ein kräftiger, nicht zu weicher, sondern eher etwas strenger Weißwein, damit die herbe Bitterkeit der Artischocken nicht zu isoliert bleibt – zum Beispiel ein Arneis aus dem Piemont.

Risotto mit Pilzen

Natürlich schmeckt er mit Steinpilzen am allerbesten; außerhalb der Pilzzeit lassen sich jedoch auch gut Champignons dafür nehmen, vor allem die aromatischen, bräunlichen Egerlinge. Übrigens sind auch getrocknete Pilze möglich; dann wird selbstverständlich das Einweichwasser zum Auffüllen mitverwendet.

Für vier Personen:

1 Zwiebel (oder 2 Schalotten), 2 Knoblauchzehen,
100 g Butter, 300 g frische Pilze (oder 30 g getrocknete),
1 Bund Petersilie, 250 g Reis, 1/4 l Weißwein,
1 – 1,3 l Hühner- oder Gemüsebrühe, Salz, Pfeffer,
50 g Parmesan

1. Zwiebel oder Schalotten und Knoblauch fein würfeln und in zwei Löffeln Butter andünsten.
2. Die Pilze putzen, in Scheibchen hobeln und ebenfalls mitdünsten. Getrocknete Pilze zuerst einweichen. Die Hälfte der feingehackten Petersilie unterrühren. Erst dann den Reis zufügen und glasig werden lassen.
3. Wein angießen und rasch einkochen. Dann nach und nach die heiße Brühe zufügen, dabei den Risotto dauernd in Bewegung halten. Salzen und pfeffern.

4. Schließlich die restliche Butter und den Parmesan einarbeiten und ganz zum Schluß die beiseite gestellte
Petersilie unterrühren.

Tip: *Alla Rossini* heißt dieses Gericht, wenn das Fleisch
zweier großer Tomaten hinzugefügt wird. Und zwar soll
es zunächst feingehackt zusammen mit den Pilzen einige Minuten schmurgeln, bevor der Reis eingestreut wird.
Zum Schluß werden mit Butter und Parmesan noch zwei
Eigelb eingearbeitet, was die Sache zwar sehr wohlschmeckend, allerdings auch ganz schön mächtig macht.
Zum Pilzrisotto trinken die Italiener am liebsten einen
leichten Rotwein, etwa einen klassisch ausgebauten Barbera oder Dolcetto. Aber natürlich paßt auch ein üppiger
Weißwein (Chardonnay, Pinot bianco oder grigio).

Risi bisi

Ein arg mitgenommenes Gericht, wenn man die Pampe
betrachtet, die unter diesem Namen häufig angeboten
wird. Es ist der Lieblingsrisotto der Venezianer. Und er
ist dies gewiß nicht, weil man einfach gekochten Reis mit
Dosenerbsen vermischt. Eigentlich benötigt man hierfür
Markerbsen, die fester sind, über mehr Stärke verfügen
und eine längere Garzeit brauchen als die zarten
Gemüseerbsen. Welche Erbsen man kriegt, erfährt nur,
wer beim Gärtner einkauft. Bei uns sind frische Erbsen
selbst während der Saison Mangelware. Leider, denn es
gibt kein feineres Gemüse als frische Erbsen! Aber es

fehlt eben die geduldige Oma oder Großtante im Haushalt, die sich die Mühe macht, sie zu palen. Tiefkühlerbsen fügt man erst am Schluß der Garzeit zu. Und von Dosenerbsen sollte man sowieso die Finger lassen – sie haben mit frischen Erbsen soviel Ähnlichkeit wie ein T-Bone-Steak mit einem Hamburger.

Für vier Personen:

2 Schalotten oder 1 weiße Zwiebel, 75 g Butter, 50 g luftgetrockneter italienischer Schinken, 1 Bund glattblättrige Petersilie, 200 g ausgepalte Markerbsen, 250 g Risottoreis, 1 – 1,5 l Gemüse- (zum Beispiel mit den Erbsenschalen gekocht!) oder Fleischbrühe, 50 g Parmesan, 1/2 Zitrone

1. Schalotten oder Zwiebeln fein würfeln und in zwei Löffeln Butter andünsten. Den winzig gewürfelten Schinken zufügen und mitdünsten, nicht bräunen.
2. Die Hälfte der feingehackten Petersilie, die Erbsen und den Reis zufügen. So lange dünsten, bis die Reiskörner von Fett glänzen.
3. Nach und nach die heiße Brühe angießen. Mit Salz und Pfeffer würzen.
4. Zum Schluß die restliche Butter, den frisch geriebenen Parmesan und die übrige Petersilie feingehackt untermischen und mit etwas Zitronensaft abschmecken.

Tip: Die Venezianer, denen der Geschmack alles gilt, das Aussehen und die Farbe ihres Risottos gleichgültig ist, gießen die angedünsteten Reiskörner mit Weißwein an – die Erbsen werden dadurch grau.

Risotto mit Garnelen

Für vier Personen:

*400 g Garnelen (unbedingt roh, am besten mit Schale),
100 g Butter, 1/4 l Weißwein, 2 Schalotten, 2 Knoblauchzehen, 1 Bund Petersilie, 250 g Reis,
1 – 1,5 l Gemüse- oder Hühnerbrühe, Salz, Pfeffer,
50 g Parmesan, 2 EL Olivenöl*

1. Die Garnelen waschen, die Schale ablösen, mit einem großen Messer hacken und in der Hälfte der Butter kräftig anrösten. Wein angießen und um die Hälfte einkochen. Durch ein Sieb filtern und kalt stellen, damit die Krebsbutter, die sich oben absetzt, erstarrt.
2. Schalotten und Knoblauch fein hacken und in der Krebsbutter andünsten. Den Reis zufügen, ebenso etwas gehackte Petersilie. Den Garnelensud angießen sowie die heiße Brühe.
3. Mit Salz und Pfeffer würzen und zum Schluß die restliche Butter mit dem Parmesan einarbeiten.
4. Die Garnelen – große Exemplare längs halbieren oder sogar quer in Stücke schneiden – im heißen Olivenöl rasch auf starkem Feuer braten, dabei mit Salz, Pfeffer und reichlich gehackter Petersilie würzen.
5. Den Risotto in Teller verteilen, die Garnelen hübsch darauf anrichten.

Tip: Trinken Sie dazu einen üppigen Weißwein, etwa einen im Barrique ausgebauten Chardonnay oder Sauvignon blanc.

Mediterrane Würzkraft: Fenchel

Mensch – guck' mal den Riesendill da!!!« Ein glücklich gellender Ruf, nachdem wir an einem sonnigen Frühsommertag endlich einen lauschigen Picknickplatz gefunden hatten, abseits der Autoroute du Soleil zwischen Orange und Avignon. Tatsächlich, die ganze Böschung entlang standen stattliche, mehr als hüfthohe, doldentreibende Pflanzen mit den so charakteristischen Fiederblättern. Doch schnell mußten wir unsere Freundin enttäuschen – es war wilder Fenchel, der hier – wie im gesamten Mittelmeerraum – zu enormer, jeden Dill übertreffender Größe gedeihen kann.

Aber wir hatten unverzüglich Trost bereit, schnitten uns die dicken Stengel samt der feinen Blättchen und breiteten sie zum Trocknen hinten ins Auto. Eigentlich ist es ja im Juni noch ein bißchen früh dazu; später, im August oder September, wenn der Fenchel ausgewachsen, fast trocken ist und Samen trägt, schmeckt er noch intensiver und das Trocknen geht rascher. Dann sollte man Samen, Blätter und Stengel getrennt ernten: Den Samen für Tee und zum Würzen, die Blätter für Saucen, die Stengel zum Grillen. Als wir unserer Freundin ausmalten, wie köstlich das alles zu verwenden sei, wie wir damit die Sonne des Mittelmeeres in sommerliche wie winterliche Gerichte zaubern würden, war sie mehr als versöhnt …

Wir kennen Fenchel ja hauptsächlich in zwei Formen –

Fenchelknollen für Gemüse oder Salate, wie es sie beim Italiener häufig gibt, und Fenchelsamen für Tee, den, weil er beruhigt, Kleinkinder angeblich besonders gern mögen. Tatsächlich muß man ihn schon sehr süß machen, ehe sie ihn ohne Gebrüll zu sich nehmen und auch bei sich behalten. Ob dann fürs ganze Leben eher eine Aversion oder eine Vorliebe für das eigenwillige Fenchelaroma zurückbleibt, erweist sich erst später.

Auf jeden Fall ist Fenchel eine Sache für Spezialisten – wer es mild mag, läßt die Finger davon. Ein wenig zu Unrecht, denn die im winterlichen Süditalien langsam zu stattlicher Dicke herangewachsenen Fenchelknollen schmecken, richtig zubereitet, durchaus zurückhaltend, besitzen einen unvergleichlichen Schmelz. Hierzulande dagegen gedeiht der frostempfindliche Gemüsefenchel nur im Sommer, dessen Hitze ihm aber nicht gut bekommt – er kann harte Fasern ausbilden und fängt leicht an zu schießen, vor allem, wenn er im Frühjahr kalte Nächte erlebt hat.

Fenchelsamen ist ein stärkeres Kaliber, wobei man sich lieber aus dem Gewürzregal bedient, nicht den für Tee vorgesehenen Samen nimmt, der zwar größer ist, aber auch mehr nach Bonbon und Hustensaft schmeckt.

Das ausgefallenste Fenchelgewürz sind die getrockneten Stengel, die man leider viel zu selten als Grillgewürz kaufen kann – man sollte sich daher von südlichen Reisen seinen Vorrat mitbringen. Das lohnt sich: Etwas Fenchel als aromaspendendes Bett für einen im Ofen gebratenen (oder gegrillten) Fisch ist jede Mühe wert!

Mitbringen oder im eigenen Garten (oder im Blumentopf auf einer sonnigen Fensterbank!) ziehen muß man auch das zarte, aber dunkelgrüne Laub vom Würzfenchel, das viel intensiver schmeckt als das helle Grün des Gemüse-fenchels (das man, ist es nicht ganz zart und feucht, frei-lich ebenfalls trocknen kann). Getrocknet zerreibt man es zwischen den Fingern und streut es als Würze in Saucen zu Fisch und Fleisch.

Besonders gut kommt das Fenchelaroma in aromatisier-tem Öl zur Geltung – und ist dann immer vorrätig und bequem zu dosieren: Einfach getrocknetes Fenchelgrün und/oder Fenchelsamen in Olivenöl geben.

Fenchelknollen mit Olivenöl

Die Zubereitung ist denkbar simpel – aber das Ergebnis köstlich! So liebt man Fenchel in Italien als Vorspeise – dann bekommt man ihn zusammen mit anderem, ebenfalls gekochtem Gemüse. Man serviert ihn auch gern als Beilage zu gegrilltem Fisch oder gebratenem Fleisch.

Für vier Personen:

4 schöne, knackige und unversehrte Fenchelknollen ohne braune Flecken, Salz, 1 Zitrone (Saft),
Pfeffer aus der Mühle, Olivenöl extra vergine

1. Die Fenchelknollen putzen – je schöner und frischer die Knolle, desto weniger Arbeit und Abfall gibt es. Quer durch den Wurzelansatz und die Spitzen vierteln. Das Grün beiseite legen.
2. Reichlich kräftig gesalzenes Wasser zum Kochen bringen und die Fenchelknollen darin fast weich kochen – das dauert ungefähr 20 Minuten; stechen Sie aber schon nach 15 Minuten einmal mit dem Messer hinein, wenn sie besonders zart und frisch sind, können sie schneller gar sein, ältere und bei höheren Temperaturen (wie bei uns übrigens im Sommer) gewachsene brauchen eher etwas länger.
3. Herausheben, einige Löffel Kochsud zusetzen, mit Zitronensaft beträufeln, pfeffern und abkühlen lassen. Dabei ab und zu mit dem Sud übergießen.
4. Nach 1/2 Stunde einen guten Schuß Olivenöl zufügen.
5. Lauwarm oder abgekühlt, niemals kühlschrankkalt

servieren; dafür mit dem zurückbehaltenen, gehackten Fenchelgrün bestreuen.

6. Jeder beträufelt sich seinen Fenchel mit frischem Olivenöl und streut weiteren Pfeffer und grobes Meersalz darüber.

Dazu gibt's: Einen frischen, natürlich trockenen, südlich-würzigen Weißwein und knuspriges Weißbrot.

Tip: Statt des Kochsuds und Zitronensaft frisch gepreßten Blutorangensaft an den Fenchel geben!

Geschmorter Fenchel

Fenchel wie zuvor beschrieben vorbereiten und nur etwa 10 Minuten kochen. In einen Schmortopf legen, mit etwas Olivenöl beträufeln und mit etwas Braten- oder Kalbsfond (Glas) begießen. Dann zugedeckt in den Backofen schieben und 1/2 Stunde schmoren lassen. Nach Belieben auch mit etwas Weißwein angießen. Paßt zu jedem Fleisch.

Gebackener Fenchel

Knollen vorbereiten und kochen wie beschrieben. Dann in schmale Segmente schneiden – immer durch den Wurzelansatz, der die Schalen zusammenhält. Durch einen leichten Ausbackteig ziehen (1 Eigelb, 1/4 l eiskaltes Wasser und 125 g Mehl rasch miteinander verrühren; wenn ein paar Klümpchen übrigbleiben, macht das nichts) und in Sekundenschnelle in Öl fritieren – schmeckt besonders gut zu gegrilltem, gebratenem oder mit gleichzeitig ausgebackenem Fisch.

Gebratener Fenchel

Fenchelknollen vorbereiten und kochen, wie oben angegeben. Dann in ein wenig Olivenöl bei milder Hitze sanft braten, salzen und pfeffern. Die Schnittflächen müssen langsam bräunen und karamelisieren.
Nach Belieben auch ein paar Zwiebelspalten, Knoblauchzehen und Chilischoten mitbräteln.

Im Ofen gebratener Fisch auf Fenchelstengeln

Als der Münchner Otto Koch diese klassische provenzalische Zubereitungsart 1976 in seinem Restaurant »Le Gourmet« nach Deutschland brachte, beschwerte sich der ungeübte Freßkritiker der Süddeutschen Zeitung in seiner Kolumne, daß der auf der Speisekarte angekündigte Fenchel total verbrannt und daher ungenießbar gewesen sei – eine Unmöglichkeit, monierte er,

besonders in einem Lokal, das um Feinschmecker als
Gäste werbe.

Tja, so kann's gehen, wenn man Ahnungslose, deren
einzige Legitimation ist, daß sie gerne essen, Kritik üben
läßt (wobei man anmerken muß, daß das kulinarisch-kri-
tische Bewußtsein und auch die entsprechende Kenntnis
in diesen Dingen damals noch nicht sehr ausgeprägt
war).

Wenn Sie keine Würzfenchelstengel haben, können Sie
auseinandergebrochene, im Ofen getrocknete Schalen
von Knollenfenchel verwenden. Erwarten Sie dann aber
nicht das intensive Aroma!

Für vier Personen:

*1 Loup de mer (Wolfsbarsch), wenigstens 1 kg schwer – oder
ein anderer würziger, grillgeeigneter Fisch (alle Arten von
Brassen, Meeräsche, ganzer Goldbarsch), Salz, Pfeffer,
4 EL Olivenöl, 1 Glas trockener Weißwein,
1 große Handvoll trockene Fenchelstengel*

1. Den Fisch ausnehmen, auswaschen, trocknen und auf
   beiden Seiten mit einem scharfen Messer fast bis zur
   Mittelgräte tief drei- bis viermal kreuzweise einschneiden. Zunächst mit Salz und frisch gemahlenem Pfeffer,
   dann mit Olivenöl einreiben.
2. Den Fisch auf einer feuerfesten Platte auf ein Bett von
   Fenchelstengeln legen und bei 220 Grad im Ofen braten – dabei immer von neuem mit Olivenöl einpinseln.
   Der Fenchel gibt durch das Erhitzen ständig Aroma an
   den Fisch ab.
3. Wenn der Fisch fast fertig ist – nach etwa 20 bis 25

Minuten, je nach Größe –, mit etwas Weißwein besprenkeln.

4. Aus dem Ofen nehmen und den inzwischen völlig
ausgetrockneten Fenchel anzünden – Vorsicht, brennt
lodernd! Ihn flammend zu Tisch bringen ….

Getränk: Provenzalischer Weißwein oder Rosé.

Meerbarben mit Zitronensauce und Fenchel

Das eigenwillige Aroma der roten Meerbarbe (Triglie)
verbindet sich wunderbar mit Fenchel. Man läßt die
Innereien zum Braten im Fisch, öffnet dann den Bauch
und bindet die Sauce mit den Innereien – das ist möglich,
weil die Meerbarbe keine Galle besitzt und nur zarte
Kräuter und Seetang weidet. Man serviert diese Innereien auch gerne wie Schnepfendreck auf Knoblauch-
croûtons, weshalb der Fisch einst von den Gourmets
poetisch auch »Schnepfe des Meeres« genannt wurde.

Für vier Personen:

4 schöne, aber nicht zu große Meerbarben (je ca. 180 g;
oder 8 kleinere), Salz, Pfeffer, etwas Mehl,
4 EL Olivenöl extra vergine, 2 große Zitronen
(»Cedri« aus Amalfi oder Spanien), 2 EL getrocknetes
Fenchelgrün oder 1 gehäufter TL Samen, 2 EL Kapern,
1 kleines Bund glattblättrige Petersilie

1. Die Fische sorgfältig schuppen und waschen. Salzen, pfeffern, in Mehl wenden und in 2 EL Olivenöl in einer Pfanne auf jeder Seite nur 2 Minuten braten. Herausnehmen und den Bauch aufschneiden, das Innere herauskratzen und durch ein Sieb streichen. Die Fische selbst warm stellen.

2. Unterdessen die Zitronen bis auf das Fruchtfleisch schälen und die Filets aus den Kammern schneiden. Den dabei herauslaufenden Saft auffangen.

3. Das Fenchelgrün beziehungsweise den etwas angequetschten Samen ins Öl geben und erhitzen. Wenn sie anzubrennen drohen, das Püree der Innereien, die Kapern und Zitronenfilets, das restliche Olivenöl und die in Streifen geschnittene Petersilie zufügen. Alles nur sehr heiß werden lassen, aber nicht kochen. Die Sauce durch kräftiges Schwenken der Pfanne binden.

Dazu gibt's: Frisch gekochte, junge Salzkartoffeln.

Tip: Wenn Sie die milden Zedrat-Zitronen mit ihrer buckligen Schale nicht bekommen, nehmen Sie bitte keine normalen Zitronen – die sind viel zu sauer! Weichen Sie dann lieber auf ein mit Zitronen gepreßtes Olivenöl aus, *olio agrumato* genannt (siehe Bezugsquellen auf Seite 329).

Fenchelige Thunfischsauce zu Nudeln

Eine intensive, sizilienwürzige Sauce, die ihren besonderen Reiz durch Bottarga bekommt, den gesalzenen, luftgetrockneten Rogen von Thunfisch. Leider ist dieses Produkt teuer, daher selten zu finden; es gibt Bottarga am Stück, von dem man hauchdünne Scheiben herunterhobelt, oder bereits gerieben im Glas, dann etwas billiger, praktisch zu dosieren und gut aufzubewahren. Die sizilianische Bottarga hat einen herrlich meerwürzigen, unvergleichlichen Geschmack. Allerdings gibt es auch eine sardische Bottarga aus Meeräschenrogen (woraus auch das griechische Tarama gemacht wird), die sich zur echten verhält wie Seehasenrogen zu Beluga-Kaviar.

Für vier Personen:
4 Knoblauchzehen, 1 Zwiebel, 1 kleines Bund glattblättrige Petersilie, 3 EL Olivenöl extra vergine, 2 TL Fenchelsamen, 2 große, vollreife Fleischtomaten, 1 Dose Thunfisch in Olivenöl (350 g), 500 g Spaghetti, Penne oder kurze Makkaroni, 1 gehäufter EL geriebene Bottarga

1. Knoblauch, Zwiebel und Petersilienblätter hacken. Die Hälfte der Petersilie beiseite legen.
2. Den Rest mit Knoblauch und Zwiebeln in einer Pfanne im Olivenöl bei ganz milder Hitze andünsten, aber nicht braun werden lassen. Nach ein paar Minuten den Fenchelsamen zufügen und seinen Duft entwickeln lassen.

3. Unterdessen die Tomaten häuten, entkernen und hakken. Thunfisch aus der Dose nehmen und in Stückchen zerpflücken.
4. Tomaten und Thunfisch in den Saucenansatz geben – nur warm werden lassen, nicht zum Kochen bringen! Salzen und pfeffern.
5. Gleichzeitig die Nudeln al dente kochen. Abgießen, abtropfen und mit der Sauce umwenden. Mit der zurückbehaltenen Petersilie bestreuen und rasch servieren.

Getränk: Auch hierzu paßt ein sizilianischer Weißwein, vorzugsweise ein moderner, kräftiger, im Barrique ausgebauter – etwa der Chardonnay von Planeta.

Spaghettini mit Fenchelgemüse und frischen Sardinen

Ein traditionelles palermitanisches Rezept mit der typischen, von den Arabern hinterlassenen Würze von Anchovis, Rosinen und Pinienkernen. Ganz charakteristisch auch die Semmelbrösel. Wichtig allerdings ist, daß das Brot aus Hartweizengrieß gebacken wurde – man erkennt es an seiner gelben Farbe und gleichmäßigen Porung. Nur Brösel aus diesem Brot (kann man auf Vorrat im Tiefkühler haben!), das man bei guten Sizilianern oder Süditalienern kaufen kann, behalten einen schönen, angenehmen Biß, wohingegen normale, fertig geriebene Semmelbrösel sich sofort mit Flüssigkeit vollsaugen und pappig werden. Dazu trinkt man einen der eleganten, frischen, aromatischen Weißweine Siziliens (Corvo, Regaleali, Rapitala, Donnafugata, Libecchio, Settesoli, Murgo).

Für vier Personen:

500 g ganz frische Sardinen, 2 Fenchelknollen mit Grün,
Salz, 1 Zwiebel, 3 Knoblauchzehen, 4 EL Olivenöl,
2 Anchovisfilets in Öl, 50 g Rosinen, 50 g Pinienkerne,
Pfeffer, 2 EL Mehl, 400 – 500 g Spaghettini,
50 g altbackenes Hartweizengrießbrot

1. Die Sardinen sorgfältig ausnehmen und filetieren – dazu den Kopf packen und mit der Rückengräte zur Bauchseite hin nach vorne abbrechen und herausziehen. Abwaschen und mit Küchenpapier trocknen, auf

Küchenpapier gebettet bis zum Gebrauch in den Kühlschrank stellen.

2. Fenchel putzen, das Grün abschneiden und zurückbehalten. Knollen in reichlich sprudelnd kochendem Salzwasser, in dem später die Nudeln gekocht werden, gar kochen. Herausheben und in Würfel schneiden.

3. Währenddessen Zwiebel und Knoblauch hacken und in 2 EL Olivenöl andünsten. Die Anchovisfilets zufügen und zu Mus zerdrücken. Rosinen und Pinienkerne zugeben, mit einer Tasse Fenchelbrühe ablöschen und ein paar Minuten köcheln lassen. Die Fenchelwürfel zugeben und in der Sauce wieder erwärmen.

4. Die Sardinenfilets salzen, pfeffern, in Mehl wenden und im restlichen Olivenöl kurz auf beiden Seiten golden braten.

5. Unterdessen die Nudeln im Fenchelwasser knackiggar kochen. Das Fenchelgrün fein hacken.

6. Die Nudeln abtropfen, mit der Sauce, dem Fenchelgrün und frisch geriebenen Weißbrotbröseln umwenden, auf Tellern anrichten, die gebratenen Sardinenfilets obenauf.

Spaghetti mit Ölsardinen und wildem Fenchel

Einst galten Ölsardinen als Delikatesse. Inzwischen sind sie ein wenig auf den Hund gekommen, manche Leute halten sie lediglich für eine passende Kost im Speisewagen der Bahn. Wer nur die Allerweltsware kennt – aus tiefgekühltem Fisch in schlechtem Öl – oder nur die langweiligen, tafelfertig präparierten, angeblichen Nobelprodukte »ohne Haut und Gräten«, wird nie auf den Genußtrip kommen.

Deshalb: Besorgen Sie sich Sardinen, die *mit Gräten und Haut* in Olivenöl konserviert sind! Das Reinigen macht zwar ein wenig Arbeit, aber diese im Ganzen eingelegten Fische schmecken weitaus besser als die gehäuteten Filets. Der Kenner weiß, daß die Gräten beim Konservieren ihre gelatinösen Substanzen ans Fleisch abgeben, das dadurch mürbe wird und dank der schützenden Haut saftiger bleibt. Gutes Olivenöl hebt den Geschmack natürlich auch, der dann charakteristischer ist, als wenn die Sardinen in geschmacksneutralem (und billigem) Pflanzenöl eingelegt sind. Außerdem sollte man Ölsardinen möglichst erst dann essen, wenn die Grenze der Mindesthaltbarkeit erreicht oder überschritten ist – sie sind dann gereift (ehe es durch unsensible EG-Gesetze verboten wurde, konnten Liebhaber in Frankreich bis zu 20 Jahre alte Jahrgangs-Sardinen kaufen!) und schmecken dann viel besser. Die besten Sardinen unseres Lebens, eingelegt in Olivenöl extra vergine, haben wir bei Tivona bekommen (siehe Bezugsquellen auf Seite 329).

Für zwei Personen:

1 Dose Ölsardinen, 2 Knoblauchzehen,
4 EL Olivenöl extra vergine, 1 Peperoncino (Chilischote),
1 Glas trockener Weißwein, 2 gehäufte EL getrocknetes
wildes Fenchellaub (ersatzweise frisches Grün),
Salz, Pfeffer, 250 g Spaghetti

1. Ölsardinen aus der Dose nehmen, das Öl, falls nicht extra vergine, weggießen. Die Fische putzen und die Filets in Stücke zerzupfen. Knoblauch hacken.
2. Das Olivenöl erhitzen, Knoblauch und die zwischen den Fingern zerbröselte Chilischote zugeben.
3. Nach zwei Minuten die Sardinen zufügen, mit dem Kochlöffel zerteilen und verrühren. Weißwein angießen und einmal aufkochen lassen.
4. Vom Herd ziehen, den Fenchel zugeben, unter Rühren quellen, weich werden und sein Aroma entwickeln lassen. Abschmecken.
5. Unterdessen die Spaghetti in Salzwasser al dente kochen.
6. Nudeln abgießen und mit der Sauce vermischen.

Tip: Besonders gut schmecken die getrockneten Blüten von Würzfenchel – es ist eine Heidenarbeit, diese unscheinbaren, gelbgrünen Blütchen von den Stengeln zu streifen; und sie lohnt sich nur, wenn man in einem südlichen Land auf eine ergiebige Stelle mit blühendem Fenchel stößt.

Thunfisch:
Star in der Dose

Mit der Erfindung der Konserve zu Beginn des letzten Jahrhunderts vereinfachte sich nicht nur die Grundversorgung mit Lebensmitteln – es entstanden auch ganz neue Produkte! Zum Beispiel Ölsardinen und Thunfisch aus der Dose, die ganz anders schmecken als die frischen Fische. Waren diese nämlich bis dahin nur den Küstenbewohnern billige Nahrung, gelangten sie als teure Konserve jetzt auf die feine Tafel. In den letzten Jahren wandte sich das Blatt – Frisches ist in! Wer wagt es da noch, Dosenfisch als Delikatesse zu bezeichnen? Wir!

Allerdings muß man sich umsehen beim Einkauf – Spitzenqualität ist in unserem deutschen, vom Preis diktierten Angebot leider nur selten und schwer zu finden.

Star der Konservenfische ist der bis zu drei Meter lange *Gewöhnliche* oder *Nördliche Rote Thunfisch*. Er kommt in allen Weltmeeren nördlich des Äquators vor, sein Fleisch ist von hervorragender Qualität und sollte in Öl konserviert werden, um sein volles Aroma und eine angenehme Geschmeidigkeit zu entwickeln. Das dunkelrote Fleisch wird dabei hellbraun. Die besten Produkte kommen aus Frankreich, Spanien und Italien. Achten Sie jedoch immer genau darauf, wie der Inhalt der Dose beschrieben ist:

Stücke heißt Schnipsel. *Filet* bedeutet ein Stück, ergänzt je nach Dosen- oder Glasform mit einem, maximal zwei weiteren Stücken. *Rückenfilet:* Aus der besonders fettarmen, kompakten Rückenpartie geschnitten (die Japaner essen diesen tiefroten Teil roh als *Maguro*). *Ventresca* oder *Tarantello:* vom fetten Bauchstück bzw. unter der Seitenflosse geschnitten, fett und saftig – das beste Stück vom Thun und drei- bis fünfmal so teuer wie eine normale Konserve (die Japaner lieben diese rosafarbenen Partien roh: Toro als Sushi oder Sashimi).

Spitzenqualität ist stets *in Olivenöl* eingelegt – es bietet beste Haltbarkeit und die ideale geschmackliche Ergänzung. Das Öl aus der Dose muß man aber nicht verwenden – es kann ein klein wenig tranig schmecken und ist durch das Erhitzen beim Sterilisieren nicht mehr so wertvoll wie roh zugefügtes Olivenöl extra mit seinem charakteristisch frischen Geschmack. Für alle, die den Geschmack von Olivenöl nicht mögen, gibt es auch Konserven *in Öl* oder *in Pflanzenöl* – da dieses Öl jedoch weniger kostet als Olivenöl, im billigeren Segment der Angebotspalette zu finden (was gleichzeitig aber auch geringere Qualität bedeutet).

Übrigens: Alle Konserven in Öl sollte man erst gegen Ende des angegebenen Mindesthaltbarkeitsdatums verspeisen – das Öl hatte dann genügend Zeit, den Fisch zu durchdringen, ihn zart und mürbe zu machen!

Konserven *mit Gemüse* sind im allgemeinen ohne großen geschmacklichen Wert (mit Gemüse und Gewürzen lassen sich die Mängel des Fischprodukts selbst überdecken).

Schließlich findet man immer häufiger Thunfisch *au naturel* oder *in eigenem Saft,* oft noch mit dem Zusatz *ohne*

Öl: Klingt verlockend, weil natürlich und »schlank«; tatsächlich verbirgt sich dahinter viel zu stark erhitztes und krümeliges Zeug, unter der verschleiernden Bezeichnung *Solid pack* sogar nur zusammengepreßte Schnipsel, die erst beim Sterilisieren zu einem festen Block mit unangenehm bröseligem Eiweiß-Gekruschel zusammenbacken. Nur für Kalorienzähler, die der Schlankheit jeglichen Wohlgeschmack opfern, zu empfehlen. Dann lieber fasten! Dieses schandhafte Produkt fällt übrigens bei der Verarbeitung von *Weißem Thunfisch* an, der in allen Weltmeeren beheimatet ist und dessen Fleisch sich beim Garen zartrosa färbt. Als Filet in Öl schmeckt es dagegen hervorragend!

Weiterhin dost man den roh als Sushi oder Sashimi überaus vorzüglichen *Gelbflossen-Thunfisch (Yellowtail)* ein, den *Südlichen Roten Thunfisch,* den *Echten Bonito* sowie den sehr häufigen, billigen, dunkelfleischigen *Skipjack (Unechter Bonito),* der nun allerdings doch deutlich weniger fein schmeckt. Die Fabriken stehen meist in unmittelbarer Nähe der wichtigen Fangplätzen der Welt: in Japan und den USA, in Westafrika (Elfenbeinküste!), in Thailand, Südafrika oder auf Mauritius. Oft wird der Fisch sofort an Bord verarbeitet, zumindest tiefgekühlt. Alle diese Erzeugnisse können gut sein, sind es aber leider nicht immer. Die Qualität läßt sich hier am besten am Preis ablesen – der reicht von etwa DM 0,80 für das billigste *(Skipjack solid pack)* bis weit über DM 17,– für das teuerste Produkt *(Ventresca, Tarantello,* jeweils für 150 g Einwaage).

Zu beachten ist auch, daß in größeren Dosen bessere Qualität zu finden ist, weil man größere, makellose

Stücke hineinpacken kann. Außerordentliche Qualität kommt unter anderem aus Sizilien: Zum Beispiel *Ventresca* in der großen Zwei-Kilo-Dose. In München bei GARIBALDI (siehe Bezugsquellen auf Seite 329) hat man Verständnis für Genießer und bietet die Riesendose offen an: man kann den Fisch hundertgrammweise einkaufen – eine seltene Delikatesse!

Thunfisch aus der Dose – das kann der Mittelpunkt einer kalten Mahlzeit sein, einfach aus der Dose gestürzt, mit Oliven, Kapern, Knoblauch und Zwiebel zu Brot serviert oder mit Bratkartoffeln. Thunfisch ist unverzichtbarer Bestandteil der berühmten Salade Niçoise oder kommt in kleinen Stücken an Nudeln oder auf die Pizza.

Es gibt aber auch eine ganze Anzahl von Gerichten, in denen der Thunfisch fein püriert wird – das war früher eine mächtige Arbeit für Spezialisten, denn man mußte den Thunfisch im Mörser zerstoßen und schließlich, damit die Sauce wirklich seidig glatt wurde, dreimal durch ein immer feineres Sieb streichen. Heute macht das ein einigermaßen leistungsfähiger Haushalts-mixer in Sekundenschnelle – und überdies besser! Kein Grund also, das Parade-gericht der kalten italieni-schen Küche – Vitello tonnato – weiterhin den Restaurants zu überlassen. Zunächst jedoch eine hübsche Vorspeise:

Mit Thunfisch gefüllte Tomaten

Eine Vorspeise zu einem herzhaft-mediterranen Menü.

Für vier Personen:
*4 vollreife Tomaten, Salz, 1 kleines Paket tiefgekühlte Erbsen
(150 g), 1 Dose Thunfisch in Olivenöl (150 g Einwaage),
2 Frühlingszwiebeln mit Grün, 4 EL Mayonnaise,
1 TL scharfer Senf (Dijon), Pfeffer, Tabasco,
wenn möglich etwas frischer Kerbel oder Estragon*

1. Die Tomaten aushöhlen; am Stielansatz einen Kegel
   ausschneiden, alle Kerne und Zwischenwände mit
   herauslösen. Das Innere leicht salzen, umgedreht
   abtropfen lassen.
2. Erbsen in kochendes Salzwasser geben und kurz
   weich kochen. Kalt abschrecken.
3. Thunfisch aus der Dose nehmen und zerpflücken, Öl
   wegkippen. Frühlingszwiebeln hacken.
4. Die Mayonnaise mit allen Zutaten vermischen, pikant
   abschmecken und mit gehackten Kräutern anreichern.
5. In die Tomaten füllen, hübsch dekorieren.

Tip: Das Gericht steht und fällt natürlich auch mit der
Qualität der Mayonnaise – selbstgemachte sollte es sein,
rasch aufgemixt aus Eigelb, Dijon-Senf und einem guten,
milden Olivenöl (zum Beispiel aus Ligurien).

Dazu gibt's: Frisch aufgebackenes Weißbrot und einen
trockenen Weißwein.

81

Vitello tonnato – Kalbfleisch mit Thunfischsauce

Eine klassische Vorspeise – im Sommer allerdings liebt man sie als Hauptgericht!

Vorspeise für zehn, Hauptgericht für vier Personen:

Fleisch:
1 kg Kalbsnuß, 2 Zwiebeln, 1 Möhre, 1/2 Stange Lauch,
1/4 Sellerieknolle, 1 Bund Petersilie, 1/2 l trockener
Weißwein, 3 Lorbeerblätter, 1 TL Pfefferkörner, Salz

Sauce:
1 Dose weißer Thunfisch in Olivenöl (220 g),
3 Anchovisfilets in Öl, 2 EL Kapern, 1 Zitrone (Saft),
1/4 l Olivenöl extra vergine, weißer Pfeffer, Salz,
Cayennepfeffer, 2 Zitronen, 1 TL Kapern, Petersilien- oder
Sellerieblätter, 1 frischer Peperoncino (Chilischote)

1. Die Kalbsnuß mit allen angegebenen Zutaten – die Gemüse geputzt und kleingeschnitten – mit Wasser bedeckt aufsetzen, dieses langsam zum Kochen bringen. Nach dem ersten Aufwallen die Hitze herunterschalten, so daß der Sud nicht mehr kocht, sondern nur noch leise siedet. Die Kalbsnuß darin zugedeckt etwa 1 Stunde ziehen lassen, dann abschalten und das Fleisch über Nacht im Sud abkühlen lassen.
2. Es ist wichtig, daß das Fleisch gut durchgekühlt ist, erst dann läßt es sich gut aufschneiden: herausheben,

von Sehnen und Häuten befreien und auf der Maschine in dünne Scheiben schneiden. Auf einer Platte oder auf Tellern hübsch, das heißt nicht zu akkurat anrichten.

3. Für die Sauce alle Zutaten in den Mixer geben und zu einer glatten Sauce pürieren. Pikant abschmecken.

4. Das Kalbfleisch mit der Sauce überziehen, mit Zitronenschnitzen, Kapern und Blättern dekorieren. Restliche Sauce getrennt servieren.

Dazu gibt's: Weißbrot und einen neutralen, trockenen Weißwein (Soave, Verdicchio dei Castelli di Jesi, Vernaccia di San Gimignano, Orvieto, Marino).

Tip: Man kann die Kalbsnuß auch im Ofen rosa braten und dann dünn aufschneiden; man kann Reste von Kalbsbraten nehmen oder auch ein sanft gebratenes Kalbsfilet dafür verwenden. Die Sauce paßt übrigens auch gut zu hartgekochten Eiern oder zu im Ofen gebackenen, gehäuteten Paprikaschoten!

Salade Niçoise

Das ideale sommerliche Hauptgericht! Es ist wohl eines der bekanntesten Rezepte der Welt, aber gewiß auch eines von denjenigen, denen am übelsten mitgespielt wurde. Was wird nicht alles unter diesem Namen angeboten! Natürlich kann man im Grunde alles, was der Sommer an frischen Sachen bietet, dafür verwenden. Aber sie müssen von erstklassiger Qualität sein, sonst wird kein vergnüglicher Salat, sondern ein geschmackloser Mischmasch draus …

Für sechs Personen:

2 große Fleischtomaten, 2 große grüne Paprikaschoten,
3 dicke weiße Zwiebeln (ersatzweise zwei normale
Zwiebeln), 250 g grüne Bohnen (haricots verts), Salz,
400 g am Vortag gekochte Salatkartoffeln (Sieglinde oder
»la ratte« – auf deutsch: Bamberger Hörndl),
6 hartgekochte Eier,
1 sommerlich großer oder 2 normale Köpfe Salat,
1 Bund glattblättrige Petersilie,
12 Sardellenfilets, 400 g Thunfisch in Olivenöl,
100 g kleine schwarze Oliven in Öl (aus Nizza)

Vinaigrette:
3 EL scharfer Senf (Dijon), Salz, Pfeffer, 2 EL kräftiger
Rotweinessig, 1/8 l Olivenöl vierge extra (vorzugsweise aus
der Provence)

1. Tomaten überbrühen, abschrecken, häuten, achteln und entkernen. Paprikaschoten in Ringe, Zwiebeln in Scheiben hobeln.
2. Bohnen entspitzen und in sprudelnd kochendem Salzwasser in ca. 4 Minuten (sofern sie wirklich stricknadeldünn sind – ansonsten ein paar Minuten länger) knackig-gar kochen. Sofort eiskalt abschrecken, damit sie ihre Farbe behalten. Halbieren.
3. Kartoffeln pellen und in Scheiben schneiden. Eier schälen und vierteln.
4. Vom Kopfsalat die schönsten Blätter ganz lassen, den Rest zerpflücken; alles waschen und abtropfen. Petersilienblätter von den Stengeln zupfen.
5. Mit den ganzen Salatblättern eine große Schüssel (oder Platte) auslegen. Tomaten, Paprika, Zwiebeln, Bohnen, Kartoffeln und die kleingezupften Salatblätter vermischen und auf dem Blattbett anrichten. Mit Eivierteln umlegen.
6. Sardellen längs teilen. Thunfisch aus der Dose nehmen und zerpflücken. Oliven abtropfen lassen.
7. Den Salat mit dem Thunfisch bestreuen, die Sardellenstreifen darüberlegen und Oliven darauf verteilen. Mit Petersilienblättern garnieren.
8. Aus den angegebenen Zutaten eine Vinaigrette aufschlagen und erst zum Schluß, unmittelbar vor dem Servieren, darübergießen.

Dazu gibt's: Baguette und einen frischen, trockenen Rosé aus der Provence.

Pikante Thunfischsauce
zu Spaghetti

Simpel, schnell und einfach köstlich!

Für zwei Personen:

*1 kleine Dose Thunfisch in Olivenöl (ca. 100 g Einwaage),
2 Knoblauchzehen, 2 frische Chilischoten, 1 Spritzer
Worcestershire-Sauce, Salz, 4 EL frisches Olivenöl extra
vergine, 2 Fleischtomaten, 1 Bündchen Basilikum*

1. Thunfisch aus der Dose nehmen, abtropfen und mit dem Knoblauch und den entkernten Chilischoten im Mixer pürieren, dabei würzen und Öl mitmixen.
2. Tomaten überbrühen, pellen, entkernen und fein hacken, Basilikum in Streifen schneiden.
3. Alles vermischen und mit al dente gekochten Spaghetti servieren.

Thunfischterrine

Eine ungewöhnliche Vorspeise, die sich prima vorbereiten läßt.

Für vier bis sechs Personen:
750 g mehlige Kartoffeln, Salz,
ca. 200 g Thunfisch in Olivenöl (Einwaage),
1 große Zwiebel, 2 Knoblauchzehen,
6 EL frisches Olivenöl extra, 2 Zitronen (Saft),
Pfeffer, 1 Prise gemahlener Kreuzkümmel,
etwas Harissa (ersatzweise 1 Spritzer Tabasco),
1 Bund glattblättrige Petersilie, 2 EL Kapern,
1 kleines Glas grüne, mit Paprika gefüllte Oliven,
Salatblätter, frische Kräuter und Tomaten zur Dekoration

1. Kartoffeln in Salzwasser oder im Dampf gar kochen,
   etwas abkühlen lassen. Pellen und durch die Presse
   drücken.
2. Thunfisch aus der Dose nehmen, abtropfen lassen und
   grob zerpflücken. Einige schöne Stücke beiseite legen,
   den Rest in den Mixer geben. Mit der ebenfalls grob
   zerteilten Zwiebel, den Knoblauchzehen, Olivenöl,
   Zitronensaft, Gewürzen und Petersilie pürieren. Falls
   Sie keinen Mixer haben, alle festen Zutaten mit einem
   großen Messer möglichst fein hacken.
3. Die noch heiße Kartoffelmasse damit mischen, auch
   die zurückbehaltenen Thunfischstücke, Kapern und
   Oliven darunterheben.
4. Eine passende Form (Terrine, Salatschüssel, Backform)

mit Klarsichtfolie ausschlagen und die Masse einfüllen. Im Kühlschrank fest werden lassen.

5. Am nächsten Tag stürzen, auf einer mit Salatblättern
ausgelegten Platte anrichten, mit Kräutern hübsch
dekorieren und mit Tomatenscheiben garnieren.

Dazu gibt's: Weißbrot und aromatischen trockenen
Weißwein aus Spanien oder Sizilien.

TIP: Harissa, die nordafrikanische, mit Knoblauch und
Kreuzkümmel gewürzte Chilipaste, die so ungemein
intensiv und köstlich zum Couscous schmeckt, mußte
man sich früher aus Frankreich mitbringen. Inzwischen
findet man sie in gut sortierten Kaufhäusern und
Supermärkten oder bei Händlern mit orientalischem
Angebot – allerdings wesentlich teurer als in unserem
Nachbarland.

Sommer-Mandeln

Mandeln: Wer denkt da nicht an Plätzchen, Marzipan, Mandelhippen, Florentiner und feines Teegebäck? Oder an den Duft gebrannter Mandeln vom Jahrmarkt? Aber man kann aus Mandeln noch viel mehr machen: cremig-sanfte und pikante Saucen, herzhafte und exotische Gerichte.

In Südfrankreich, in Spanien oder auf Sizilien genießt man die Mandeln am liebsten im Sommer: die frischen, eben aus ihren grünen Schalen gelösten Kerne, die noch von einer weißen, weichen Hülle umschlossen sind, welche sich erst später zur festen, braunen Haut entwickelt. Jetzt ist der Mandelkern noch fast weich und trotzdem schon knackig und von schmelzender Süße. Allerdings macht es ganz schön viel Mühe, ihn freizulegen: ohne Fleiß kein Preis!

Zu uns kommen Mandeln zum überwiegenden Teil aus den USA; die großen Plantagen in Kalifornien haben weltweit den Qualitätsstandard gesetzt. Außerdem importieren wir Mandeln aus Frankreich, Italien, Spanien, Portugal und der Türkei.

Ursprünglich stammt die Mandel jedoch aus Asien. Sie ist eine Schwester von Pfirsich und Aprikose, ihre rosa Blüten zeigen die Verwandtschaft deutlich an. Schon früh gelangte sie mit den Arabern nach Spanien, und von dort aus verbreitete sie sich schon im Altertum im ganzen Mittelmeerraum. Und so findet man die interessantesten Rezepte in Spanien, in Sizilien und im Orient.

Selten werden in Deutschland sogenannte Krach-
mandeln, allenfalls zur Weihnachtszeit, angeboten, also
Mandeln in ihrer Schale. Dafür eignen sich nur spezielle,
sehr dünnschalige Sorten, die man zu Hause mit dem
Nußknacker auch aufbekommt. Diese wachsen vor allem
in Südspanien und auf Sizilien. Ansonsten werden die
Mandeln gleich im Erzeugergebiet maschinell geknackt
– nur so ist eine einwandfreie Sortierung der Mandel-
kerne möglich: Denn süße und bittere Mandeln wachsen
am selben Baum; erfahrene Leute können sie ausein-
andersortieren. Man braucht Bittermandeln wegen ihres
ausgeprägten Aromas als Gewürz in der Konditorei. Zu
Hause sollte man lieber auf sie verzichten und Bittermandelaroma verwenden, denn sie enthalten die hoch-
giftige Blausäure. Eine Bittermandel verursacht bereits
Schwindel, ein paar können für Kinder tödlich sein!

Süße Mandeln kann man als ganze Kerne kaufen – in ihrer Haut (dann sind sie samtig-dunkelbraun oder gelbbraun) oder geschält (weiß) –, als Stifte, Blätter, gehackt oder gemahlen. Zerkleinerte Mandeln sparen Arbeit, besitzen aber nie das Aroma der ganz und ungehäutet gekauften Kerne. Es ist also besser, sie im »Naturkleid« zu kaufen und je nach Bedarf zu präparieren.

Das Häuten ist schließlich einfach: Die Mandeln mit heißem Wasser überbrühen und 10 Minuten stehen lassen, dann die Mandeln zwischen Daumen und Zeigefinger aus der Haut schnipsen.

Zum Zerkleinern nimmt man heute den Universalzerkleinerer, elektrischen Zerhacker oder den Mixaufsatz der Küchenmaschine. Dabei sollte man immer nur in Intervallen arbeiten, damit sich die Masse nicht zu stark erhitzt und das Mandelöl austritt. Damit läßt sich übrigens auch blitzschnell und ohne Mühe Marzipan herstellen: Mandeln mit der gleichen Menge Puderzucker zur Paste mixen, dabei tropfenweise etwas Rosenwasser oder Orangenblütenessenz hinzufügen, für verführerischen Duft und eine geschmeidige Konsistenz.

Pikante Mandelbällchen

Eine Vorspeise oder ein kleiner Imbiß. Läßt sich auch gut mit den Fingern essen, zum Beispiel als Häppchen zum Glas Wein.

Vorspeise für vier, Aperitifhappen für acht Personen:
1 Tasse rote Linsen, 1 1/2 Tassen Wasser,
1 Tasse Bulgur (Weizenschrot), 1 Zwiebel,
3 Knoblauchzehen, 2 EL Olivenöl, 2 – 3 Chilischoten,
1 TL Tomatenmark, 1 TL Paprikamark,
2 Frühlingszwiebeln, 1 Bund glatte Petersilie,
50 g gehackte Mandeln, 1 gehäufter TL gemahlener
Kreuzkümmel (Cumin), Salz, Pfeffer, 50 g geriebene
Mandeln, Salatblätter

1. Die Linsen mit dem Wasser bedeckt in etwa fünfzehn Minuten weich kochen. Den Bulgur unterrühren und eine halbe Stunde quellen lassen.
2. Inzwischen Zwiebel und Knoblauch fein würfeln, im heißen Öl sanft anrösten, sie dürfen dabei goldbraun werden.
3. Geröstete Zwiebeln, feingehackte Chilis (zuvor entkernen!), Tomaten- und Paprikamark, in Ringe geschnittene Frühlingszwiebeln, feingehackte Petersilie sowie gehackte Mandeln mit der Linsenmasse gründlich vermischen.
4. Mit Kreuzkümmel, Salz und Pfeffer würzen. Die Masse am besten mit den Händen tüchtig durcharbeiten, bis sie geschmeidig ist, sich gut verbunden hat.

5. Mit angefeuchteten Händen walnußgroße Bällchen formen. In geriebenen Mandeln wälzen und auf einer mit Salatblättern ausgelegten Platte aufhäufen.

Geröstete Currymandeln

Statt gekaufter Salzmandeln mal was anderes: Mandeln mit exotischem Parfum und appetitanregender Schärfe!

Für vier bis sechs Personen:

250 g Mandeln, 1 EL Currypulver,
1 Messerspitze Cayennepfeffer, Salz, Pfeffer

1. Die Mandeln wie oben beschrieben häuten. Entweder auf einem Blech ausgebreitet im 250 Grad heißen Ofen oder in einer trockenen Pfanne rösten, bis sie duften.
2. Noch heiß mit den Gewürzen überpudern und schütteln, damit sie überall davon überzogen sind.

Scharfe Mandelsauce

In Spanien liebt man diese Sauce zu gegrilltem oder gebratenem Fisch, sie ist neben Mayonnaise und der knoblauchintensiven Aioli die dritte wichtige kalte Sauce in der katalanischen Küche. Wie diese bleibt sie in einem Schraubglas im Kühlschrank einige Tage frisch.

Für vier bis sechs Personen:

100 g geschälte Mandeln, 2 Knoblauchzehen,
2 Chilischoten, 1 Fleischtomate, 1 TL Tomatenmark,
3 EL Rotweinessig, Salz, Pfeffer, ca. 1/4 l Olivenöl

1. Die Mandeln in einer trockenen Pfanne rösten, bis sie duften, dann mit den übrigen Zutaten in der Küchenmaschine zu einer glatten Paste mixen.
2. Das Öl langsam zufügen, bis die Sauce cremig ist.

Mandelsuppe mit Knoblauch

Eine wundervolle kalte, sehr würzige Suppe, genau das richtige an einem heißen Sommertag!

Für vier Personen:

1/2 Brötchen, 100 g Mandeln, 4 Knoblauchzehen,
3 EL Olivenöl, 2 EL Weinessig, Salz, Pfeffer,
1 säuerlicher Apfel, Zitronensaft,
50 g roher Schinken in hauchdünnen Scheiben

1. Das Brötchen in Wasser einweichen.
2. Die Mandeln häuten. Mit dem geschälten Knoblauch, eingeweichten Brötchen und Öl im Mixer fein pürieren, mit Essig, Salz und Pfeffer würzen.
3. So viel eiskaltes Wasser zufügen, bis die Suppe die richtige, cremige Konsistenz hat. Bis zum Servieren kalt stellen.

4. Die Suppe in Tellern oder Suppenschalen anrichten. Für den Geschmack und als Dekoration gewürfelten Apfel (mit Zitronensaft beträufeln, damit er sich nicht verfärbt, und mit etwas gehackter Petersilie vermischt) und in feine Streifen geschnittenen Schinken in die Mitte häufeln.

Petersilienpesto mit Mandeln

Schmeckt wunderbar mit frisch gekochten Spaghetti oder ganz schmalen Bandnudeln vermischt, paßt aber auch als Dip zu rohen Gemüsestreifen.

Für vier bis sechs Personen:

250 g Mandeln, 2 Bund glatte Petersilie,
3–4 Knoblauchzehen, ca. 4–5 EL Olivenöl,
knapp 1/4 l heißes Spaghettiwasser oder Gemüsebrühe,
Salz, Pfeffer

1. Die Mandeln häuten. Mit den abgezupften Petersilienblättern und dem geschälten Knoblauch im Mixer fein pürieren, dabei das Öl und so viel heißes Wasser oder Brühe zufügen, bis die Emulsion die richtige Konsistenz hat.
2. Mit Salz und Pfeffer abschmecken.

Wichtig: Wenn man den Petersilienpesto als Spaghettisauce essen will, darf er nicht zu flüssig sein – schließlich wird er durch die nassen Nudeln noch verdünnt!

Lammcurry
in safranwürziger Mandelsauce

Für vier bis sechs Personen:

1 kg Lammfleisch (aus der Keule), 1 Döschen Safranpulver,
1 Becher Joghurt, Salz, 3 EL Butterschmalz, 2 Zwiebeln,
je 1 EL feingehackter Knoblauch und Ingwer,
1 gehäufter EL Currypulver, Pfeffer, 50 g geschälte,
gemahlene Mandeln, frische Minze

1. Schon am Vortag das Fleisch in gulaschgroße Würfel schneiden und mit folgender Marinade vermischen:
2. Safran in zwei Löffeln heißem Wasser auflösen und mit Joghurt und Salz verrühren. Die Fleischwürfel damit gut einreiben. Im Kühlschrank ziehen lassen.
3. Zubereitung: In einem breiten Topf das Butterschmalz erhitzen, die Fleischwürfel darin portionsweise anbraten. Die Zwiebeln fein gewürfelt zufügen, ebenso Knoblauch und Ingwer. Mit Currypulver bestäuben, salzen und pfeffern.
4. Die Mandeln unter die Joghurtmarinade rühren, diese mit einem Schuß Wasser verdünnen und zum Fleisch geben.
5. Zugedeckt auf sanfter Hitze etwa eine Stunde gar ziehen lassen. Falls dabei zuviel Flüssigkeit verdampft, etwas Wasser nachgießen. Die Sauce sollte dicklich wie eine gute Gulaschsauce sein.
6. Zum Schluß reichlich feingeschnittene Minzeblätter darüberstreuen. Dazu schmeckt duftiger Basmatireis.

Pfannengerührte Hähnchenbrust mit Chili und Mandeln

Für vier Personen:

100 g Mandeln, 500 g ausgelöste Hähnchenbrust,
1 TL Speisestärke, 3 EL neutrales Öl, 1 EL Sesamöl,
je 1 EL feingewürfelter Ingwer und Knoblauch, 1 Zwiebel,
2 Lauchstangen, 1–2 TL Chilipaste oder Sambal Oelek (je
nach Vorliebe), 1/2 TL Zucker, Salz, Pfeffer,
je 1 El Sojasauce, thailändische Fischsauce und Sherry,
3 – 4 EL Gemüsebrühe, Koriandergrün

1. Die Mandeln häuten. Das Fleisch in zentimetergroße Würfel schneiden, mit der Stärke überpudern und diese gut einmassieren.
2. Das Öl in einer großen Pfanne oder im Wok erhitzen. Die Mandeln darin anrösten und wieder herausnehmen.
3. Das Fleisch darin anbraten, dabei ständig mit der Bratschaufel rühren und wenden. Ingwer und Knoblauch dazustreuen. Auch die gehackte Zwiebel und den in Ringe geschnittenen Lauch.
4. Mit Chilipaste, Zucker, Salz und Pfeffer würzen. Die Würzflüssigkeiten, Sherry und Brühe angießen. Die Mandeln wieder zufügen, alles umwenden und mischen, noch einmal aufkochen, zerzupftes Koriandergrün zufügen und sofort servieren.

Tip: Dazu paßt thailändischer Duftreis.

Mandeleis

1/4 Milch, 1/4 l Sahne, 1 Vanillestange,
100 g geschälte, gemahlene Mandeln, 5 Eigelb,
100 g Zucker

1. Milch und Sahne aufkochen, die aufgeschlitzte Vanilleschote und die Mandeln darin zehn Minuten ziehen lassen.
2. Das inzwischen aufgeweichte Vanillemark aus der aufgeschlitzten Schote kratzen und zusammen mit dem Zucker in die Milch rühren.
3. Die Eigelb mit einem Rührlöffel einarbeiten, schließlich auf mittlerem Feuer unter ständigem Rühren erhitzen, bis die Eiermilch eben aufzuwallen beginnt, dann den Topf rasch vom Feuer ziehen, in kaltes Wasser setzen, damit die Eiermilch nicht gerinnt.
4. Unter Rühren abkühlen lassen und schließlich in der Eismaschine gefrieren.

Tip: Wer keine Eismaschine hat, geht nach demselben Rezept vor, läßt die Sahne jedoch zunächst beiseite. Sie wird steifgeschlagen unter die abgekühlte Eiermilchcreme gezogen. Diese Masse dann in eine Gefrierschale füllen und im Tiefkühler fest werden lassen.

Schoko-Mandel-Soufflé

Für vier bis sechs Personen:

50 g dunkle Kuvertüre, 100 g Butter, 65 g Zucker,
Zucker für die Form, 5 Eigelb, 150 g geriebene Mandeln,
50 g Kuchenbrösel, 5 Eiweiß, 1 Prise Salz

1. Die Kuvertüre im Wasserbad oder in der Mikrowelle schmelzen (bei stärkster Stufe 3 Minuten).
2. Butter mit dem Handrührer schaumig schlagen, dabei die Hälfte des Zuckers zufügen sowie nach und nach die Eigelbe. So lange rühren, bis die Masse dick und ganz hell geworden ist.
3. Die etwas abgekühlte Kuvertüre unterrühren, auch die geriebenen Mandeln und Kuchenbrösel.
4. Die Eiweiß zu cremig-steifem Schnee schlagen, dabei eine Salzprise und den restlichen Zucker zufügen. Zuerst ein Drittel davon unter die Mandelmasse rühren, den Rest behutsam unterziehen.

5. Soufflé- oder Portionsförmchen mit Butter auspinseln und mit Zucker ausstreuen. Die Masse darin verteilen.

6. Die Förmchen in eine Bratenform setzen, so viel heißes Wasser angießen, daß die Förmchen zu zwei Dritteln darin stehen.

7. Im vorgeheizten Backofen bei 220 Grad 25 bis 30 Minuten garen.

8. Die Soufflés aus ihren Förmchen stürzen.

Tip: Dazu eine sahnige **Karamelsauce** servieren: 100 Gramm Zucker zu hellem Karamel erhitzen, mit 200 Gramm Sahne auffüllen und bis zur gewünschten Konsistenz einkochen.

Mandelcreme mit Amaretti

Für sechs Personen:

Amaretti:
4 Eiweiß, 200 g Zucker, 1 Prise Salz, 250 g geriebene Mandeln, 1 Fläschchen Bittermandelaroma

Mandelcreme:
4 Eigelb, 100 g Zucker, 6 EL Amarettolikör,
400 g Mascarpone

1. Für die Amaretti das Eiweiß cremig steif schlagen, dabei langsam den Zucker und eine Salzprise hinzurieseln lassen.

2. Die geriebenen Mandeln und das Bittermandelaroma untermischen.

3. Diese Masse in einen Spritzbeutel füllen, damit auf ein mit Backpapier belegtes Blech markstückgroße, dicke Tupfen setzen.

4. Bei 150 Grad eine Stunde mehr trocknen als backen.

5. Für die Creme die Eigelb im Wasserbad zu einer dik- ken, hellen Creme schlagen, dabei den Zucker hinzu- rieseln lassen und den Amaretto zufügen. So lange schlagen, bis der Zucker aufgelöst ist und die Eigelb heiß sind, aber natürlich nicht kochen!

6. Abkühlen lassen, erst dann den Mascarpone unter- rühren.

7. Eine Dessertschüssel mit Amaretti auslegen, die Creme einfüllen und mit Amaretti abdecken. Vor dem Servieren drei bis vier Stunden im Kühlschrank zuge- deckt ziehen lassen.

Gurkenzeit

Saure-Gurken-Zeit, das weiß jedes Kind, ist mitten im Hochsommer, wenn Ferienruhe herrscht und die Presse nichts wirklich Wichtiges vermelden kann. Nicht ganz korrekt, meint der Gurkenliebhaber: Um die Gurken für den sauren Wintervorrat zu ernten, zu waschen und einzulegen, muß man ja so fleißig sein, daß man gar keine Zeit für Nebensächlichkeiten hat! Deshalb ist jetzt also eigentlich gar nicht Zeit für *saure,* sondern für *frische* Gurken. Und zwar nicht nur für die ganzjährig den Markt beherrschenden Salat-, sondern für die viel geschmackvolleren Gemüsegurken vom Freiland!

Die leidenschaftlichsten Liebhaber von Gurken sind von altersher die Juden – sie haben auch die von den Nährstoffen her ideale Zubereitungsart der milchsauren Vergärung entwickelt und nicht nur zu uns, sondern vor allem nach Osteuropa und Amerika gebracht. Die Hebräer schätzten die Gurken so sehr, daß sie im Gelobten Land ganze Felder ansäten. Dabei zogen sie die Gurkenranken über Geflechte hoch, so daß regelrechte Schutzhütten entstanden, von denen aus die Felder überwacht und gegen einfache Mundräuber, gemeine Diebe oder professionelle Plünderer geschützt werden konnten. Auf genau diese Art werden sie heute für den Markt in beheizten Gewächshäusern (Deutschland, Holland) oder ungeheizten Folienhäusern (Türkei, Kreta, Spanien, Sizilien) gezogen.

Die ursprünglich aus Indien stammenden, wärmeliebenden, zur Familie der Kürbisse zählen- den Gurken ka- men erst im aus- gehenden Mittel- alter nach Deutschland – nachdem sie sich in Italien und Frankreich nach und nach an ein rauheres Klima gewöhnen konnten und sich durch natürliche und gärtne- rische Selektion Sorten ent- wickelt hatten, die auch  nördlich der Alpen in geschützten Lagen gediehen.

Bis heute ist die Gurke allerdings ein sensibles, wärme- bedürftiges Gewächs, kümmert in den rauheren, trocke- nen Regionen unserer Mittelgebirge nur vor sich hin. Wohl fühlt sie sich jedoch in den Flußniederungen, vor allem entlang des Rheins, der Elbe und der Donau, ideal sind die Bedingungen im Spreewald. Freilandgurken gibt es bei uns jedoch nur von Ende Juli bis Ende September.

Gewächshausgurken dagegen stehen das ganze Jahr über zur Verfügung – allerdings nur Salatgurken, deren Fleisch wesentlich weniger fest ist als das von Gemüse- gurken. Überhaupt schmecken im Haus gezogene Gur- ken, vor allem in der sonnenärmeren Zeit, lange nicht so kräftig wie die vom Freiland. Mit einem Argument aller- dings können die Glashausbauern die Verbraucher kö- dern: Die Schale ihrer Gurken ist zum Verzehr geeignet. Sommergurken hingegen haben nicht nur eine feste

Zellstruktur, die das Fleisch unter den Zähnen richtig knacken läßt, sondern auch eine dicke, ledrige Schale, die nun wirklich nicht zum Essen gedacht ist. Glauben Sie bloß nicht die ewige Mähr von den Vitaminen in der Schale! Schmeißen Sie sie ruhig weg.

Allerdings weisen Sommergurken oft am Stielansatz, manchmal sogar über die ganze Gurke verteilt, eine nicht unerhebliche Bitterkeit auf. Schlanke und gerade gewachsene Gurken sind seltener bitter als krumme mit einem dicken, keulenförmigen Ende – das Aussehen ist ausnahmsweise einmal ein eindeutiges Indiz für Qualität! Ein Plus für die Glashaus- und Folientunnel-Produzenten!

Leichte Bitterkeit kann man beseitigen, wenn man die Gurken in Scheiben schneidet und mit Salz bestreut – das austretende Wasser zieht einen Teil der Bitterstoffe mit heraus, bei stärkerer Bitterkeit hilft nichts als großzügiges Wegschneiden.

Während man Salatgurken mit ihren Kernen verwenden kann, müssen Freilandgurken fast immer entkernt werden – Gurken längs halbieren und mit einem Teelöffel die Kerne samt dem wäßrigen Fruchtmark herausschaben.

Salatgurken dürfen noch nicht voll ausgewachsen sein, also rundum grün, kein gelblicher Schimmer auf der Unterseite darf beginnende Reife anzeigen. Während Glashausware gleichmäßig jung und grün angeboten wird und auch die dickeren Gurken kaum ausgeprägte Fehler aufweisen, sollte man bei Freilandgurken schmalere Exemplare vorziehen, weil dann die Kerne mit der sie umgebenden glasig-wäßrigen Masse noch kaum ausgebildet sind. Freilandgurken stets auf Bitterkeit überprüfen!

Gemüsegurken werden bei uns vor allem für Schmorgurken angebaut. In den südlichen Ländern, wo die zartschaligen Schlangengurken im Sommer bei der trockenen Hitze austrocknen und bitter würden, verwendet man Gemüsegurken auch zum Salat. Allerdings erntet man sie, wenn sie jung sind. Machen Sie einmal den Versuch, mit diesen Gurken einen Salat zuzubereiten: Eine zarte Bitterkeit, ein nußartiges Aroma und die feste Struktur der Gurken werden Sie begeistern.

Gurkensalate

Da ist zunächst eine wichtige Entscheidung zu fällen: In der klassischen Küche bestreut man die geschnittene Gurke mit Salz, läßt sie Wasser ziehen, kippt dieses weg und trocknet die Gurkenstücke ab. In der modernen Küche ist das verpönt, denn man schüttet dabei natürlich auch die Vitamine und vor allem die wertvollen Mineralien in den Ausguß.

Trotzdem: Geschmacklich kann man der alten Methode, die man freilich nur für feste Gemüse-, nicht für zarte Salatgurken anwendet, durchaus etwas abgewinnen – denn die Salatmarinade bleibt konzentriert. Ein Kompromiß: Den Gurkensalat zunächst nur in Öl wenden, 10 Minuten ziehen lassen, dann erst mit Salz, Pfeffer, Essig und Kräutern fertigstellen und sofort essen.

Von allen Kräutern bekommt Dill den Gurken am besten. Aber auch Schnittlauch, Kerbel, Minze, Petersilie, Estragon und Basilikum passen gut – viel besser als das so oft erwähnte Gurkenkraut, der Borretsch, der ja auch nur nach Gurken schmeckt, hier also unnötig ist.

Viel Sauce ist nötig, wenn man die Gurkenscheiben mit Kartoffeln vermischt, was vor allem in Bayern und Württemberg zum Braten üblich ist. Wobei man sich stets ein wenig klare Bratensauce darüberträufelt! So mancher Norddeutsche schaudert davor zurück – aber man sollte es immerhin einmal versuchen, ehe man sich darüber lustig macht; in Frankreich hat übrigens im ausgehenden 19. Jahrhundert ein namhafter Koch für Bratensaft als Salatdressing plädiert ... Salzen Sie für solch einen Salat die geschnittenen Gurken ein, Essig und Öl dazu, dann mischen Sie die noch warmen Kartoffeln darunter – sie nehmen die gesamte Flüssigkeit auf und machen den Salat saftig. Er wird nur noch gewürzt und mit Kräutern aromatisiert.

Italienischer Gurkensalat

Vorspeise für vier, Beilage für acht Personen:
3 kleine Gemüsegurken zu je ca. 200 g, Salz, Pfeffer aus der Mühle, 100 g entkernte schwarze Oliven,
1 Bund frisches Basilikum, 1 – 4 Knoblauchzehen nach Geschmack, 2 EL Rotweinessig (6 % Säure),
4 EL Olivenöl extra vergine

1. Gurken in etwa zwei Zentimeter große Würfel schneiden (geschält und entkernt natürlich) und mit Salz bestreuen.
2. Nach einer halben Stunde das Wasser abgießen.
3. Gurkenwürfel mit Pfeffer aus der Mühle würzen, mit Oliven, grob gehacktem Basilikum und fein gewürfelten Knoblauchzehe(n) vermischen, schließlich mit wenig Essig und reichlich Olivenöl umwenden und sofort servieren.

Variante: Statt mit Basilikum mit Pfefferminze, römischer Minze oder frischem Origano (ganze Blätter) würzen.

Französischer Gurkensalat

Vorspeise für vier, Beilage für acht Personen:

3 kleine Gemüsegurken zu je ca. 200 g, Salz,
Pfeffer aus der Mühle, 2 EL Rotweinessig,
2 gehäufte EL scharfer Dijon-Senf, 2 Knoblauchzehen,
5 EL aromatisches Olivenöl (vierge extra) aus der Provence

1. Die Gurken behandeln wie im vorstehenden Rezept.
2. Die Sauce getrennt anrühren mit Rotweinessig und Senf. Die Knoblauchzehen durch die Presse hineindrücken.
3. Cremig aufschlagen mit Olivenöl und über die ebenmäßig auf einer Platte angerichteten Gurkenscheiben gießen.

Varianten: Nach Belieben auch noch mit einer oder zwei gehackten Fleischtomaten bestreuen. Würzen mit Basilikum oder Estragon. Oder alle Zutaten für die Sauce mit etwas frischer Fenchelknolle oder Stangensellerie im Mixer aufschlagen!

Dänischer Gurkensalat

Beilage für vier Personen:

1 Salatgurke, 3 EL milder Wein- oder Obstessig,
1 – 2 EL Zucker nach Geschmack, eine gute Prise Salz,
Pfeffer aus der Mühle, 1 großes oder 2 normale Bund Dill

1. Die Gurke mit der Schale in hauchdünne Scheiben schneiden und in Essig und Zucker wenden.
2. Nach 10 Minuten mäßig salzen. Nach einer halben Stunde hat die Gurke dann viel Flüssigkeit abgegeben, diese nicht weggeschütten.
3. Pfeffern und vor dem Servieren eine riesige Portion frisch gehackten Dill untermischen.

Variante: Mit gemahlenem Koriander würzen. Eventuell auch etwas Öl hinzufügen – aber nötig ist das nicht, denn Essig und Zucker geben eine pikante Süße, die bestens zu Schweinebraten paßt.

Normannischer Gurkensalat

Vorspeise für vier, Beilage für acht Personen:
3 kleine Gemüsegurken zu je ca. 200 g oder 1 Salatgurke, Salz, Pfeffer aus der Mühle, 3 EL Apfelessig, 1 EL Honig (vorzugsweise Apfelblütenhonig), 5 EL Crème fraîche

1. Gemüsegurken behandeln wie im Rezept »Italienischer Gurkensalat« (siehe Seite 107), Salatgurke so schälen, daß immer wieder Schalenstreifen stehen bleiben – in dünne Scheiben hobeln.
2. Aus den restlichen Zutaten ein Dressing rühren.

Variante: Mit Thymianblüten, Pimpinelle, Kerbel, Zitronenmelisse oder Minze würzen. Schmeckt sowohl zu gebratenem Fisch wie auch zu hellem Fleisch.

Gurken-Lassi

Nichts wirkt erfrischender und erquickender im heißen indischen Klima oder bei uns im Sommer als dieser kühle, weiße Trank aus Joghurt.

Pro Person:

1 Becher Joghurt,
125 g geschälte und entkernte Salatgurke,
1 Messerspitze Salz,
4 frische Minzeblätter (wenn vorhanden), 5 fein zerstoßene Kreuzkümmelsamen, 1/8 l eiskaltes Wasser

1. Alle Zutaten im Mixer oder mit dem Schneebesen schaumig aufschlagen.

Tip: Man kann Lassi auch in größeren Portionen auf Vorrat zubereiten. Es hält sich im Kühlschrank drei bis vier Tage. Wichtig: Vor dem Servieren gründlich aufschlagen.

Raita

Eine Variante zum zuvor beschriebenen Getränk, diesmal aber als Dip zum kleinen Imbiß, zum Frühstück oder als Zwischengericht gedacht. Der kühlende Joghurt wirkt besänftigend, wenn die beißende Schärfe indischer Gerichte die Geschmacksnerven allzusehr in Wallung gebracht hat.

Pro Person:

1 Becher Joghurt, Salz, 5 – 8 zerstoßene Kreuzkümmelsamen, 2 EL winzigfein gewürfelte Salatgurke (natürlich geschält und entkernt)

1. Joghurt mit Salz und Kreuzkümmel glattquirlen, die Gurkenwürfelchen untermischen.
2. Gut gekühlt, nach Belieben sogar auf fein zerstoßenem Eis servieren.

Gurkengemüse

In einem Berliner Restaurant an der Havel, wo es als berlinische Spezialität gilt: glasig-weiche, an manchen Stellen geradezu matschige, dann aber doch wieder nicht richtig gare Stücke, die in einer weißen, mehligen Sauce schwimmen. Muß »deutsche« Küche so schlampig sein, muß man das mögen? Wo Gurkengemüse doch so köstlich schmecken kann! Probieren Sie folgendes Rezept:

Für vier Personen:
2 schön reife, gelbe Gemüsegurken (1 kg), Salz,
50 g Butter oder 3 EL Olivenöl extra, 4 EL gehackte Kräuter
(Dill, Schnittlauch, Estragon, Kerbel oder Basilikum),
Pfeffer aus der Mühle, 1 Messerspitze Cayenne

1. Die in Streifen oder Würfel geschnittenen Gurken (natürlich ohne Schale und Kerne), besser noch rund ausgestochen oder olivenförmig zugeschnitzt (weil sie dann gleichmäßig garen) kurz in Salzwasser blanchieren. Eiskalt abschrecken und abtropfen lassen – das Blanchieren ist nur bei reifen, sehr festen und etwas bitteren Gemüsegurken nötig; sind sie noch grün und zart, so erübrigt es sich.
2. Dann nur in Butter (oder Olivenöl) schwenken. Zudecken, nach etwa 15 (zarte Gurken) bis 45 Minuten (feste Gemüsegurken) mit Kräutern würzen und mit einer Spur Cayennepfeffer leicht scharf abschmecken.
3. Schmeckt köstlich zu allen Braten, zu Steaks und Schnitzeln, zu gebratenem wie gekochtem oder gedämpftem Fisch.

Varianten: Mit etwas gutem Essig oder Weißwein angießen und diesen verkochen lassen. Mit einem kräftigen Fond (Geflügel, Kalb, Fisch, Wild – je nachdem, zu was das Gemüse serviert wird) eine konsistente Sauce herstellen. Oder zum Schluß mit süßer Sahne oder Crème fraîche (nur bei Verwendung von Butter) anreichern, mit gehackten Schalotten oder Knoblauch aromatisieren, mit Tomaten-, Kartoffel- oder Olivenpüree binden (bei Verwendung von Olivenöl).

Gurkenpüree

Hierzu brauchen Sie unbedingt ganz feste, sehr reife Gemüsegurken, sonst wird die Sache leicht etwas glasig und vor allem wäßrig!

<u>Für vier Personen:</u>
2 große, feste Gurken (ca. 1,5 kg = 750 g Fruchtfleisch, geschält, ohne Kerne), 350 g mehlig kochende Kartoffeln (geschält gewogen), 80 g Butter, 1/4 l kräftige Fleischbrühe, Salz, Pfeffer, etwas gemahlener Piment, 2 EL Crème fraîche, ein Kerbelsträußchen

1. Gurken schälen, entkernen und in winzig kleine Würfel schneiden oder raspeln. Die Kartoffeln grob würfeln.
2. In einer Kasserolle 40 g Butter zerlassen, die Gurken darin an- dünsten, bis sie trocken zu werden be- ginnen.

Dann die Kartoffelstücke zufügen, mit der Brühe aufgießen, würzen und zudecken. Auf großer Flamme heftig kochen – die Flüssigkeit soll dabei einkochen, bis nur noch ein kleiner Rest vorhanden ist, der das Anbrennen verhindert. Eventuell immer wieder etwas Brühe nachgießen.

3. Nach 15 bis 20 Minuten durch ein feines Sieb treiben. Glattrühren und unter ständigem Rühren (Vorsicht: es spritzt!) wieder erwärmen, eventuell etwas einkochen.

4. Mit der restlichen Butter und Crème fraîche aufschlagen. Abschmecken.

5. Mit Kerbel bestreut servieren. Paßt zu allen Braten, besonders zu Lamm.

Gurkensauce zu Fleisch

Köstlich zu gekochtem Rindfleisch oder Hackbraten.

Für vier Personen:

1 große, reife Gemüsegurke (ca. 600 g), 100 g Fett von luftgetrocknetem Schinken (Parma, San Leone, Veneto, San Daniele oder Serrano), 2 Zwiebeln, 2 Knoblauchzehen, 1 Bund Petersilie, wenn möglich etwas Estragon oder Kerbel, Salz, reichlich Pfeffer aus der Mühle, 1 Schuß Rotwein- oder Sherry-Essig

1. Gurke schälen, entkernen und raspeln. Schinkenfett, Zwiebeln, Knoblauch und Kräuter (die Hälfte davon zurückbehalten) fein hacken.

2. Alles zusammen in einer kleinen Kasserolle auf stärkste Hitze setzen und rasch anrösten. Dann die Hitze drosseln, 20 Minuten vor sich hin schmurgeln lassen und mit dem Stabmixer pürieren.
3. Abschmecken, mit den restlichen Kräutern bestreuen und heiß servieren.

Gefüllte Gurken

Ein äußerst praktisches, familienfreundliches Gericht – läßt sich gut vorbereiten, in den Ofen schieben und gart, wie ein Eintopf, unbeaufsichtigt vor sich hin. Die Füllung selbst kann unerhört variabel gestaltet werden, und als Beilage braucht es höchstens Brot oder Salat.

Grundrezept für vier Personen:

4 Gemüsegurken zu je etwa 300 g, Salz, 2 altbackene Brötchen, 2 Zwiebeln, 1 Bund Petersilie, etwas frisches Basilikum, 2 Knoblauchzehen, 6 EL Olivenöl, 400 g gemischtes Hackfleisch, 1 Ei, 1 EL scharfer Senf, gemahlener Pfeffer, Cayennepfeffer, gemahlene Muskatnuß oder Piment, 1/4 l trockener Weißwein, Fleischbrühe oder Wasser, nach Belieben 100 g Käse zum Reiben oder 6 EL Semmelbrösel

1. Die Gurken schälen, längs halbieren und mit einem Eßlöffel die Kerne herauskratzen. An den dicksten Stellen Fruchtfleisch herausschaben, das zur Füllung verwendet wird, bis die Gurkenwand überall gleich stark ist!

2. Gurken salzen, umgedreht Wasser ziehen und dieses ablaufen lassen.

3. Brötchen in lauwarmem Wasser einweichen und ausdrücken.

4. Zwiebeln, Petersilie, Basilikum und Knoblauchzehen hacken und mit 2 EL Olivenöl beträufelt in der Mikrowelle in 2 Minuten zugedeckt weich dünsten oder in einem Töpfchen auf dem Herd glasig werden lassen.

5. Das herausgeschabte Gurkenfleisch fein hacken oder mit den ausgedrückten Brötchen durch den Fleischwolf drehen. Mit dem Hackfleisch, dem Ei und Senf vermischen. Salzen, pfeffern, mit Cayenne, Muskatnuß oder Piment würzen.

6. Die Gurkenhälften abtrocknen und mit der Hackfleischmasse füllen.

7. In eine passende feuerfeste Form betten, mit Weißwein, Brühe oder Wasser übergießen und mit Olivenöl beträufeln. Mit Alufolie abdecken und in den 220 Grad heißen Ofen (Umluft 190 Grad) schieben.

8. Nach 1/2 Stunde die Folie abnehmen und die Füllung mit der Schmorflüssigkeit übergießen. Nach Belieben mit Käse überreiben oder mit Semmelbröseln bestreuen, die mit weiterem Öl beträufelt werden. Noch etwa 15 Minuten ohne Folienschutz überbacken.

Varianten:
• Schweineschulter für die Füllung durch den Fleischwolf drehen und mit Thymian, Rosmarin und Salbei würzen. In die Form ein paar geschälte und gehäutete Tomaten legen.

- Lammfleisch durchdrehen und mit Pinienkernen, Sultaninen und Origano würzen, mit Sherry Fino übergießen.
- Reines Rinderhackfleisch nehmen und 150 g rohe, kleingeschnittene Champignons mit den Zwiebeln dünsten, mit Tomatenmark abschmecken und mit Kapern würzen.

Hier noch zwei Rezepte, die zwar nicht aufregend neu sind, aber so herrlich in die Gurkensaison passen.

Tzatziki

Türkisch-griechische, sommerlich frische Vorspeise oder ein Zwischengericht – so einfach, seit es griechischen Joghurt in jedem guten Supermarkt gibt.

Für vier Personen:
1 Salatgurke, 4 – 8 Knoblauchzehen, 1 dickes Bund Dill,
Salz, Pfeffer aus der Mühle,
1 Prise gemahlener Kreuzkümmel, Saft von 1 Zitrone,
250 g griechischer Joghurt (10 % Fett – ersatzweise 200 g
normaler Joghurt mit 3,5 g Fett und 50 g Crème fraîche)

1. Gurke schälen, entkernen und fein raspeln. Knoblauchzehen durch die Presse drücken.
2. Kräuter hacken und mit den übrigen Zutaten mischen.
3. Im Kühlschrank eiskalt werden lassen und mit Weißbrot servieren.

Gurken-Gazpacho

Für vier Personen:

500 g Gurken (geschält und entkernt), 1 in Wasser
eingeweichtes Brötchen, 1 große Gemüsezwiebel,
6 große oder 12 kleine Knoblauchzehen,
1/2 l eiskaltes Wasser, 1 schöne, reife Fleischtomate,
1/2 grüne Paprikaschote, Salz, Pfeffer, Cayennepfeffer,
1/2 – 1 Zitrone (Saft), 3 EL Olivenöl,
eventuell ein Sträußchen feinblättriges Basilikum

1. Gurken schälen, entkernen und grob würfeln. Brötchen ausdrücken, Zwiebel schälen und in grobe Stücke
   schneiden, Knoblauchzehen schälen.
2. All diese Zutaten zusammen im Mixer pürieren. Mit
   Wasser durchmixen, würzen, mit Zitronensaft fein-
   säuerlich abschmecken und mit dem Öl aufschlagen.
3. Unterdessen die Tomate überbrühen, häuten, entkernen und das Fruchtfleisch in kleine Würfeln schneiden. Paprika ebenfalls fein würfeln.
4. In Suppentellern servieren, die Tomaten- und Paprika-
   würfel darüberstreuen.
5. Nach Belieben mit Basilikumblättchen bestreuen.

Rote Bete:
Stiefkinder der Küche

Es soll Leute geben, die kennen rote Bete nur süßsauer eingelegt, aus dem Glas – als Farbklecks auf der Wirtshaus-Salatplatte; oder vom mancherorts traditionellen Heringssalat zu Weihnachten oder Silvester, den sie verwegen pink färben. Frisch zubereitet oder als alleinige Gemüsebeilage hingegen sind sie kaum bekannt. Denn leider weiß man hierzulande mit der roten Bete nicht allzuviel anzufangen.

In Osteuropa dagegen gelten die kugeligen roten Rüben mit dem wundervoll erdigen Geschmack viel mehr. Sie sind die Basis für viele leckere Gerichte, vor allem für einen typischen Eintopf, den herzhaften Borschtsch. Wahrscheinlich gibt es ebenso viele Borschtsch-Rezepte wie Hausfrauen. Stets wichtige Zutat dabei: reichlich Säure, die der Rübe selbst dann noch Knackigkeit verleiht, wenn sie schon, am Ende des Winters, durch langes Lagern ein wenig müde geworden ist.

In Frankreich liebt man rote Bete als Teil der gemischten Rohkostplatte, *crudités* genannt – sinnigerweise übrigens als einzige gekochte Zutat. In Italien immerhin verarbeitet man sie zu den verschiedensten Gerichten und nimmt sie zum Färben von Nudelteig. Wie gründlich der Saft färbt, beweist die weiße Bluse, aus der sich Saft nur schwer herauswaschen läßt; auch die Hände bleiben tagelang davon eingefärbt, wenn man sie zuvor nicht mit

Zitrone eingerieben hat. Damit die roten Bete beim Kochen nicht ausbluten, darf man sie auf keinen Fall anschneiden oder verletzen. Die Blätter also ein Stück weit stehen lassen, auch das Schwänzchen nicht kappen – erst die garen Knollen schälen.

Vermutlich hat es mit Sparsamkeit zu tun, daß man bei uns rote Bete nicht dann verspeist, wenn sie sich auf ihrem geschmacklichen Höhepunkt befinden: nämlich im Sommer. Die kleinen, etwa tischtennisballgroßen Knollen könnten ja noch wachsen! Auf Bauernmärkten werden sie jedoch gottlob auch in diesem Zustand ange-boten, wie überdimensionale Radieschen mitsamt ihrem Laub gebündelt. Dann heißt es zugreifen, denn so zart und köstlich sind sie ein herrlicher Genuß. Übrigens schmecken dann auch noch die Blätter – entweder zube-reitet wie ein Vetter der roten Bete, der Mangold, mit Zwiebel und Knoblauch gedünstet als Gemüse; oder blanchiert als Hülle um eine Hack-fleischfarce, sozusagen als Variation der altbekannten Kohlroulade.

In Frankreich und Italien bevorzugt man rote Bete gebacken. Dafür werden sie dicht nebeneinander auf ein Backblech gepack und ganz langsam im mäßig heißen Ofen gegart – am besten gelingt das in der nachlassenden Hitze eines großen

Steinbackofens beim Bäcker, nach dem Brotbacken. Dabei verdampft ein Teil des in ihnen enthaltenen Wassers, wird ihr Aroma konzentriert, und durch die trockene Hitze entsteht ein wunderbarer Karamelgeschmack. Im Gemüsehandel kann man solche rote Bete fix und fertig zum Gebrauch vakuumverpackt immer öfter auch bei uns kaufen. Sie sind allemal einen Versuch wert!

Rohes Rote-Bete-Chutney

Schmeckt wunderbar zu gegrilltem Fleisch, zu Fleisch-fondue oder zur Wurstplatte beim Abendbrot. Hält sich in Schraubgläsern im Kühlschrank einige Tage frisch.

Für sechs Personen:
500 g rote Bete, 1/2 Meerrettichstange, 1 Zwiebel,
2 – 3 Knoblauchzehen, 2 EL Honig, 1/8 l Essig,
1 Gewürznelke, 4 Pimentkörner, Salz, Pfeffer

1. Die roten Bete und den Meerrettich schälen, auf der Rohkostreibe fein raspeln. (Ohne Tränen geht das am besten in der Küchenmaschine!) Ebenso die Zwiebel fein reiben und den Knoblauch durch die Presse hinzudrücken. Alles mischen.
2. Honig und Essig mit den Gewürzen aufkochen. Heiß über die Rote-Bete-Mischung gießen und sofort gut einarbeiten. Mit Salz und Pfeffer abschmecken.
3. Abkühlen lassen, dabei immer wieder wenden und mischen. Die Meerrettichschärfe wird milder, je länger man das Chutney durchziehen läßt.

Rote-Bete-Essenz

Ausnahmen bestätigen die Regel: Hier werden die roten Bete vor dem Kochen geschält – sie sollen ja der Essenz ihre Farbe verleihen: ein ebenso dekorativer wie wohlschmeckender Auftakt. Paßt aber auch statt eines Sorbets innerhalb eines großen Menüs, zwischen Fischgang und Hauptgericht, zur Erfrischung und Klärung der Zunge.

Für vier Personen:

500 g rote Bete, 3/4 l kräftige Hühnerbrühe, 6 Piment- körner, 1 Sternanis, 1 zentimeterdicke Scheibe Ingwerwurzel, 1 El Sojasauce, Salz, Pfeffer, Schnittlauch

1. Die roten Bete schälen, eine Knolle in dünne Scheiben hobeln, alle übrigen auf der groben Raspel zerkleinern. Die Scheiben in feine Streifen schneiden oder mit einem Förmchen Figuren (Sterne, Monde, Herzen oder Tiere) ausstechen.
2. Die Raspeln mit der Brühe bedeckt aufsetzen, Gewürze zufügen und langsam zum Kochen bringen. Zehn Minuten leise ziehen lassen, dann durch ein Sieb filtern und zurück in den Topf füllen.
3. Die Rote-Bete-Streifen in diesem Sud etwa fünf Minuten ziehen lassen. Die Essenz nochmals abschmekken und mit Schnittlauchröllchen bestreut servieren.

Tip: Einen Klecks dicke saure Sahne, Schmand oder Crème double hineinsetzen, den sich jeder selbst verrühren kann, wenn er es nicht vorzieht, sich immer nur einen kleinen Teil der kalten Sahne mit dem Löffel abzustechen.

Carpaccio von roter Bete

Heutzutage nennt man ja alles, was in dünnen Scheiben dekorativ auf Tellern angerichtet wird, Carpaccio. Dabei ging es dem Erfinder des Gerichts, Arrigo Cipriani, dem legendären Inhaber der berühmten Harry's Bar in Venedig, weniger um die Form als um die Farbe. Das warme, dunkle Rot von abgelagertem, rohem Rindfleisch, das er statt Tatar hauchdünn aufgeschnitten servierte, dominiert auf den Bildern des venezianischen Malers gleichen Namens. Die Farbe von roter Bete paßt jedenfalls.

Für vier Personen:

4 gleich große rote Bete, 2 EL Walnußöl, 1 EL scharfer Senf,
Salz, Pfeffer, 2 EL Apfelessig, 2 EL Aceto balsamico,
3 EL neutrales Öl, 2 Knoblauchzehen, frische Minze,
100 g junge Walnußkerne

1. Die roten Bete weich kochen. Abgekühlt schälen und in dünne Scheiben hobeln.
2. Vier Vorspeiseteller mit Walnußöl einpinseln, die Rote-Bete-Scheiben dachziegelartig darauf anrichten und ebenfalls dünn mit Walnußöl einpinseln.
3. Das restliche Walnußöl mit Senf, Salz, Pfeffer, beiden Essigsorten, dem neutralen Öl und dem Knoblauch im Mixer aufschlagen. Dabei wird der Knoblauch püriert und die Sauce dickcremig.
4. Diese Sauce über die rote Bete träufeln, in feine Streifen geschnittene Minze und grob gehackte Walnüsse darüberstreuen.

Mit knusprigem Weißbrot eine sommerliche Vorspeise. Trinken Sie dazu einen säuerlichen Apfelwein,
einen südsteirischen Schilcher oder einen herzhaften
badischen Weißherbst.

Rote-Bete-Pickles

Vergessen Sie die langweiligen Scheiben mit dem Wellen-
schnitt. Lernen Sie Rote-Bete-Pickles von einer neuen
Seite kennen!

Für sechs Personen:
300 g rote Bete, 1 Tasse Rotweinessig, 1 Tasse Wasser,
1 TL Salz, 1 TL Zucker, je 1 walnußgroßes Stück
Ingwerwurzel und Meerrettich, 1 – 2 Chilischoten,
4 Lorbeerblätter, 2 weiße Gemüsezwiebeln

1. Die rote Bete schälen, in fingerdicke Streifen schneiden. Mit Essig, Wasser, Salz, Zucker, in Scheiben geschnittenem Ingwer und Meerrettich, halbierten Chilischoten und Lorbeerblättern in einen Topf geben und
zehn Minuten köcheln.
2. Inzwischen die Zwiebeln in schmale Segmente schneiden, erst zum Schluß zu den roten Beten geben und
nur eine Minute mitkochen.
3. Alles im Sud abkühlen lassen. Die Pickles schmecken
frisch, lassen sich aber, heiß in Schraubgläser abgefüllt,
auch gut aufbewahren.

Rote-Bete-Salat mit Gurke und Krabben

Ein köstlicher Vorspeisensalat, der sich auch gut auf dem Partybuffet macht.

Für vier Personen:

400 g rote Bete, 3 EL Apfelessig, 1 TL Honig, Salz, Pfeffer,
4 EL erstklassiges Öl, 1 Salatgurke,
200 g tiefgekühlte Tiefseegarnelen, 1 Bund Dill

1. Die roten Bete weich kochen. Noch heiß schälen, in zentimetergroße Würfel schneiden und mit Essig, Honig, Salz, Pfeffer und Öl anmachen und abkühlen lassen.
2. Vor dem Servieren die Gurke schälen, wenn nötig, entkernen, das Gurkenfleisch wie die roten Bete würfeln.
3. Die gefrorenen Garnelen mit kochendem Wasser übergießen und einige Minuten ziehen lassen – so tauen sie schonend auf, und alle möglicherweise an ihnen haftenden Keime werden sicher abgetötet. Gründlich unter kaltem Wasser abbrausen und gut abtropfen.
4. Dillblättchen von den dickeren Stielen zupfen und fein hacken.
5. Rote Bete, Gurken, Krabben und Dill vorsichtig mischen und noch einmal abschmecken.

Tip: Dazu paßt Weißbrot und ein kräftiger Weißburgunder, zum Beispiel von der hessichen Rheinfront, aus Nierstein oder Oppenheim.

Rote-Bete-Risotto mit Kalbsbries

Das Gericht zeichnet sich durch seinen erdigen Geschmack und eine wahrlich kühne Farbe aus!

<u>Für vier Personen:</u>
*1 Zwiebel, 2 Knoblauchzehen, 2 EL Butter, 250 g rote Bete,
250 g Risottoreis, ca. 1,3 l Hühnerbrühe, Salz, Pfeffer,
je 1 Messerspitze gemahlener Piment und Cayennepfeffer,
50 g frisch geriebener Parmesan, 50 g Butter*

*Außerdem:
300 g Kalbsbries, 2 EL Butter, Salz, Pfeffer,
1 EL Sesamsamen, Petersilie*

1. Für den Risotto Zwiebel und Knoblauch fein hacken und in der heißen Butter andünsten.
2. Die roten Bete schälen, auf der Reibe oder in der Küchenmaschine fein raspeln und zu den Zwiebeln geben. Fünf Minuten mitdünsten, den Reis hinzuschütten und sorgfältig untermischen.
3. Schöpfkellenweise heiße Brühe angießen, den Reis leise köcheln lassen und immer wieder umrühren. Mit Salz, Pfeffer, Piment und Cayennepfeffer würzen.
4. Inzwischen das Bries putzen, dabei in einzelne Röschen teilen und die Haut entfernen. Die Briesröschen eine Stunde wässern, damit sie weiß werden.
5. Schließlich in einer Pfanne in heißer Butter braten, bis sie rundum sanft golden sind, dabei salzen und pfeffern. Zum Schluß mit Sesamsamen sowie gehackter

Petersilie bestreuen und so lange in der Pfanne rütteln und schwenken, bis sie davon wie paniert sind.

6. Den Risotto in vier tiefen Tellern anrichten, die Kalbsbriesröschen gerecht darauf verteilen.

Rote-Bete-Ravioli mit Mohnbutter

Für sechs Personen:

Teig:
500 g Mehl, 1 Ei, 1 Eigelb, Salz

Füllung:
400 g rote Bete, 100 g Kartoffeln, Salz, 65 g Semmelbrösel, 75 g Butter, Pfeffer, 1 Eiweiß

Außerdem:
100 g Butter, 2 – 3 EL Mohn, frisch geriebener Parmesan

1. Aus Mehl, einem Ei, einem Eigelb, Salz und soviel Wasser wie nötig einen geschmeidigen, sogenannten »mageren« Nudelteig herstellen. Eine halbe Stunde ruhen lassen.
2. Rote Bete und Kartoffeln schälen, zusammen in wenig Salzwasser gar kochen. Abtropfen, dann durch eine Gemüsemühle passieren. Semmelbrösel in Butter anrösten, mit dem Rote-Bete-Kartoffelpüree mischen. Mit Salz und Pfeffer abschmecken.
3. Teig hauchdünn ausrollen und Kreise ausstechen.

4. Die Teigkreise zuerst mit Eiweiß einpinseln, je einen Löffel Füllung auf eine Kreishälfte setzen, zum Halbmond zusammendrücken. Die Ravioli in Salzwasser behutsam gar ziehen lassen.
5. Auf Tellern anrichten, mit brauner Butter übergießen, mit Mohn und Parmesan bestreuen.

Rote-Bete-Gratin

Eine fabelhafte Beilage zu gebratenem Fleisch oder, zusammen mit einem Salat, ein ganzes (fleischloses) Essen.

Für vier bis sechs Personen:

400 g rote Bete, 500 g Kartoffeln, 2 EL Butter,
1/2 TL Pfefferkörner, 5 Pimentbeeren, Salz, ca. 1/4 l Sahne

1. Rote Bete und Kartoffeln schälen und in dünne Scheiben hobeln.
2. Eine flache Gratinform dick mit Butter ausstreichen. Gewürzkörner in einem Mörser zerstoßen.
3. Rote Bete und Kartoffeln mischen, dabei mit Salz und der Gewürzmischung würzen und in der Form verteilen. Wer mag, macht sich die Mühe und sortiert rote und weiße Scheiben exakt und akkurat, schichtet sie vor allem auf der Oberfläche abwechselnd, damit es ein hübsches Muster ergibt.
4. Die Sahne angießen; sie sollte die Oberfläche gerade eben erreichen. Butterflöckchen auf der Oberfläche verteilen.

5. Das Gratin im auf 200 Grad vorgeheizten Ofen eine gute Stunde backen, bis die Kartoffelscheiben weich sind und sich mit einem Messer widerstandslos durchstechen lassen.
6. In der Form direkt aus dem Ofen zu Tisch bringen.

Rote Bete mit Orangenduft

Ein umwerfende Beilage, wie sie Eckart Witzigmann uns einmal zum Hasenrücken serviert hat.

Für vier bis sechs Personen:
500 g junge rote Bete, Salz, 2 EL Butter,
3 EL Orangenmarmelade, Minze

1. Die roten Rüben weich kochen, schälen und vierteln.
2. Die Butter mit der Marmelade erhitzen und cremig einkochen. Die Rote-Bete-Viertel darin wenden, dabei immer wieder umrühren, etwa 15 Minuten lang auf mildem Feuer, bis sie dick davon überzogen sind.
3. Feingeschnittene Minzeblättchen untermischen und heiß servieren.

Gönnen Sie sich einen Vogel!

Lieber esse ich zwei Täubchen als nur eins«, sagt der Bergler Josef und lacht: »Dafür verzichte ich gerne auf die Füllung!« Josef Bergler hat einen kleinen Geflügelhof in der Oberpfalz, wo er neben fleischstrotzenden Enten und Gänsen auch ordentliche Masthähnchen und herrlich zarte Täubchen züchtet. Täubchen haben in dieser Gegend Tradition; schon seine Großmutter hatte einen Taubenschlag unterm Dach. Deshalb weiß Bergler auch, worauf es bei der Täubchenzucht ankommt, und er macht sich die Mühe, weil er sie selber so gerne ißt. Taubenmast gelingt nämlich nicht in arbeitsparender Batteriehaltung. Täubchen sind 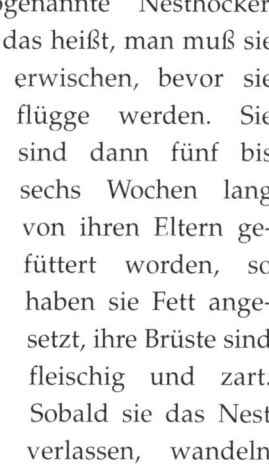 sogenannte Nesthocker, das heißt, man muß sie erwischen, bevor sie flügge werden. Sie sind dann fünf bis sechs Wochen lang von ihren Eltern gefüttert worden, so haben sie Fett angesetzt, ihre Brüste sind fleischig und zart. Sobald sie das Nest verlassen, wandeln

sie dieses Fett in Energie um, und dann taugen sie höchstens noch für eine Suppe. Hinzu kommt: Täubchen brüten zwei-, höchstens dreimal pro Jahr. Massenproduktion ist da einfach nicht drin.

Ein wohlgenährtes Täubchen, gerupft, ausgenommen, eben küchenfertig vorgerichtet, bringt etwa 400 Gramm auf die Waage. Zwei davon sind also in der Tat eine eher stattliche Portion, selbst ohne Füllung!

Die Bauernmärkte, auf denen man solch delikate Bauerntäubchen finden kann, werden bei uns gottlob immer zahlreicher. Was in Wild- oder Feinkostgeschäften angeboten wird, stammt meist aus französischen Zuchtbetrieben und ist von bester Qualität. Selten werden Täubchen tiefgekühlt angeboten. Im Gegensatz zu Wachteln, die nicht einmal halb so schweren (ca. 100–150 g), männerfaustgroßen Vögelchen, die man schon lange in großen Volieren sowohl für die Fleisch- wie für die Eierproduktion züchtet. Auch sie liefern ein zartes Fleisch mit ausgeprägtem Wohlgeschmack. Sie stehen tiefgekühlt wie frisch rund ums Jahr über zur Verfügung, meist aus Frankreich oder Italien importiert.

Wachteln haben sich vor allem in Restaurants einen Platz auf eleganten Vorspeisentellern erobert; eine ergibt genau die richtige Portion. Serviert man sie als Hauptgericht, sollte man schon zwei, für besonders Hungrige sogar drei pro Gast vorsehen.

In alten Kochbüchern werden Täubchen als besonders kräftigende und dennoch schonende Kost für Kranke, Schwangere und Betagte empfohlen. Kein Wunder: Ihr Fleisch, auch das von Wachteln übrigens, liefert nicht nur reichlich hochwertiges Eiweiß, sondern auch viel Mineralien (Eisen!) und mehr Vitamin B_2 als jedes andere Geflügel.

Ganz wichtig: Wenn Täub-
chen oder Wachteln ser-
viert werden, ist selbst
an der feinsten Ta-
fel das Knochen-
nagen nicht nur
ausdrücklich er-
laubt, sondern Be-
standteil des Eß-
vergnügens.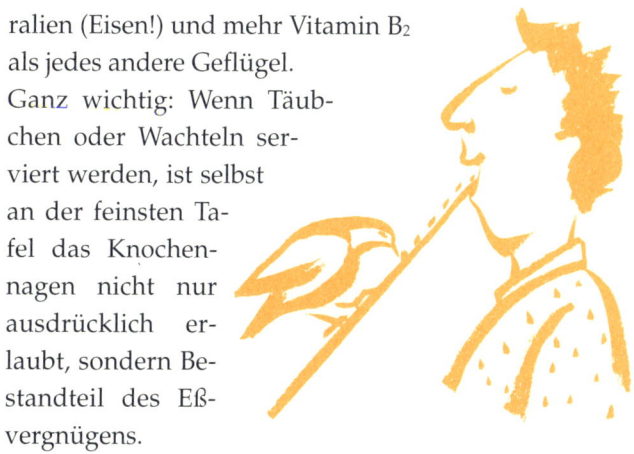

Deshalb an Fingerschalen denken oder heiße, feuchte Tücher bereithalten. Das ist wirklich keine große Mühe: kleine feuchte Frotteetücher werden aufgerollt und vor Gebrauch in der Mikrowelle in Sekundenschnelle auf-geheizt.

Und noch eins: Im Grunde lassen sich alle Täubchen-rezepte auch mit Wachteln zubereiten – man muß ledig-lich bei den kleineren Vögeln eine kürzere Garzeit be-achten.

Gefülltes fränkisches Täubchen

Für vier Personen:

4 *Täubchen (mit Herz und Lebern), 2 Brötchen vom Vortag,
2 – 3 EL Milch, 2 Eier, 2 Zwiebeln, 100 g Butter, 1 Bund
Petersilie, Salz, Pfeffer, etwas abgeriebene Zitronenschale,
Muskat*

1. Die Täubchen innen und außen mit Salz und Pfeffer
   einreiben.
2. Für die Füllung die Brötchen in Würfel schneiden, in
   einer Schüssel mit der heißen Milch beträufeln, die
   Eier zufügen. Durchmischen und ein paar Minuten
   einweichen lassen.
3. Die Zwiebeln fein hacken, in zwei Eßlöffeln Butter
   weich dünsten, dabei sanft bräunen. Die Herzen mitbraten lassen und die gehackte Petersilie unterrühren;
   etwas abkühlen lassen.
4. Alles im elektrischen Zerhacker zum Püree mixen,
   dabei die geputzten rohen Lebern mitmixen.
5. Diese Masse unter die Brötchen mischen, mit Salz,
   Pfeffer, einer Spur abgeriebener Zitronenschale und
   Muskat würzen.
6. Die Täubchen damit füllen, nebeneinander in eine dick
   mit Butter ausgestrichene Bratenform setzen und mit
   heißer Butter übergießen.
7. Im auf 250 Grad vorgeheizten Ofen zunächst 20 bis 25
   Minuten kräftig braten, dabei die Täubchen alle fünf
   Minuten vom Rücken auf den Bauch und umgekehrt
   drehen.

134

8. Den Backofen ausschalten, die Täubchen jedoch in der nunmehr nachlassenden Hitze weitere 20 Minuten nachziehen lassen. Dabei immer wieder drehen.

Tip: Dazu schmecken rohe Kartoffelklöße, der klare entfettete Bratenjus, der eventuell mit etwas Kalbsfond verlängert wurde, sowie ein grüner Salat. Als Getränk paßt dazu ein kraftvoller Frühburgunder aus Franken.

Täubchen mit Knoblauchpüree

Für vier Personen:

4 Täubchen, Salz, Pfeffer, 3 EL Öl,
4 – 5 junge, zarte Knoblauchknollen,
1 Zwiebel, 1 kleine Möhre, 2 EL Olivenöl, 1/8 l Sahne,
1/8 l Weißwein

1. Die Täubchen innen und außen mit Salz, Pfeffer und Öl einreiben. In eine Bratenform setzen und wie im vorigen Rezept beschrieben im 250 Grad heißen Ofen zuerst eine knappe halbe Stunde kräftig braten, dabei immer wieder drehen. Und dann im ausgeschalteten Ofen weitere 20 Minuten ziehen lassen.
2. Inzwischen für das Knoblauchpüree die Zehen aus ihren Häuten lösen, Zwiebel und Möhre sehr fein würfeln. Im Olivenöl weich dünsten, ohne Farbe annehmen zu lassen; dabei salzen und pfeffern.
3. Mit Sahne ablöschen. Zugedeckt 20 Minuten weich kochen. Mit dem Mixstab pürieren.

4. Zum Schluß den Bratenjus mit dem Wein los- und einkochen und unter das Knoblauchpüree rühren. Noch
einmal abschmecken und getrennt zu den Täubchen
servieren.

Tip: Dazu passen wunderbar kroß gebratene Kartof-
felwürfel und als Erfrischung mit Olivenöl-Balsamico-
Vinaigrette angemachte Tomaten. Getränk: Provenzalischer Rosé, ein Roter von der Côte du Rhône oder ein
Gigondas.

Hongkong-Täubchen

Ein Rezept, das die Hongkong-Chinesen mit ihrem ausgeprägten Hang zum Luxus ganz besonders lieben: man
verwendet hierfür nur das ausgelöste Brustfleisch der
Täubchen. Aber wenn man aus dem Rest eine kräftigende Brühe kocht – ganz klassisch, mit Wurzelwerk
und Lorbeerblatt –, wird ja alles vernünftig verwertet.
Schlechtes Gewissen ist also völlig überflüssig!

Für vier Personen:
4 Täubchen, 1/2 TL Speisestärke, 2 TL Sesamöl,
3 EL Sojasauce, 4 Tongku-Pilze, 4 Frühlingszwiebeln,
100 g Bambussprossen, 1 rote Paprikaschote,
3 EL neutrales Öl, je 1 TL feingehackter Ingwer und
Knoblauch, 1 getrocknete Chilischote, Pfeffer,
Salz, Zucker, 3 EL Sherry, 1 EL Apfelessig,
1 Kopfsalat, Koriandergrün

1. Die Brüste der Täubchen auslösen und mit einem großen, gut geschärften Messer in winzige Würfel schneiden. Mit der Stärke, einem Teelöffel Sesamöl und einem Eßlöffel Sojasauce gründlich vermengen und eine halbe Stunde marinieren.
2. Die Pilze mit kochendem Wasser überbrühen, eine halbe Stunde einweichen, dann ebenfalls winzig würfeln.
3. Frühlingszwiebeln in feine Ringe schneiden. Bambus und Paprika ebenso fein wie die Pilze würfeln.
4. Das Öl mit dem restlichen Sesamöl im Wok erhitzen, das Fleisch darin unter ständigem Rühren anbraten, dabei mit Knoblauch, Ingwer, Chili, Pfeffer, Salz und Zucker würzen. Zwiebeln, Pilze, Bambus und Paprika zufügen und alles rasch eine Minute auf starkem Feuer pfannenrühren.
5. Sojasauce, Sherry und Brühe angießen. Mit Essig würzen.
6. Auf einer mit Salatblättern ausgelegten Platte anrichten, mit zerzupften Korianderblättern bestreuen und zu Tisch bringen.

Tip: Als Getränk paßt grüner chinesischer Tee oder ein trockener Traminer.
In Hongkong serviert man dazu auf einer zweiten Platte frische Salatblätter, in die man sich löffelweise das gebratene Täubchenfleisch einwickelt; diese gefüllten Päckchen werden mit den Fingern verspeist.

Wachtelhäppchen

Man kann sie zum Aus-der-Hand-Essen, sozusagen als »Fleisch am Stiel« servieren, zusammen mit der Marinade zum Stippen. Hübsch sind sie auch auf einem kleinen Salat als Vorspeise. Nehmen Sie eine möglichst bunte Mischung, von Feldsalat über Frisée, Radicchio bis zu Chicoree.

Für vier Personen:
4 Wachteln, 2 EL neutrales Öl, 2 TL Sesamöl

Marinade:
1 EL Sojasauce, 2 EL Sherry, 1 TL Honig, 2 EL Brühe,
1/2 TL durch die Knoblauchpresse gedrückte Ingwerwurzel,
Korianderblätter

1. Die Wachtelschenkel auslösen: Das geht ganz einfach, wenn man sie vom Körper wegspreizt und im Gelenk durchtrennt. Die Brust vom Knochen schneiden, dabei den Flügel jedoch dran lassen, damit auch dieses Stück einen »Stiel« zum Anfassen hat.

2. Sojasauce, Sherry, Honig, Brühe und Ingwerwurzel aufkochen (eine Minute in der Mikrowelle). Abkühlen lassen und die Wachtelstücke darin marinieren.

3. Die abgetropften und abgetrockneten Wachtelteile in der Pfanne im heißen Öl (beide Sorten mischen) goldbraun braten. Auf Küchenkrepp sorgfältig entfetten, bevor sie serviert werden.

4. Die Marinade mit fein geschnittenem Koriandergrün geschmückt in einem Schälchen dazu reichen.

Tip: Als Getränk empfehlen wir Brut Champagner, Sekt extra trocken oder spritzigen Apfelwein.

Linsencremesuppe mit Wachtelbrust

Für vier Personen:
2 Schalotten, 100 g Butter, 200 g Linsen, 2 EL Essig, 1 l Geflügelbrühe, 1 Kräuterstrauß aus Thymian, Lorbeerblatt und Lauch, Salz, Pfeffer, 2 Wachteln, 50 g durchwachsener Speck in hauchdünnen Scheiben, Petersilie, Orangenschale

1. Die Schalotten fein würfeln und in zwei Eßlöffeln Butter andünsten. Linsen und den Kräuterstrauß zufügen, mit Essig und Brühe ablöschen, salzen, pfeffern, zugedeckt leise eine halbe Stunde kochen, bis die Linsen weich sind.

139

2. Das Kräutersträußchen entfernen, mit der Schaum- kelle einige Eßlöffel Linsen herausschöpfen und als Suppeneinlage beiseite stellen. Die restlichen Linsen mit dem Mixstab fein pürieren, dabei 50 Gramm kalte Butter flöckchenweise zufügen und untermixen.

3. Die Wachteln mit der Geflügelschere vierteln, in der restlichen Butter kräftig anbraten, dabei salzen und pfeffern. Zugedeckt etwa fünf Minuten sanft gar zie- hen lassen.

4. Zum Schluß die Hitze verstärken, den in Streifen geschnittenen Speck zufügen und kroß braten. Fein- gehackte Petersilie darüberstreuen.

5. Die zurückbehaltenen Linsen wieder in die Suppe geben, sie in vier tiefe Teller verteilen. Die Wachtel- viertel jeweils in der Mitte anrichten und mit abgerie- bener Orangenschale dekorieren.

Dazu gibt's nur frisches Brot und, wie immer zur Suppe, nichts zu trinken.

Gebratene Wachteln mit Weintrauben

Ein praktisches Essen für Gäste, weil es Eindruck macht und sich obendrein fabelhaft vorbereiten läßt. Nach dem- selben Rezept kann man übrigens auch Tauben und Reb- hühner zubereiten – die Bratzeit verlängert sich natürlich entsprechend (siehe »Gefülltes Täubchen« Seite 134).

Für vier Personen:

*8 Wachteln, Salz, Pfeffer, 1 Bund Petersilie, 100 g Butter,
2 EL Olivenöl, 300 g weiße Weintrauben (entstielt, halbiert
und entkernt), 1/8 l Weißwein, 1/8 l Kalbsfond*

1. Die Wachteln innen und außen mit Salz und Pfeffer
   einreiben. Petersilie von den Stielen zupfen, die Stiele
   jeweils in die Vogelbäuche stecken.
2. Die Wachteln in einem großen, flachen Topf oder in
   einer tiefen Pfanne in je zwei Eßlöffeln Butter und Öl
   auf allen Seiten kräftig anbraten.
3. Auf eine feuerfeste Servierplatte setzen und im 150
   Grad vorgeheizten Backofen 15 Minuten ziehen lassen.
4. Inzwischen den Bratensatz mit Wein und Fond ablöschen, Weintrauben dazu geben und rasch um die
   Hälfte einkochen. Die restliche Butter mit dem Schneebesen unterschlagen.
5. In dieser cremigen Sauce die Wachteln fünf Minuten
   ziehen lassen. Mit Salz und Pfeffer abschmecken. Zum
   Schluß die feingehackte Petersilie unterrühren.

Tip: Dazu schmeckt krumiges Weißbrot oder, noch
besser, ein sahniges Kartoffelpüree. Und ein kräftiger
trockener Ruländer oder Grauburgunder aus Baden oder
dem Elsaß.

Hülle und Fülle

Das kann ich nicht sagen«, erklärt die Nachbarin auf die Frage nach ihrem Pfannkuchenrezept. Dabei bäckt sie die besten Pfannkuchen der Welt: So zart, daß sie auf der Zunge zergehen, und dabei zugleich wundervoll knusprig und hauchdünn. »Ich nehme Eier, Mehl, Milch, Wasser – soviel, wie in meine Rührschüssel hineinpaßt«, und sie fährt mit der Selbstverständlichkeit der erfahrenen Hausfrau fort, die ihre Rezepte eben buchstäblich im Griff hat, »der Teig darf halt nicht zu dick sein, sonst werden die Pfannkuchen nichts.« Aha, so einfach ist das. Jedoch: Selbst das präziseste Teigrezept führt durchaus nicht geradewegs zu einem perfekten Pfannkuchen. Die Pfanne hat mindestens ebensoviel Einfluß auf das Ergebnis wie das Beherrschen der Hitzeregulierung am Herd. Da schwören die einen auf die solide eiserne Pfanne, die schon unsere Großmütter benutzten (die übrigens am besten ist, wenn sie bereits durch generationenlange Handhabung regelrecht mit Fett imprägniert ist). Andere ziehen pflegeleichte Edelstahlpfannen vor, deren dicker Kupferkern im Boden ebenfalls gleichmäßige Hitzeleitung gewährleistet. Und wieder andere gehen lieber mit beschichteten Pfannen auf Nummer Sicher. Denn es gilt vor allem zu vermeiden, daß die zarten gelben Fladen ansetzen oder anbacken. Goldbraune Tupfen dürfen das reine Gelb zieren, schwarze Stellen, die von zuviel Hitze zeugen, sehen nicht nur scheußlich aus, sie schmecken auch so.

Die erfahrene Pfannkuchenbäckerin (oder sollte es auch erfahrene Pfannkuchenbäcker geben?) arbeitet mit zwei oder sogar drei Pfannen gleichzeitig – sofern sie über so viele Kochstellen verfügt. Sie darf sich durch nichts ablenken lassen, denn dann geht es wie beim berühmten Brezelbacken: Immer schneller, als man denkt.

Noch eins ist wichtig: das Fett – auch in dieser Frage gehen die Ansichten weit auseinander. Die Anhänger der Butterfraktion lassen allenfalls auch Butterschmalz gelten. Die Liebhaber der mediterranen Kost nehmen auch in diesem Fall gern Olivenöl. Traditionalisten beharren auf der Speckschwarte, mit der die Pfanne jedesmal ausgewischt wird, bevor eine neue Teigkelle hineingegossen wird. Natürlich ist auch ein gutes neutrales Öl oder Margarine denkbar. In jedem Fall aber gilt: Sowenig Fett wie nur irgend möglich ist meist schon mehr als nötig! Deshalb ist die Speckschwarte, die den Pfannenboden wirklich nur mit einem Hauch überzieht, tatsächlich ideal!

Am besten schmecken natürlich Pfannkuchen direkt aus der Pfanne – sie brauchen dann nicht einmal eine Begleitung. Aus übriggebliebenen Pfannkuchen wird, in feine Streifen geschnitten und in heißer Brühe angerichtet, die allseits beliebte Flädle- oder Frittatensuppe. Allerdings ist bei uns noch nie ein einziger Pfannkuchen übriggeblieben ... für Flädlesuppe müssen sie stets eigens zubereitet werden.

Pfannkuchen (Grundrezept)

Für ca. 12 bis 14 Stück :

200 g Mehl, Salz, 4 Eier,
knapp 1/2 l Flüssigkeit: idealerweise halb Milch,
halb Mineralwasser

Außerdem:
Butter, Schmalz, Speckschwarte oder Öl zum Backen

1. Alle Zutaten in eine Rührschüssel füllen und mit
   einem Schneebesen zu einem sehr dünnflüssigen, glatten Teig verrühren. Eine halbe Stunde ausquellen lassen – damit sich der Kleber entwickeln kann, die
   Pfannkuchen werden dann duftiger.
2. Die Pfanne erhitzen, mit Fett ausstreichen, eine kleine
   Kelle Teig einfüllen, die Pfanne rasch schwenkend
   drehen, damit der Teig sich gleichmäßig auf dem
   Pfannenboden verteilt.
3. Den Pfannkuchen auf beiden Seiten golden backen.

Kräuterpfannkuchen mit Käse

In den fertigen Teig feingehackte Kräuter rühren (etwa zwei Tassen voll). Jeweils einen Pfannkuchen fast fertig backen, zwei Eßlöffel grob geraspelten Käse darauf verteilen und fertig backen, bis der Käse zerlaufen ist. Am besten serviert man diesen Pfannkuchen direkt aus der Pfanne, solange der Käse noch heiß ist! Dazu: ein knakkiger grüner Salat.

Spinatpfannkuchen

Ein Paket Tiefkühlspinat (300 g) bei Zimmertemperatur auftauen lassen und unter den Pfannkuchenteig rühren, der nach dem Grundrezept zubereitet wurde, jedoch nur mit zwei Dritteln der Flüssigkeitsmenge. Mit Muskat, Cayenne und einem Spritzer Worcestershire-Sauce kräftig abschmecken.

Speckpfannkuchen

Pro Pfannkuchen jeweils zwei bis drei hauchdünne Speckscheiben in breite Streifen schneiden und in der Pfanne sanft anbraten. Je eine kleine Kelle Teig darübergießen und auf beiden Seiten goldgelb und knusprig backen.

Hackfleischragout als Pfannkuchenfüllung

Für vier Personen:

30 g Speck, 1 EL Öl, 1 Zwiebel, 2 Knoblauchzehen,
3 – 4 Stengel Bleichsellerie, 250 g Hackfleisch,
1 kleine Dose geschälte Tomaten oder 1 Packung
Tomatenfleisch, ca. 1/4 l Rotwein, 1 Lorbeerblatt, Salz,
Pfeffer, 1 TL getrockneter Origano oder Majoran

1. Den Speck winzig klein würfeln und im heißen Öl auslassen. Feingehackte Zwiebel und Knoblauch darin andünsten und schließlich die in feine Scheibchen geschnittenen Selleriestengel mitdünsten.
2. Das Hackfleisch zufügen und so lange mitbraten, bis es krümelig geworden ist. Tomaten, Rotwein und Gewürze zufügen. Etwa 30 Minuten köcheln und immer wieder rühren, damit nichts ansetzt.
3. Noch einmal abschmecken, zusammen mit den Pfannkuchen servieren. Dazu paßt außerdem ein Kopfsalat.

Tip: Dies sollte man als eine Art Grundrezept betrachten, das sich mit den verschiedensten Zutaten immer wieder abwandeln läßt. Mit durchgedrehtem Lammfleisch, Würfeln von Schafskäse und schwarzen Oliven bekommt die Sauce eine mediterrane Anmutung. Gehacktes Hähnchenfleisch läßt sich mit Sojasauce, Ingwer, Knoblauch und Chili- oder Currypaste asiatisch würzen. Aus gedünsteten Champignons, mit Crème fraîche gebunden, wird eine zarte, vegetarische Füllung.

146

Pfannkuchentorte
mit Blumenkohl und Broccoli

Für vier bis sechs Personen:

1 Grundrezept Pfannkuchen (siehe Seite 148)
1 Blumenkohlkopf, 500 g Broccoli, Salz, 2 EL Butter,
1 gehäufter EL Mehl, 1/4 l Sahne, Pfeffer, Muskat,
Worcestershire-Sauce, Cayennepfeffer, Zitronensaft,
200 g gekochter Schinken, 100 g frisch geriebener Käse

1. Die Pfannkuchen nach dem Grundrezept zubereiten.
2. Blumenkohl und Broccoli in Röschen teilen, die Strunkstücke in feine Scheiben oder kleine Würfel schneiden. In wenig Salzwasser knackig gar kochen.
3. Für die Sauce die Butter erhitzen, das Mehl darin andünsten, das Gemüsekochwasser und die Sahne angießen. Die Sauce sehr dick einkochen.
4. Mit Salz, Pfeffer, Muskat, Cayennepfeffer und Zitronensaft abschmecken.
5. Die Pfannkuchen auf einer feuerfesten Platte aufeinanderstapeln, dabei jeweils Blumenkohl und Broccoli darauf verteilen, den in Streifen oder Würfel geschnittenen Schinken und so viel Sauce, daß alles schön von ihr umhüllt ist, sowie etwas geriebenen Käse.
6. Zuoberst einen Pfannkuchen breiten. Ihn mit dem restlichen Käse bestreuen. Die ganze Torte im 220 Grad heißen Ofen etwa 15 bis 20 Minuten erhitzen, bis die Torte durch und durch warm ist und der Käse schmilzt.

Herzhafter Pfannkuchenauflauf

Für vier bis sechs Personen:
1 Grundrezept Pfannkuchen (siehe Seite 144)

Füllung:
1 Zwiebel, 2 Knoblauchzehen, 2 EL Öl, 2 Kartoffeln,
1 Bund Petersilie, 1 EL Tomatenmark,
100 g fetter, ungeräucherter Speck, 300 g ausgelöstes,
gekochtes Kaßler, 250 g Champignons, Salz, Pfeffer,
1/2 TL Delikateßpaprika, 1 TL getrockneter Majoran,
ca. 1/8 l Brühe

Außerdem:
Butter für die Auflaufform, 1 Ei, 50 g geriebener Käse,
1/8 l Sahne

1. Die Pfannkuchen nach dem Grundrezept zubereiten.
2. Für die Füllung Zwiebel und Knoblauch grob hacken und im Öl andünsten. Die Kartoffeln schälen, reiben oder klein würfeln und zufügen. Mit etwas Wasser besprenkeln und zugedeckt weich dünsten.
3. In den Mixer füllen; Petersilie, Tomatenmark, in grobe Würfel geschnittenen Speck und Kaßler, die Pilze sowie Gewürze zufügen. Alles zu einem glatten Püree mixen, dabei mit so viel Brühe verdünnen, daß eine streichfähige, nicht zu flüssige Paste entsteht.
4. Gleichmäßig auf die Pfannkuchen verteilen, sie aufrollen und dicht an dicht nebeneinander in eine eingefettete Auflaufform setzen.

5. Ei, Käse und Sahne verquirlen und gleichmäßig über die Pfannkuchenrollen gießen. Im 220 Grad vorgeheizten Backofen etwa 15 bis 20 Minuten backen, bis die Oberfläche appetitlich golden geworden ist.

Pfannkuchen mit Orangenduft

Für vier bis sechs Personen:
1 Grundrezept Pfannkuchen (siehe Seite 144),
1/8 l frisch gepreßter Orangensaft, etwas abgeriebene
Orangenschale, 2 EL Zucker, 1 Prise Salz

Füllung:
4 Orangen, 2 EL Orangenlikör, 2 EL Zucker, 1 Tütchen
Vanillezucker, 2 EL Butter, 150 g Crème fraîche

1. Die Pfannkuchen nach dem Grundrezept herstellen, jedoch 1/8 l der Flüssigkeitsmenge durch Orangensaft ersetzen. Den Teig mit Orangenschale, Zucker und einer Salzprise würzen.

2. Für die Füllung die Schale einer Orange abreiben. (Sollten Sie keine ungespritzte Orange bekommen haben, Orange gründlich unter heißem Wasser abbürsten!)

3. Alle Orangen sorgfältig filieren: das geht ganz leicht, wenn man mit einem Messer zunächst die Schale bis unter die dünne weiße Innenhaut abschneidet, so daß das Fruchtfleisch frei liegt. Jetzt lassen sich mühelos die Orangenfilets aus den Trennhäuten schneiden. Unbedingt dabei den Saft auffangen.

4. Diesen Saft, Orangenlikör, Zucker, Vanillezucker und Butter aufkochen. Die Orangenfilets darin vorsichtig erwärmen.

5. Diese Orangenmischung in die Pfannkuchen verteilen, jeweils einen Löffel kalte Crème fraîche zufügen, die

Pfannkuchen aufrollen oder zu Vierteln zusammenklappen, auf einem Dessertteller anrichten und mit
Puderzucker bestäuben. Sogleich servieren.

Topfenpalatschinken

Für vier bis fünf Personen:

Füllung:
50 g Rosinen, 3 EL Rum, 2 Eigelb, 2 – 3 EL Zucker,
250 g Quark, Zitronensaft und Zitronenschale

Außerdem:
1 Grundrezept Pfannkuchen (siehe Seite 144), 2 EL Zucker,
1 Tütchen Vanillezucker, ca. 1/8 l Sahne,
Puderzucker zum Bestäuben

1. Die Rosinen im Rum einweichen.
2. Eigelb mit dem Zucker dick und schaumig rühren, den
   Quark, Zitronensaft und Zitronenschale sowie die
   Rosinen mitsamt dem Rum untermischen.
3. Den Pfannkuchenteig nach dem Grundrezept herstellen, mit dem Zucker und einer Salzprise würzen.
   Hauchdünne Pfannkuchen backen.
4. Die Pfannkuchen mit dieser Quarkmasse füllen und
   aufrollen. Nebeneinander in eine feuerfeste, flache
   Form schichten. Mit der Sahne übergießen und im 250
   Grad heißen Ofen zehn Minuten überbacken.
5. Mit Puderzucker bestäuben und heiß servieren.

Apfelpfannkuchen

1 Grundrezept Pfannkuchen (siehe Seite 144), 2 EL Zucker,
1 Prise Salz, 4 – 5 mittelgroße und aromatische Äpfel (zum
Beispiel Elstar, Goldparmäne, Cox Orange), 1 Zitrone,
3 – 4 EL Butter, 3 EL Zucker, 1/2 TL Zimt,
3 EL Apfelschnaps, Puderzucker zum Bestäuben

1. Den Pfannkuchenteig nach dem Grundrezept zubereiten, mit Zucker und einer Salzprise würzen.
2. Die Äpfel schälen, vierteln, vom Kerngehäuse befreien und in feine Scheibchen schneiden. Sofort mit Zitronensaft beträufeln, damit sie schön hell bleiben.
3. Pro Pfannkuchen etwas Butter in der Pfanne erhitzen, einige Apfelscheibchen darin andünsten und mit Zucker und Zimt bestreuen und mit ein paar Tropfen Apfelschnaps parfümieren.
4. Jeweils eine kleine Kelle Teig über die Apfelscheiben gießen. Die Pfannkuchen von beiden Seiten schön golden backen.

Lust auf lila Leckerbissen

Prall, die lila Schale wie auf Hochglanz poliert, keinerlei Geruch verströmend – Auberginen können geradezu abweisend wirken: Früchte, deren Reiz man erst entdecken muß. Trotzdem haben sie sich, seit die ersten Gastarbeiter sie in den fünfziger und sechziger Jahren mitgebracht haben, längst einen Stammplatz auf unseren Märkten erobert.

Sie gehören zu der Familie der wärmebedürftigen Nachtschattengewächse, leicht erkennbar an den Pflanzen, die wie kompakte Tomatenstöcke aussehen; auch ihre hübschen Blüten ähneln denen von Tomaten, sind indes größer und nicht gelb, sondern von einem zarten Fliederton mit einem gelben Spitz in der Mitte.

Obwohl wir uns alle unter *auberginenfarben* sofort ein ausgeprägtes Lila vorstellen, waren die Auberginen ursprünglich weiß, ein wenig ins Grünliche spielend. Und sie waren viel kleiner, als wir sie heute kennen – was ihre englische Bezeichnung *eggplants* völlig korrekt beschreibt: nicht größer als Hühnereier und übrigens auch ebenso weiß. So heißen sie auch in alten deutschen Kochbüchern oft Eierfrüchte – manchmal kann man solche durchaus genießbaren Auberginen als zierende Topfpflanze im Blumenladen entdecken. Noch heute schätzt man in Asien, vor allem in Thailand, solche Früchte. Es gibt sie von weiß bis grün (sogar zum Rohessen), auch in leuchtendem Gelb und schließlich noch eine gurkenähnliche Variante, hellgrün, besonders zum Schmoren in Curries geeignet. Lila Auberginen findet man auf asiatischen Märkten auch, allerdings nicht so keulenartig dick wie bei uns, sondern häufig schlank und länglich, das hell leuchtende Lila vor allem bei runden Früchten oft von weißen Streifen aufgehellt. Manchmal kann man diese Variationen auch bei uns in Asienläden finden.

In die Regale unserer Supermärkte gelangen die Auberginen aus den mediterranen Ländern – Italien, Südfrankreich, Spanien, im Winter auch aus Israel – und aus den Treibhäusern Hollands. Die beste Qualität gedeiht in den Folienhäusern Siziliens, besonders wohlschmeckend die nicht zu großen Sorten. Spanien liefert größere Früchte, die aber im allgemeinen recht festfleischig sind, ebenso wie die großen und mittelgroßen provenzalischen Erzeugnisse. Hollandfrüchte – die normalen wie die großen runden – sind etwas wäßriger, geben beim Braten mehr Flüssigkeit ab und sind für manche Rezepte weniger gut geeignet. Gut und billig, nur manchmal nicht so sorgfältig sortiert, die Auberginen aus der Türkei. Witzig, aber teuer die winzigen Auberginen aus Thailand – portionsweise zu füllen als Vorspeise!

Beim Einkaufen sollte man auf jeden Fall darauf achten, daß die Früchte schön glänzen, sich fest und prall anfühlen, auf gar keinen Fall bereits schrumpelig und lasch geworden sind.

In der mediterranen Küche, vor allem aber in Pakistan, Indien, in ganz Südostasien, in China, auch in Japan spielt die Aubergine eine tragende Rolle. Tatsächlich lassen sich nur wenige Früchte so vielfältig und so unterschiedlich verwenden. Dabei könnte man durchaus boshaft behaupten, Auberginen allein schmecken nach fast gar nichts. Und wer in eine rohe Auberginenscheibe beißt, wird sie garantiert sofort wieder ausspucken: einfach unangenehm, diese wattige Konsistenz, ihre manchmal ausgeprägte Bitterkeit und adstringierende Säure!

Die wahren Qualitäten von Auberginen erweisen sich eben erst nach entsprechender Zubereitung. So zum Beispiel, wenn die Aubergine gebraten wird; erst dann kann sich der typische, nussige, charakteristische und eigentlich unbeschreibliche Wohlgeschmack entwickeln.

In Auberginenrezepten wird meist empfohlen, die Scheiben zunächst einzusalzen und sich »ausweinen« zu lassen. Dabei werden nicht nur Bitterstoffe, sondern auch Inhaltsstoffe und Aromen ausgeschwemmt. Bei nicht in südlicher Hitze und Trockenheit gewachsenen Früchte ist dies tatsächlich zu empfehlen, um ihnen das reichlich enthaltene Wasser zu entziehen – Auberginenscheiben lassen sich danach besser braten, können rascher bräunen. Zu bitter allerdings sind die neuen Züchtungen längst nicht mehr, so daß man bei festfleischigen Früchten getrost auf das Salzen verzichten kann – besser sogar sollte.

Beim Braten stellt man in jedem Fall mit Erschrecken fest, daß die Auberginenscheiben oder -stücke zunächst alles in der Pfanne befindliche Öl aufsaugen wie ein Schwamm! Beruhigenderweise geben sie es jedoch wieder ab, sobald sie auch im Inneren gar geworden sind. Man muß nur Geduld haben: Auberginen wollen bei mäßiger Hitze und langsam gebraten werden, dürfen auf keinen Fall kräftig rösten!

Ratatouille

Für weniger als sechs Personen sollten Sie gar nicht erst anfangen, denn das Geheimnis einer guten Ratatouille liegt auch in der zubereiteten Menge. Man unterscheidet zwei Typen von Ratatouille: Die saftige wird im geschlossenen Topf auf kleiner Hitze geköchelt und liegt mit ihrer Konsistenz zwischen Suppe und Brei. Sie schmeckt am besten zu gekochter Wurst, zu Fleisch oder Fisch mit deftigem Einschlag und zu größeren Braten. Die trockene Version hingegen wird auf mittlerer Hitze im offenen Topf eher gebraten, so daß alle austretende Flüssigkeit sofort verdampft, auch jene, die mit dem Tomatenfleisch hinzukommt. Diese elegantere Ratatouille eignet sich mehr als Beilage zu kleineren Fleischstücken (Filet, Steak, Roastbeef), zu Fischfilets oder zu Innereien.

Für sechs Personen:

6 – 8 EL allerbestes provenzalisches Olivenöl (also ein Öl mit ausgeprägtem Geschmack, natürlich vierge extra),
250 g Zwiebeln, 6 Knoblauchzehen, je 1 Zweig Thymian (möglichst mit honigduftenden Blüten) und Rosmarin,
1 Lorbeerblatt, je 250 g Auberginen, Zucchini, Paprika und Tomaten (alle Zutaten geputzt gewogen),
Zitronensaft, Pfeffer, Salz, reichlich frisches Basilikum

1. In einem großen, breiten Topf, in dem die Zutaten viel Bodenkontakt haben können, das Öl erhitzen, bis es zu rauchen beginnt.

2. Die grob gehackten oder in Ringe geschnittenen Zwiebeln und die halbierten Knoblauchzehen hineingeben. Dünsten, bis sie fast keine Flüssigkeit mehr enthalten und zu braten beginnen.

3. Die Kräuter von den Stielen zupfen und zufügen, ebenso die in Scheiben oder Würfel geschnittenen Auberginen. Rasch bräunen und fast alles Fett aufsaugen lassen, dann erst die Hitze auf mittlere Stärke zurückstellen.

4. Die ebenso groß gewürfelten oder in Scheiben geschnittenen Zucchini und Paprika zufügen und unter häufigem Wenden mitbraten, aber nicht richtig braun werden lassen. Salzen und pfeffern.

5. Die inzwischen gehäuteten, entkernten und geviertelten Tomaten zufügen. Alles durchmischen, nicht mehr umrühren, damit die Gemüse ihre Form behalten.

Noch 5 bis 10 Minuten dünsten, bis die Gemüse trok-
ken zu werden beginnen.

6. Zum Schluß mit Zitronensaft, Pfeffer und Salz abschmecken und reichlich
feingeschnittenes Basili-
kum unterrühren.

Tip: Ratatouille schmeckt
auch kalt – dann darf man
mit Zitronensaft großzügiger
sein und würzt mit frischem,
rohem Olivenöl.

Schweinegulasch mit Auberginen

Für vier bis sechs Personen:

*800 g durchwachsenes Schweinefleisch (Schulter oder
Nacken), 2 EL Butter, 1 EL Öl, 1 große Zwiebel,
2 – 5 Knoblauchzehen, 2 mittelgroße Auberginen,
2 EL Paprika edelsüß, 1/2 EL Rosenpaprika (scharf), Salz,
etwas Pfeffer, je 1 Bund Schnittlauch und Petersilie*

1. Das Schweinefleisch in große Würfel schneiden, dabei
die Fettpartien, Sehnen und Flachsen aber keinesfalls
entfernen, denn sie erst verleihen dem Gulasch Geschmack, halten das Fleisch saftig und geben der Sauce
ihre Geschmeidigkeit!

2. Butter und Öl in einem Topf erhitzen. Die Fleischwürfel darin kräftig von allen Seiten anbraten. Falls
   nicht alle Würfel Kontakt mit dem Pfannenboden
   haben können, portionsweise arbeiten, damit die Würfel richtig braten und keinen Saft ziehen. Die gebräun-
   ten Würfel herausheben und beiseite stellen.

3. Statt dessen gehackte Zwiebel und Knoblauch im Bratfett andünsten und die in große Würfel geschnittenen
   Auberginen zufügen. Unter ständigem Wenden braten, bis sie überall goldbraun geworden sind.

4. Das Fleisch wieder zugeben. Alles mit Paprika bestäuben, gut umwenden und durchmischen. Salzen, pfeffern und mit so wenig Wasser aufgießen, daß alles
   knapp bedeckt ist.

5. Das Gulasch zugedeckt im 200 Grad heißen Ofen oder
   auf kleinster Hitze etwa drei Stunden schmoren. Ab
   und zu nachsehen und etwas Wasser nachfüllen, falls
   der Topfdeckel nicht absolut dicht schließt.

6. Das fertige Gericht noch einmal abschmecken und mit
   einer Gabel kräftig durchrühren, damit sich das Auberginenfleisch auflöst und der Sauce die erwünschte
   Bindung gibt.

7. Mit gehackter Petersilie und Schnittlauch bestreut servieren. Dazu passen am besten Kartoffeln oder Kartoffelklöße.

Tip: Stellen Sie auf den Tisch eine Schüssel mit saurer
Sahne (10 % Fett) oder dem ebenfalls zehnprozentigen
griechischen Joghurt. Man nimmt sich davon jeweils löffelweise und mischt etwas davon unter jeden Bissen, der
dadurch gekühlt und wunderbar belebt wird.

Auberginenpüree mit Joghurt

Ein Rezept aus der pakistanischen Küche. So ähnlich bereitet man die Creme auch in arabischen Ländern zu und ißt sie zusammen mit Fladenbrot als Vorspeise. Das Püree schmeckt warm oder kalt und paßt zum Beispiel als Auftakt wunderbar in ein sommerliches Menü.

Für vier Personen:
*3 mittelgroße Auberginen, 2 Zwiebeln,
3 EL Olivenöl extra vergine, je 1 gehäufter TL feingehackter Knoblauch und Ingwer, je 1 TL gemahlener Koriander und gemahlener Kreuzkümmel, je 1/2 TL Kurkuma und Chilipulver (Cayennepfeffer), etwas Zucker, Salz, 1 Becher Joghurt (siehe Anmerkung), 1 Bund Basilikum*

1. Die Auberginen auf einem Stück Alufolie (damit der Ofen sauber bleibt) bei 250 Grad etwa 20 Minuten backen, bis das Fleisch weich ist.
2. Die Zwiebeln hacken, im heißen Öl in einer großen Pfanne bei leichter Hitze andünsten. Erst wenn sie zu bräunen beginnen, Knoblauch und Ingwer zufügen. Würzen.
3. Das Auberginenfleisch aus der Schale kratzen, grob hacken und noch etwa zehn Minuten mitschmoren. Mit Salz und Zucker abschmecken.
4. Vom Feuer nehmen, in einer Schüssel mit dem Joghurt vermischen und das zerpflückte oder gehackte Basilikum einrühren. Sofort servieren.

Am besten nimmt man hierfür den geschmacksintensiven griechischen Joghurt. Er bleibt mit seinen 10 %
Fettgehalt auch dann sahnig-cremig, wenn er mit dem
heißen Auberginenpüree vermischt wird. Ersatzweise
kann man auch Vollmilchjoghurt mit etwas Crème
fraîche verrühren.

Gebratene Auberginen mit Mozzarella und Tomaten

Auf großen Platten ausgebreitet gehören gebratene
Auberginenscheiben zu jedem italienischen Antipasti-
Buffet. Dazu paßt Vinaigrette oder eine mit Zitronensaft
gewürzte Joghurtsauce. In Süditalien hat man das Rezept
erweitert:

Für sechs Personen:
*3 mittelgroße Auberginen, 8 EL kaltgepreßtes Olivenöl
(extra vergine), Salz, Pfeffer, etwas Zitronensaft, 3 schöne
Fleischtomaten, 250 g Mozzarella (siehe Anmerkung),
2 große Bund Basilikum*

1. Die Auberginen längs oder quer in Scheiben schneiden; am besten auf der Aufschnittmaschine, so geraten
die Scheiben akkurat gleich dick. Falls nötig mit Salz
bestreuen und eine halbe Stunde liegen lassen, um
Wasser und Bitterstoffe auszuziehen; dann mit Küchenpapier abtrocknen, dabei ein wenig auspressen.

161

2. Die Scheiben portionsweise im heißen Öl – höchstens 2 EL in die Pfanne gießen – in einer großen Pfanne langsam golden braten. Die Scheiben herausheben, salzen, pfeffern und nach Belieben mit ein wenig Zitronensaft würzen.

3. Tomaten und Mozzarella in dünne Scheiben schneiden. Abwechselnd mit den Auberginenscheiben auf einer großen Platte anordnen.

4. Alles mit frischem, rohem Olivenöl beträufeln, mit Salz und Pfeffer würzen. Schließlich auf der Oberfläche verschwenderisch feingeschnittenes Basilikum verteilen.

Anmerkung: Achten Sie auf die Qualität der Mozzarella – es gibt leider nur selten die zarte, seidig-feine Büffelmozzarella (was draufstehen muß), meist nur die einfache, zwar weniger teure, aber auch weitaus weniger gut schmeckende und zähe Kuhmilchmozzarella.

Auberginengratin

Es schmeckt frisch aus dem Ofen, aber auch wunderbar kalt, am nächsten Tag. Es handelt sich hier um eine erheblich bekömmlichere und leichtere Variante des klassischen Auberginenauflaufs *(Melanzane alla parmigiana),* für den man in Italien natürlich viele Rezepte kennt. Häufig werden die Auberginenscheiben dafür zunächst angebraten, was natürlich eine Menge mehr Kalorien bedeutet.

Für vier bis sechs Personen:

500 g Auberginen, Salz, 3 EL kaltgepreßtes Olivenöl (extra vergine), 1 Zwiebel, 100 g Parmaschinken in zwei dicken Scheiben, 1 kg gut reife, feste Tomaten, frisch gemahlener schwarzer Pfeffer, 75 g frisch geriebener Parmesan

1. Die Auberginen waschen und längs in zentimeterdicke Scheiben schneiden. In reichlich sprudelnd kochendem Salzwasser drei Minuten blanchieren. Auf Küchenpapier abtrocknen, dabei ausdrücken, um soviel Wasser wie möglich aus dem Fruchtfleisch zu pressen.
2. Inzwischen Olivenöl in einer Pfanne erhitzen. Die Zwiebel würfeln und darin andünsten, nicht rösten.
3. Den ebenfalls in kleine Würfel geschnittenen Schinken zufügen und nur ganz kurz bei jetzt etwas größerer Hitze anziehen lassen.
4. Tomaten häuten, entkernen und würfeln, 10 Minuten lang mitköcheln. Vorsichtig salzen (der Schinken ist salzig genug) und mutig pfeffern.
5. Eine feuerfeste Form mit Öl ausstreichen, die Hälfte der Auberginen hineinlegen und mit der Hälfte der Tomaten-Schinken-Masse bedecken. Die restlichen Auberginenscheiben darauf anordnen und mit den restlichen Tomaten zudecken. Mit Parmesan bestreuen.
6. Im 200 Grad vorgeheizten Ofen eine Stunde backen.

Thai-Kokos-Curry mit Auberginen

Schmeckt auch kalt wunderbar, am nächsten Tag vielleicht sogar noch besser, weil es hat durchziehen können. Man serviert das Gemüse als vegetarisches Essen oder als Beilage, zum Beispiel zu Lamm oder Wild.

Für vier Personen:

4 Schalotten, 4 Knoblauchzehen, 3 cm frische Ingwerwurzel, je 1 rote und grüne Paprikaschote, 500 g Auberginen, 1 EL geschmacksneutrales Öl, 1 TL Sesamöl, 1 EL rote Thai-Currypaste (aus dem Asienshop), 1/4 l Kokossahne (ungesüßt, aus der Dose oder aus fester Creme angerührt), 1 EL Zucker, 2 EL Fischsauce, Salz, Pfeffer, frisches Thaibasilikum, Koriandergrün

1. Schalotten, Knoblauch und Ingwer schälen und fein würfeln. Paprika entkernen und in halbzentimeterkleine, Auberginen dagegen in grobe Würfel schneiden.
2. Im heißen Ölgemisch die Thai-Currypaste kurz anrösten, mit Kokossahne auffüllen und auflösen. Zwei Minuten köcheln, mit Zucker, Fischsauce, eventuell noch Salz und Pfeffer würzen.
3. Die vorbereiteten Zutaten in diese Sauce geben und etwa 20 Minuten leise köcheln, bis die Auberginen weich sind.
4. Abschmecken, die Kräuter erst zum Schluß einrühren.

Tip: Mit thailändischem Duftreis servieren. Und dazu einen Sauvignon Blanc aus der Südsteiermark trinken!

Knoblauch

Alfred Walterspiel, der berühmteste deutsche Koch vor dem Wahlmünchner Eckart Witzigmann, empfahl, die Salatschüssel mit einer halbierten Zehe auszureiben, um dem Salat köstliches Knoblauchparfum zu verleihen. Sein französischer Kollege Escoffier hielt es gar für ausreichend, in eine Knoblauchzehe zu beißen und dann in die Schüssel zu hauchen, womit er dem Begriff »mit einem Hauch von Knoblauch« die buchstäblich wörtliche Bedeutung gab.

Knoblauchfans kann das natürlich nicht befriedigen. Für sie gilt die Devise: Wenn schon Knoblauch, dann richtig! Es muß ja nicht gleich jene Ausmaße annehmen, die Gregor von Rezzori in seinen »Maghrebinischen Geschichten« beschreibt, wo für die Ausrichtung eines anständigen Hochzeitsmahls von der duftenden Knolle vierzehn Wagenladungen nötig sind.

In der feinen Gesellschaft war Knoblauch stets verpönt; er galt als ordinär. Die vornehme Tante Hélène allerdings (»so alt wie das Jahrhundert«, pflegte sie nach ihrem achtzigsten Geburtstag gern zu sagen) hatte es nie versäumt, ihren nachwachsenden Nichten und Neffen folgenden Leitsatz mit auf den Lebensweg zu geben: »Drum merk dir eins, mein Kind, wenn du jemanden kennenlernst, prüfe, ob er Knoblauch mag! Das sagt mehr über ihn aus als Beruf, Herkunft oder Augenfarbe.« Sie war eine kluge Frau. Denn die Erfahrung lehrt bis heute: Wer Knoblauch liebt, ist auch sonst ziemlich umgänglich. Wohingegen alliophobe Menschen (das sind die, die sich vor der weißen Knolle, lateinisch *allium sativum*, fürchten) mehr zu den Pingeligen gehören, auch zur Humorlosigkeit neigen.

Knoblauch ist eine der ältesten Würzpflanzen der Welt. Die Chinesen schätzen ihn ebenso wie die Ägypter, die Griechen oder Römer des klassischen Altertums. Nicht nur wegen seiner Würzkraft, sondern als universelles Allheilmittel, auch als Aphrodisiakum. Tatsächlich wirkt Knoblauch, das läßt sich nachweisen, desinfizierend, antiseptisch und blutreinigend; er vermag den Cholesterinspiegel zu senken, ist gut gegen Verkalkung und Ver-

engung der Gefäße und hebt das Allgemeinbefinden. Kurz: Wer Knoblauch ißt, tut sich was Gutes. Wer kennt sie nicht, die Bilder der verknitterten Männer von Transsylvanien, die weit über hundert Jahre alt geworden sind, weil sie sich täglich ihr Quantum Knoblauch verabreichten? Glauben wir's ruhig: Man wird uralt damit, bleibt bei Kräften und von Vampiren verschont.

Anrüchig ist er, weil man lange Zeit bei uns keinen guten Knoblauch kaufen konnte – und noch immer nicht ohne weiteres überall findet: Oft nur jene winzigen Knöllchen, die in einem kleinen Netzchen im Supermarkt hängen, uralt und längst vertrocknet. Solcher Knoblauch stinkt und würzt nicht. Inzwischen weiß man auch hierzulande: Frisch muß er sein, die weiße oder bis ins lila spielende Schale schimmernd, die Knolle muß sich fest und prall anfühlen, es muß der Saft spritzen, wenn man die Zehen anschneidet. Von solchem Knofel kann man bedenkenlos jede Menge essen, nie wird man unangenehm riechen, ein zarter Duft wird allenfalls ahnen lassen, daß man köstlich gespeist hat. Wer sein Gegenüber schonen will, kann mit reichlich Petersilie oder anderen grünen Kräutern, die viel Chlorophyll enthalten, den Knoblauchduft lindern. Allerdings: Wenn dieser bereits aus allen Poren dringt, klappt das natürlich nicht mehr. Dann ist das einzige Mittel, nur noch mit Knofelliebhabern zusammen zu sein, die selbst welchen gegessen haben oder sich an dem Duft nicht stören. Deshalb gilt auch: Wo Menschen viel Knoblauch essen, sollte man es ihnen gleichtun, um nicht darunter leiden zu müssen …

Den Sommer über kommt guter Knoblauch aus Italien, Südfrankreich, von klugen Gärtnern auch aus Deutschland frisch auf den Tisch. Der noch grüne, lauchähnliche Schaft ganz junger Exemplare läßt sich übrigens ebenso verwenden wie das Grün von Frühlingszwiebeln. Wer einen Garten hat, ist gut beraten, wenn er im späten Herbst oder frühen Frühjahr einzelne Zehen in die Erde steckt – ein Knoblauchsaum ums Beet soll übrigens helfen, Wühlmäuse fernzuhalten! Im Sommer kann er geerntet werden; je lockerer der Boden, desto dicker geraten die Knollen. Trocken und dunkel aufbewahrt, kann man Knoblauch wie Zwiebeln problemlos über den Winter konservieren, bis die neue Ernte, früh im März aus Argentinien, auf unseren Märkten eintrifft.

Ob Knoblauch mit der Presse zerdrückt, mit dem Wiegemesser gehackt oder von Hand fein geschnitten gehört, ist einerseits Ansichtssache, andererseits verlangen bestimmte Gerichte den zerquetschten, andere einen akkurat geschnittenen Knoblauch. Manche schwören darauf, die Zehen auf einem Brettchen (aus Porzellan, damit der kostbare Saft nicht im Holz verschwindet!) mit dem Gabelrücken und etwas Salz zu zermusen, andere werfen die Zehen einfach in den laufenden Mixer (in diesem Fall unbedingt etwas Öl zufügen, weil sonst der Knoblauch oxidiert und bitter wird!), und wieder andere möchten die praktische Knoblauchpresse nicht missen. Der wahre Knofelkoch wird je nach Gericht entscheiden und zum Beispiel für ein asienwürziges Huhn sich die Mühe machen, den Knoblauch wie den Ingwer von Hand winzigfein zu würfeln.

Die simpelste Knoblauchzubereitung ist vielleicht auch die beste, um noch zögerliche Knoblauchneulinge zu überzeugen: Bruschetta (sprich *Brusketta*). Dafür geröste-

te Brotscheiben mit Knoblauch abreiben und mit jung-
fräulichem Olivenöl (extra vergine) beträufeln. Ein herrlicher Leckerbissen zum Glas Wein! Oder Knoblauch aus
der Asche: Die ganzen Knollen in der Aschenglut backen
(wer mag, wickelt sie zuvor in Alufolie ein); dabei werden die Zehen weich und cremig und schmecken einfach
umwerfend zum gegrillten Fleisch oder einfach so auf
dem Brot.

Für die fortgeschrittenen Knoblauchfans empfehlen sich
dann folgende Rezepte:

Knoblauchpüree

Eine fabelhafte Beilage zum gebratenen Zicklein, zu
Lammkoteletts oder zu Rehmedaillons.

Für vier Personen:
4 ganze Knoblauchknollen, 3 EL Butter,
150 g Crème fraîche, Salz, Pfeffer, Muskat

1. Die Knoblauchzehen schälen, auf mildem Feuer in
   Butter weich dünsten, aber nicht bräunen.
2. Crème fraîche zufügen, salzen, pfeffern und mit Muskat würzen. Im Mixer fein pürieren.

Knoblauch-Tortilla

Der ideale Snack zum Glas Wein oder Sherry. Schmeckt
warm ebenso gut wie kalt, läßt sich daher prima vorbereiten. Auch gut fürs Picknick, weil sie den Transport
einigermaßen schadlos übersteht.

Für sechs Personen:
500 g Kartoffeln, 3 – 4 EL Olivenöl, Salz, Pfeffer,
2 Knoblauchknollen, 6 Eier, 1 Bund Basilikum

1. Die Kartoffeln schälen und grob raffeln. In einer beschichteten Pfanne (Durchmesser 24 cm) in etwa der halben Menge Öl auf kleinem Feuer zugedeckt langsam mehr dünsten als braten. Dabei salzen und pfeffern.

2. Die Knoblauchzehen schälen und in Scheiben schneiden. Zu den Kartoffeln geben, sobald diese fast weich geworden sind, und einige Minuten mitdünsten.

3. Die Eier in einer großen Schüssel verquirlen. Den gesamten Pfanneninhalt sowie das feingeschnittene Basilikum untermischen. Noch mit Salz abschmecken: Die Kartoffeln schlucken eine Menge!

4. Die Hitze unter der Pfanne verstärken, das restliche Öl erhitzen, die Eier-Kartoffel-Masse zufügen und zugedeckt – diesmal auf mittlerem Feuer – etwa 25 Minuten sanft stocken lassen. Das drei Zentimeter dicke Omelett erst wenden, wenn es rundum, sogar an der Oberseite, fast fest geworden ist. Auf der zweiten Seite noch etwa fünf Minuten braten.

Tipp: Zum Wenden einen flachen Deckel oder Teller auf die Pfanne legen, beides stürzen und die Tortilla nunmehr vom Deckel zurück in die Pfanne gleiten lassen.

Aïoli

Es handelt sich hierbei um mehr als nur eine knoblauch-würzige Sauce! Vielmehr ist eine gesamte Mahlzeit ge-meint, das traditionelle Freitagsessen der Provenzalen, die dafür gern den intensiv duftenden Stockfisch neh-men. Am typischsten schmeckt die Aïoli mit dem kräfti-gen, aber eher süßen provenzalischen Olivenöl. Das milde Öl aus Ligurien wirkt besonders elegant; Vorsicht ist geboten mit den intensiveren Sorten aus der Toskana, sie könnten zu aufdringlich und bitter sein.

Für vier Personen:
1 Eigelb, 6 Knoblauchzehen, 1/4 l Olivenöl,
1/2 TL scharfer Senf, Salz, Pfeffer, Zitronensaft

Außerdem:
je 1 TL Senfsaat und Pfefferkörner, 1 TL Salz,
800 g Kabeljaufilet, 1 kleiner Blumenkohl, 3 – 4 Möhren,
200 g grüne Bohnen, 4 Eier

1. Das Eigelb mit den geschälten Knoblauchzehen im Mixer pürieren, dabei langsam Öl hinzufließen lassen.
2. Die steife, goldene Sauce mit Senf, Salz, Pfeffer und Zitronensaft abschmecken.
3. Senf- und Pfefferkörner in knapp einem Liter Wasser 15 Minuten auskochen und kräftig salzen. Die Fisch-stücke darin sanft gar ziehen lassen.
4. Die Gemüse getrennt in Salzwasser garen; die Eier hart kochen.

5. Fisch, Gemüse und halbierte Eier auf einer großen Platte anrichten; die Knoblauchsauce getrennt dazu servieren.

Sizilianische Spaghetti

Vorsicht: Danach kann man süchtig werden!

Vorspeise für vier,
Hauptgericht für zwei bis drei Personen:

250 g Spaghetti, Salz, 12 – 20 Knoblauchzehen, 50 g in Öl eingelegte Anchovisfilets, 1 Bund glattblättrige Petersilie, 1 – 2 getrocknete Chilischoten, 1/8 l Olivenöl

1. Die Nudeln in reichlich Salzwasser al dente gar kochen.
2. Die Hälfte der geschälten Knoblauchzehen in messer- rückendicke Scheiben schneiden.
3. Die andere Hälfte mit den Anchovis, den Peter- silienblättern und den entkernten Chilischoten im Mixer fein zerkleinern, dabei nach und nach so viel Öl zufügen, bis die Sauce schön cremig ist.
4. In einem Eßlöffel Öl die Knoblauchscheibchen auf sanftem Feuer andünsten, dabei aber nicht bräunen!
5. Die Knoblauch-Anchovis-Paste sowie die abgetropften Spaghetti zufügen, alles sorgsam mischen und sofort servieren.

Kräutersauce

Sie ist blitzschnell gemacht und paßt je nach Wahl der Kräuter zu den verschiedensten Gerichten – entweder zum Stippen von rohen Gemüsestengeln (Möhrenstreifen, Selleriestangen, Chicoréeblätter etc.), als Sauce zu gedünstetem Blumenkohl, gebratenen Zucchinischeiben oder zu Tomaten (in diesem Fall vielleicht ausschließlich Basilikum verwenden), zu gedämpftem Fisch oder zum Steak. Sie hält sich übrigens ein paar Tage im Kühlschrank frisch.

Für vier Personen:

2 großzügige Handvoll Kräuter (entweder Petersilie oder Basilikum pur oder eine Mischung quer durchs Kräuterbeet), 2 EL Senf, 8 – 10 Knoblauchzehen, 1/8 l Olivenöl, 2 – 3 EL Wasser, Salz, Pfeffer, 1 EL Zitronensaft

1. Die Kräuter waschen, entstielen und in den Mixer füllen.
2. Den Senf und die geschälten Knoblauchzehen zufügen. Auf höchster Stufe mixen, bis alles fein zerkleinert ist, dann auf kleinere Geschwindigkeit schalten und langsam das Öl hinzulaufen lassen.
3. Mit Wasser auf die gewünschte Konsistenz verdünnen. Mit Salz, Pfeffer und Zitrone abschmecken.

Tip: Entscheidend für das Gelingen, also eine schöne Bindung der Sauce: Die Zutaten sollten gleiche, am besten Zimmertemperatur haben, weil sonst das Eigelb allzu leicht gerinnt und die Sauce grisselig wird. Rettung, falls dieses Maleur doch einmal auftritt: einige Tropfen heißes Wasser zufügen. Sollte selbst das nicht helfen, mit einem neuen Eigelb von vorne beginnen; sobald das Eigelb schön dick geworden ist, nach und nach verunglückte Mischung zufügen.

Garnelen in Knoblauch

Eine köstliche Vorspeise oder auch ein Häppchen zum Aperitif; wichtig ist krumiges Weißbrot dazu, damit man das knoblauchwürzige Öl damit aufstippen kann.

Für vier Personen:

300 g kleine Garnelen (roh, aber ohne Schale),
1/8 l Olivenöl, 5 – 6 Knoblauchzehen,
2 getrocknete Chilischoten, Petersilie

1. Die Garnelen gründlich waschen, wenn nötig entdärmen, gut abtrocknen.
2. Öl in einem Topf erhitzen, die geschälten, in Scheibchen gehobelten Knoblauchzehen und die zerriebenen Chilis darin andünsten.
3. Die Garnelen zufügen. Nur kurz erhitzen, damit der Knoblauch auf keinen Fall verbrennt und die Garnelen nicht trocken werden.
4. Zum Schluß die feingehackte Petersilie untermischen.

Indonesisches Knoblauchhuhn

Ohne Knoblauch ist kaum eine der Küchen Asiens denkbar, Knoblauch ist ebenso wichtig wie Ingwer.

Für vier bis sechs Personen:
6 Hähnchenschenkel, 1 walnußgroßes Stück Ingwer,
3 – 4 Knoblauchzehen, 1 – 2 getrocknete Chilischoten,
2 EL Zitronensaft, 2 EL Sojasauce, 3 EL Hühnerbrühe,
1 TL Zucker

1. Die Schenkel im Gelenk in Ober- und Unterschenkel teilen.
2. Ingwer und Knoblauch schälen. Sehr fein hacken und mit den zerkrümelten Chilis, Zitronensaft, Sojasauce, Hühnerbrühe und Zucker verrühren.
3. Hähnchenteile und Marinade in einen passenden Gefrierbeutel füllen, ihn so verschließen, daß möglichst keine Luft mehr drinnen ist und die Hähnchenstücke vollkommen von Marinade umgeben sind. Mindestens zwei Stunden, besser bis zum nächsten Tag im Kühlschrank marinieren.
4. Über Holzkohlenglut grillen, bis die Stücke gar sind, dabei immer wieder mit Marinade einpinseln. Oder in einer Bratenform oder auf einem Backblech im 250 Grad heißen Ofen etwa 20 Minuten knusprig braten.

Fisch frisch aus dem Rauch

Die Engländer lieben Bückling, den keineswegs gebeugten Räucherhering, schon zum Frühstück. Sie lassen ihn, wie ihren Tee, kurz in heißem Wasser ziehen (welch kulinarische Kreation!), erhitzen ihn in der Pfanne oder legen ihn auf den Grill und essen ihn dann mit Brot, Butter und Zitronenachteln. Oder sie mischen ihn im letzten Moment, bevor es fest zu werden beginnt, unter ihr Rührei. Ob er das mag, muß jeder selbst entscheiden – andere Länder, andere Sitten. Aber gewiß kann man den Engländern geschmacklichen Mut nicht abstreiten, auch wenn wir Kontinentaleuropäer zum ersten Frühstück solcherlei Deftigkeiten wohl weniger schätzen. Zum zweiten aber, dem sogenannten Gabelfrühstück, ist uns ein Bückling zweifellos ebenso willkommen wie ein paar Kieler Sprotten, die kleineren Schwestern des Herings aus der Ostsee.

In Norddeutschland könnte es auch ein schöner fetter Räucheraal sein, zu dem man einen – oder mehrere! – Korn aus dem Zinnlöffel schlürft (Ostfriesland) oder Aquavit bzw. Köm (= Kümmel) kippt (Mecklenburg-Vorpommern). Mit dem vorletzten Glas säubert man sich nach alter Tradition die Hände, mit denen man das zarte und saftige Fleisch des noch nicht vollkommen erkalteten Fisches von der Haut befreit und von der Gräte gelöst hat. Prost.

In Bayern gehört zur weißbierigen Brotzeit eine frisch geräucherte Renke, möglichst noch warm, damit sich die

Haut leicht abheben läßt und das Fleisch sich mühelos von den Gräten löst. Im Schwarzwald trifft dasselbe auf die eher am späten Nachmittag mit einer Flasche Wein servierten Forelle zu – meistens sind die als »hausgeräuchert« angepriesenen Fische zwar sicherlich in einem Haus geräuchert worden, doch leider nicht dort, wo man sie verkauft. Und also längst nicht mehr frisch, warm und saftig ...

Damit sind wir beim entscheidenden Qualitätsmerkmal: Je frischer der geräucherte Fisch ist, desto besser schmeckt er, und dies, obwohl das Räuchern ursprünglich als Mittel der Haltbarmachung eingesetzt wurde! Der noch räucherwarme Fisch hat einfach mehr Aroma als ein kalter – deshalb, falls man den Räucherfisch im Kühlschrank aufbewahren mußte, ihn vor dem Essen wieder Zimmertemperatur annehmen lassen! Und: Natürlich muß ein Fisch, der bald nach dem Räuchern verzehrt wird, nicht so heiß geräuchert werden wie einer, der – vakuumverpackt – noch Wochen halten muß, weil er durch ganz Deutschland gekarrt und im Supermarkt angeboten werden soll. Je heißer aber der Fisch beim Räuchern wird, desto trockener gerät er auch.

Dezenter im Rauchgeschmack sind Lachs und Lachshering – weil diese im kalten oder nur lauwarmen Rauch geräuchert werden. Dafür müssen sie vorher eingesalzen werden oder in Salzlake durchziehen – zur Ausbildung des Aromas und zwecks besserer Haltbarkeit. Die von der Hauptgräte geschnittenen Seiten werden in den abgekühlten, nur 22 bis 26 Grad heißen Rauch aromatischer, harzfreier Hölzer gehängt (Buche, Birke, Esche). Das Räuchern dauert über 24 Stunden, danach müssen die Lachsseiten noch durchreifen, um ihren vollen Geschmack zu entwickeln.

Ganz anders das sogenannte Heißräuchern: Die je nach Größe und Art zerteilten oder ganzen Fische werden über einem Feuer hängend zugleich geräuchert und gegart – bei 60 bis 80, kurzfristig manchmal sogar über 100 Grad. Das dauert höchstens 2 Stunden, und die Fische sind sofort zu genießen. Warm, direkt aus dem Räucherofen auf den Tisch, schmeckt jeder heißgeräucherte Fisch am besten. Das mag dazu anregen, selbst zu räuchern. Aber: Nur Übung macht den Meister – gelegentliches Räuchern scheitert meist an der exakten Hitzeführung.

Selbstverständlich beherrscht man die Kunst des Räucherns dort perfekt, wo der Fisch gefangen wird. Meeresfisch also an der Küste, Süßwasserfisch an Seen und in Fischzuchtanstalten. Köstlichen heißgeräucherten Fisch findet man auf Rügen: neben Aal, Hering und Sprotte locker-flockige Flundern und zart schmelzenden, wunderbar fetten Heilbutt. Diesen gibt es, dann allerdings fester und trockener, in der ganzen Bundesrepublik, ebenso Goldbarsch, Seeaal und knackige Schillerlocken (Bauchseite des Seeaals), Rogen (Seelachs oder Kabeljau) und Makrelen. Deren intensiver Duft schwebt schließlich auch über so manchem Volksvergnügen, etwa dem Oktoberfest. Nicht allen Besuchern zur Freude.

An Süßwasserfischen werden vor allem Aale (kommen allerdings ursprünglich auch aus der Ostsee!), Renken (Felchen, Maränen) und Brachsen sowie Zuchtforellen geräuchert. Letztere übrigens um so fetter und feiner, je größer sie sind. Leider selten findet man den weißfleischigen, zarten und teuren Stör.

Alle Räucherfische schmecken pur beziehungsweise nur begleitet von Meerrettich oder einer Senf-Dill-Sauce vorzüglich – schnelle Küche par excellence, bestens auch zum kalten Abendbrot. Je nach Geschmack wählt man Weißbrot (Baguette, geröstetes Bauernbrot), Misch- oder Roggenbrot, Vollkornbrot oder Pumpernickel. Und als Getränk paßt immer ein Klarer (Korn, Aquavit, Wodka), Bier oder auch ein kräftiger trockener Weißwein (Weiß- oder Grauburgunder).

Mit Räucherfisch kann man jedoch auch in der Küche prächtig arbeiten. Hierzu ein paar Ideen:

Rillettes vom Räucherfisch

Eine würzige, streichfähige Creme, die man sich ent-
weder auf geröstete Graubrotscheiben streicht – zum
Beispiel als Häppchen zum Glas Wein – oder zu heißen
Pellkartoffeln genießt.

Für sechs bis acht Personen:
150 g Butter, 2 Knoblauchzehen, 1 Frühlingszwiebel,
300 g Räucherfischfilet (ohne Haut und ohne Gräten), Salz,
Pfeffer, Muskatblüte, Cayennepfeffer, 1 TL scharfer Senf

1. Die Butter mit einer Gabel schaumig rühren, dabei mit
   dem durchgepreßten Knoblauch und der in feine
   Ringe geschnittenen Frühlingszwiebel vermischen.
2. Den sehr sorgfältig entgräteten Fisch mit einer Gabel zerpflücken und innig mit der Buttercreme verrühren. Die Paste mit den Gewürzen sehr kräftig abschmecken.

Tip: So hält sich die Paste in einem Schmalztopf im
Kühlschrank eine Woche lang frisch: Die Oberfläche mit
geklärter Butter verschließen. Dafür die Butter zunächst
aufkochen und die sich an der Oberfläche absetzende
Molke abschöpfen. Das so geklärte Butterschmalz ein
wenig abkühlen lassen, über die Creme gießen und
damit versiegeln.

Mousse aus Räucherlachs

Eine gute Idee, die dünnen (billigeren) Stücke vom flach zulaufenden Räucherlachsfilet zu verarbeiten. So wird daraus eine elegante Vorspeise:

Für sechs bis acht Personen:
250 g Abschnitte vom Räucherlachs,
1/4 l stark eingekochter Fischfond (siehe Anmerkung),
Salz, Pfeffer, Cayennepfeffer, 1 EL trockener Wermut,
Worcestershire-Sauce, 1/4 l süße Sahne

1. Die Lachsstücke sollten gut gekühlt, eventuell sogar angefroren sein, damit sie sich beim Mixen nicht zu sehr erwärmen, das würde die Mousse grießig machen. Die Stücke im Mixer pürieren, dabei nach und nach den kalten Fischfond zufügen.
2. Die Masse mit Salz, Pfeffer, Wermut und Worcestershire-Sauce kräftig würzen, durch ein feines Sieb streichen und in den Kühlschrank stellen.
3. Die Sahne steif schlagen und erst dann unter die Lachsmasse heben, wenn sie bereits fest zu werden beginnt, also beim Rütteln an der Schüssel glibbrig wirkt.
4. Die Mousse im Kühlschrank endgültig fest werden lassen. Zum Servieren in Scheiben schneiden oder mit einem Eßlöffel Nocken abstechen (vorher in heißes Wasser tauchen!) und auf Tellern anrichten. Dazu einen dekorativen Salat, zum Beispiel aus Radicchio und Feldsalatrosetten, servieren.

Anmerkung: Der Fischfond ist die alleinige Stütze in dieser Terrine; man kann nur auf Gelatine verzichten, wie dieses Rezept empfiehlt, wenn er wirklich ausreichend eingekocht wurde. Den fertig käuflichen Fond muß man unbedingt noch um die Hälfte reduzieren! Sie können die Probe machen: Der abgekühlte Fond muß schnittfest sein, dann ist er richtig.

Supersandwich mit Bückling

Für zwei Personen:

2 Scheiben Vollkornbrot, Butter, 1 Bückling, 2 Eigelb, Salz, Pfeffer, Zitronensaft, Schnittlauch

1. Die Brotscheiben sorgfältig buttern, dicht mit entgrätetem Bückling belegen, dabei jeweils ein Nest in der Mitte formen.
2. Dorthinein ein Eigelb gleiten lassen, mit Salz (sparsam), Pfeffer (großzügig) und mit einigen Tropfen Zitronensaft würzen sowie mit Schnittlauchröllchen bestreuen.

Tip: Beim Essen bricht man das Eigelb auf, das sich sofort mit den Bücklingsstücken mischt, und genießt Bissen für Bissen, den man immer auch mit einigen Schnittlauchröllchen würzt.

Räucherfisch-Tarte

Für eine Springform von 24 cm Durchmesser:

Teig:
140 g Mehl, 1 Eigelb, Salz, 70 g Butter, ein paar Tropfen
Wasser

Belag:
300 g entgräteter, gehäuteter Räucherfisch,
2 große Tomaten, 3 Stengel glattblättrige Petersilie,
2 – 3 Knoblauchzehen, 2 Eier, Salz, Pfeffer, Cayennepfeffer,
3 EL süße Sahne

1. Aus den Zutaten mit den Händen rasch einen Teig kneten, in Folie gepackt eine halbe Stunde kalt stellen und ruhen lassen.
2. Inzwischen die Tomaten häuten, entkernen und in feine Würfel schneiden. In einem Sieb abtropfen lassen. Die Petersilie nicht zu fein hacken.
3. Eine Springform mit dem Teig auslegen. Den zerpflückten Räucherfisch darauf verteilen, dazwischen Tomatenwürfel und gehackte Petersilie sowie durch die Presse gedrückten Knoblauch verteilen.
4. Die Eier mit den Gewürzen und der Sahne verquirlen und über den Fisch gießen. Im 220 Grad heißen Backofen (wenn Ihr Backofen dafür eingerichtet ist, stellen Sie auf Unterhitze!) etwa 30 Minuten backen.

TIP : Dazu unbedingt eine Schüssel mit Salat servieren,
der mit seiner Säure der Räucherfisch-Tarte Frische und
Leichtigkeit gibt. Und einen trockenen Silvaner oder
Weißburgunder.

Kartoffelsuppe mit Schillerlocken

Für vier bis sechs Personen:

*1 Zwiebel, 1 Knoblauchzehe, 2 EL Butter, 300 g Kartoffeln,
3/4 l kräftige Hühnerbrühe, 1/4 l Sahne, Salz, Pfeffer,
Muskat, Cayennepfeffer, Worcestershire-Sauce,
200 g Schillerlocken (ersatzweise ein anderer Räucherfisch
nach Geschmack), Kerbel oder Petersilie*

1. Zwiebel, Knoblauch und Kartoffeln schälen, würfeln
   und in der heißen Butter andünsten, ohne zu bräunen.
2. Hühnerbrühe und Sahne angießen. Salzen, pfeffern
   und zugedeckt 20 Minuten kochen, bis die Kartoffeln
   gar sind.
3. Mit dem Mixstab pürieren. Die Suppe schließlich mit
   Muskat, Cayennepfeffer und Worcestershire-Sauce
   abschmecken.
4. Erst unmittelbar vor dem Servieren den zerpflückten
   Räucherfisch zufügen. Mit Kerbel- oder Petersilienblättchen schmücken.

Räucheraalterrine mit Kartoffeln

Eine etwas aufwendige Vorspeise, die sich jedoch wunderbar vorbereiten läßt und mit der man enormen Eindruck machen kann:

Für eine Kastenform von 1 Liter Inhalt:

500 g Kartoffeln, 1/4 l Weißwein, 2 Gläser Fischfond, Salz, Pfeffer, 2 Lauchstangen, 1 großer Räucheraal (ca. 1 kg)

1. Die Kartoffeln in der Schale gar kochen und auskühlen lassen. Erst dann pellen und in Scheiben schneiden.
2. Wein und Fischfond um zwei Drittel einkochen. Diesen Sud abschmecken und abkühlen lassen.
3. Die Lauchstangen putzen, längs aufschlitzen und die äußeren Blätter vorsichtig ablösen. Diese in Salzwasser drei bis vier Minuten blanchieren, mit dem Schaumlöffel herausheben und eiskalt abschrecken, damit sie schön grün bleiben. Den restlichen Lauch in feine Ringe schneiden, kurz blanchieren, abschrecken und gründlich abtropfen.
4. Die Kastenform zuerst mit Klarsichtfolie auslegen, dann mit Lauchstreifen auskleiden. Streifen für Streifen, jeweils ein wenig übereinandergreifend, so daß die Enden zum Schluß über dem Terrineninhalt zusammengefaltet werden können.
5. Als erste Schicht Kartoffelscheiben darauf verteilen, mit Lauchringen bestreuen und mit Salz und Pfeffer würzen. Mit etwas flüssigem Fischgelee benetzen.
6. Den entgräteten, gehäuteten Aal in kleinere Stücke

schneiden und möglichst akkurat auf dem Kartoffel-Lauch-Bett anordnen. Nach diesem Muster fortfahren, bis alle Zutaten verbraucht sind – oberste Schicht Kartoffeln und Lauchringe.

7. Zum Schluß das restliche Fischgelee in die Form gießen, dabei rütteln und drehen, damit es wirklich überall hingelangt. Denn dadurch wird die Terrine zusammengehalten. Die überstehenden Lauchstreifen darüber zusammenschlagen.

8. Über Nacht im Kühlschrank fest werden lassen.

9. Zum Servieren aus der Form stürzen, in Scheiben schneiden (am besten mit einem elektrischen Messer!) und mit einer Joghurt-Schnittlauch-Sauce anrichten.

Bohnensalat mit Räucherforelle

Eine hübsche Vorspeise oder, zusammen mit knusprigen Bratkartoffeln, ein ganzes herzhaftes Abendessen. Man kann, wenn es mal schnell gehen soll, statt der frisch gekochten Bohnenkerne auch Dosenbohnen nehmen.

Für vier Personen:
250 g kleine Lima- oder Augenbohnen, Salz, je 1 kleine Möhre, Lauch- und Bleichselleriestange mit Grün, 3 – 4 Stengel glattblättrige Petersilie, 1 kleine Zwiebel

Marinade:
2 EL Rotweinessig, 1 EL Aceto balsamico, Salz, Pfeffer, 1 große Knoblauchzehe, 4 EL Olivenöl

Außerdem:
2 geräucherte Portionsforellen, Salatblätter zum Anrichten

1. Die Bohnen in leicht gesalzenem Wasser weich kochen
   – das dauert zwischen einer halben und zwei Stunden,
   je nachdem, ob Sie die Hülsenfrüchte über Nacht ein-
   geweicht haben oder nicht und wie groß und vor allem
   wie alt die Bohnen sind.
2. Möhren, Lauch und Sellerie in winzige Würfel schneiden – sie sollten kleiner sein als die Bohnen. In einem
   Sieb für eine bis zwei Minuten zu den Bohnen in den
   Topf hängen, bis sie bißfest gar sind. In kaltem Wasser
   abkühlen, damit sie ihre Farbe behalten.
3. Mit der feingewürfelten Zwiebel, den zerzupften
   Petersilienblättchen und den abgetropften Bohnen
   mischen.
4. Für die Marinade die Zutaten im Mixer aufschlagen,
   dabei wird der Knoblauch püriert und macht die
   Sauce cremig. Über die Bohnen gießen – jedoch ca.
   4 TL davon zurückbehalten –, gründlich mischen und
   eine Viertelstunde ziehen lassen.
5. Den Bohnensalat auf Tellern verteilen, die mit Salatblättern ausgelegt sind, dabei die Marinade ein wenig
   abtropfen lassen und auffangen.
6. Die sorgfältig entgräteten und gehäuteten Forellen-
   stücke hübsch auf dem Bohnensalat verteilen und mit
   der restlichen Marinade beträufeln.

Waldpilze

Ein heißer, wunderbarer Sommer und Frühherbst, in dem es aber auch immer wieder gewittrig regnet, beschert uns eine üppige Pilzsaison: Man merkt es am Angebot in den Gemüseläden, wo dann – man traut seinen Augen kaum – Pfifferlinge, sogar Steinpilze zu erschwinglichen Preisen angeboten werden, von der reichen Auswahl auf den Bauernmärkten ganz zu schweigen. Das sind die typischen Erinnerungen unserer Kindheit, nicht wahr? Heute ist auf den Sommer leider nicht mehr immer Verlaß, aber manchmal eben doch …

Pilzsammler haben eine schlechte Presse. Vor allem die Anrainer der Alpen bezichtigen sich wechselseitig: Mal behaupten die Österreicher, ihre reichen Pilzbestände würden von den Deutschen geplündert, dann sichten die Allgäuer ihre südlichen Nachbarn, wie sie körbeweise Pilze nach Hause schleppen. Und die Förster sind, verständlicherweise, wenig glücklich über den um diese Jahreszeit vermehrten Ansturm in ihrem ohnehin schutzbedürftigen Wald; sie fürchten um die Ruhe der Rauhfuß- und Haselhühner und ärgern sich über uneinsichtige Pilzfreunde, die, offenbar aus Frust, mehr ungenießbare oder giftige als Speisepilze vorzufinden, diese mutwillig zerstören. Dabei sollte sich bei Pilzfreunden doch längst herumgesprochen haben, daß man alle Pilze lieber stehen läßt, als sie unnötig abzuschneiden, um das empfindliche Myzel, ihre sozusagen weitverzweigten Wurzeln unter der Erde, nicht zu stören. Auch sollten sie wissen, daß man Pilze nicht einfach herausrupft, sondern vorsichtig abdreht oder dicht unter dem Waldboden behutsam abschneidet, und daß man sie – sollten sie sich als wurmig erweisen – nicht im Wald herumkickt, sondern, Hut nach oben wieder an ihren Platz stellt, damit sie ihre Sporen verbreiten und sich Schnecken, Mäuse oder anderes Waldgetier daran gütlich tun können.

Der Pilzfreund geht schonend mit dem Ökosystem Wald um und nimmt sich nicht mehr als seinen privaten Bedarf. Er ist natürlich mit einem Korb unterwegs und stopft seinen Fund nicht etwa in Plastiktüten. Darin werden die Pilze nicht nur zerdrückt, in Plastik schwitzen sie und zersetzen sich schnell. Pilze sind empfindlich!

Erde und faule Stellen werden sofort abgeschnitten, gegebenenfalls sehr schwammige Röhren von älteren Pilzen entfernt.

Zu Hause werden sie am besten sofort geputzt: Praktischerweise über einer ausgebreiteten Zeitung, in die gehüllt man die Abfälle sogleich auf dem Kompost entsorgen kann. Im Mülleimer verbreiten sie im Nu einen abscheulichen Fäulnisgeruch. Alle wurmigen und angefressenen Stellen, auch dicke Schwämme, werden entfernt, dann schneidet man die Pilze klein, in dünne Scheiben oder Würfel. Die geputzten Pilze werden unverzüglich gedünstet – so kann man sie übrigens wunderbar einfrieren, und sie lassen sich später in der Küche vielseitiger verarbeiten als etwa getrocknete Pilze. Das Trocknen ist überdies eine sehr arbeitsreiche und langwierige Methode.

Gedünstete Pilze, auch ein fertiges Pilzgericht, darf man problemlos bis zum nächsten oder übernächsten Tag aufbewahren. Natürlich gut zugedeckt und im Kühlschrank, in den es gleich nach dem Abkühlen gestellt werden sollte. Die strenge Warnung, Pilze nicht aufzuwärmen, stammt aus Zeiten vor der segensreichen Erfindung des Herrn Linde.

Die Strahlenbelastung nach der Katastrophe von Tschernobyl ist inzwischen weitgehend abgeklungen. Aber dennoch empfehlen die Fachleute, nicht mehr als zwei Mal pro Woche während der Saison Waldpilze zu essen – sie seien generell mit Schwermetallen belastet. Andererseits stecken jedoch auch jede Menge gesunder Mineralien in ihnen sowie wertvolles Eiweiß, mehr als in allen anderen Gemüsen, und außerdem schmecken sie einfach himmlisch!

Welche Pilze wofür?

Steinpilze: Die kleinsten, festen Exemplare ißt man roh oder einfach in Butter oder Olivenöl gebraten. Größere Pilze ohne Röhren (Schwamm) mit Zwiebeln dünsten, mit Sahne einköcheln. Besonders schöne, feste Exemplare mit Knoblauch und Olivenöl in Eßkastanienblätter oder Alufolie hüllen und in einem geschlossenen Topf im Ofen backen.

Maronen, Birkenpilze, Schusterpilze, Rotkappen, Ziegenlippen, Butterpilze: Braten oder dünsten, dickere Schwämme entfernen (geben Schleim).

Parasol (Schirmpilz): – heißt auch Kalbfleischpilz. In Mehl wenden und in viel Butter braten.

Reizker: Trocken in der Pfanne braten, bis sie alle Flüssigkeit abgegeben haben, erst dann Olivenöl angießen und mit frischem Knoblauch und Petersilie würzen.

Pfifferlinge, Semmel- oder Stoppelpilze: Langsam bei milder Hitze bräteln oder dünsten.

Champignons, Perlpilze, Täublinge: Nur von Kennern zu sammeln (Verwechslungsgefahr groß!), am besten in

Butter oder gutem Olivenöl gedünstet. Ebenso junge Schopftintlinge
zubereiten.

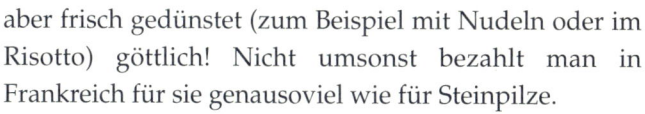

Krause Glucke: Selten, aber köstlich, gibt beim Dünsten viel Saft –
unübertrefflich als Suppe.

Herbsttrompeten: Die auch
Totentrompeten genannten Pilze eignen sich ausgesprochen
gut zum Trocknen – als Würze
an Fleischsaucen, schmecken
aber frisch gedünstet (zum Beispiel mit Nudeln oder im
Risotto) göttlich! Nicht umsonst bezahlt man in
Frankreich für sie genausoviel wie für Steinpilze.

Hallimasch: Ganz junge Exemplare mit noch geschlosse-
nem Hut gehören zu den besten Einlegepilzen – einfach
in einem mit Salz, Lorbeerblatt, Knoblauch, Chilischoten,
Pfefferkörnern und eventuell Kräutern (Rosmarin,
Salbei, Thymian, Dill, Petersilie) gewürzten Sud aus halb
Weinessig, halb Wasser kurz aufkochen. Den dabei ent-
stehenden Schaum abschöpfen. Wenn er sich gelegt hat,
die Pilze samt Sud in Einmachgläser füllen, diese gut
verschließen und im Wasserbad sterilisieren.

Pilzquiche

Mürbteig:
200 g Mehl, Salz, 1 Eiweiß, 100 g Butter, 2 – 3 EL Wasser

Füllung:
800 – 1000 g Pilze, 1 Zwiebel, 2 Knoblauchzehen,
2 EL Butter, 1 Bund Petersilie, Salz, Pfeffer, 1 Ei, 1 Eigelb
(übrig vom Teig), 1/8 l Sahne, Cayennepfeffer, Muskatblüte

1. Die Zutaten für den Teig rasch zusammenkneten und in Folie gepackt eine halbe Stunde ruhen lassen.
2. Die Pilze putzen, in Scheibchen schneiden. Zwiebel und Knoblauch fein hacken.
3. In einer großen Pfanne die Butter erhitzen, Zwiebel und Knoblauch darin andünsten. Pilze zufügen und so lange dünsten, bis sie fast trocken wirken. Die gehackte Petersilie unterrühren, alles salzen und pfeffern. Etwas abkühlen, dann mit Ei, Eigelb und Sahne verquirlen, mit Salz, Pfeffer, Cayennepfeffer und Muskatblüte würzen.
4. Den Teig messerrückendünn ausrollen, eine mit Butter ausgefettete Form damit auskleiden. Den Rand schön hochziehen.
5. Die Pilzmischung auf diesem Teigboden verteilen.
6. Den Kuchen im 220 Grad heißen Ofen bei viel Unterhitze etwa 35 bis 40 Minuten backen.

Die Quiche läßt sich wunderbar einfrieren und bei Bedarf in der Mikrowelle oder im Backofen auftauen und erhitzen. Dazu schmeckt in jedem Fall ein Salat.

Steinpilzsalat

Die kleinsten Steinpilze, wenn sie absolut makellos sind, ihre Schwämme kaum sichtbar und die Stiele blüten- weiß, genießt man am besten roh. Das nussige Steinpilz- aroma wird dann durch nichts verdeckt.

Für zwei Personen:

2 – 4 kleine, feste Steinpilze, 2 EL allerbestes Olivenöl, Salz, Pfeffer, 1 – 2 EL Zitronensaft, gehackte Petersilie

1. Die Steinpilze auf einem feinen Hobel – am besten dem Trüffelhobel – in hauchdünne Blättchen schnei- den. Dekorativ auf zwei Vorspeisentellern verteilen.
2. Mit Öl beträufeln, salzen, pfeffern und mit Zitronen- saft besprenkeln. Zum Schluß feinstgehackte Petersilie darüberstreuen.
3. Fünf Minuten marinieren lassen, dann mit Andacht, knusprigem Weißbrot und einem großen Weißwein (Burgunder) genießen.

Steinpilzpaste

Dafür nimmt man ältere oder durch Regen schwammige, ruhig auch nicht ganz madenfreie Steinpilze, die kein schönes Ragout mehr ergeben, aber dafür besonders geschmackvoll sind. Die Paste wird nach Art der toskanischen Crostini auf geröstete Brotscheiben gestrichen, als Häppchen zum Aperitif. Sie ist, vermischt mit heißen Spaghetti, eine herrlich pilzduftende Sauce oder würzt löffelweise Suppen und Saucen.

Für ein bis zwei Vorratsgläser:
300 – 400 g Steinpilze, 1 große Zwiebel,
3 – 4 Knoblauchzehen, 2 EL Butter oder Olivenöl,
1 – 2 Tomaten, einige Petersilien-, Salbei- und/oder
Thymianzweige, Salz, Pfeffer, 4 – 5 EL Olivenöl

1. Die Pilze putzen und kleinschneiden. Zwiebel und Knoblauch hacken. Im heißen Fett andünsten. Geschälte und zerdrückte Tomaten zufügen, ebenso die Kräuterzweige. Sparsam salzen und pfeffern. Zugedeckt eine gut Stunde leise köcheln.
2. Den Sud abgießen und als Pilzfond für eine Sauce verwenden. Die Kräuterstiele entfernen. Die restlichen festen Bestandteile im Mixer zu einer feinen Paste mixen, dabei das Öl hinzufließen lassen.
3. Es entsteht eine cremige Paste. Mit Salz und Pfeffer abschmecken. In Schraubgläser füllen.

Darin kann man die Paste jedoch nur wenige Tage aufbewahren. Zwei, drei Wochen hält sie sich, wenn man die Paste mit Olivenöl bedeckt und so den Luftkontakt stoppt. Monatelang, wenn man sie im Schnellkochtopf sterilisiert, oder im Tiefkühlschrank.

Mischpilzragout mit Semmelknödel

Hierin findet alles Verwendung, was die Pilzsuche erbracht hat. Die Semmelknödel kann man übrigens auch auf Vorrat zubereiten – im Tiefkühler liegen sie dann jeweils parat.

Für vier bis sechs Personen:

Pilzragout:
ca. 1 kg Pilze, 1 – 2 Zwiebeln (nach Größe),
2 – 3 Knoblauchzehen (nach Geschmack),
2 EL Butter, Salz, Pfeffer,
200 g süße Sahne, 1 Bund Petersilie,
Zitronensaft

Semmelknödel:
4 – 6 (250 g) altbackene Semmeln (vom Vortag),
1/10 – 1/8 l Milch, 75 g Butter, 3 Eier, 1 Bund Petersilie,
Salz, Pfeffer, Muskat

1. Die Pilze putzen und kleinschneiden. Zwiebeln und Knoblauch fein würfeln.
2. Butter in einer großen Pfanne erhitzen. Zuerst die Zwiebel und Knoblauch darin andünsten, dann die Pilze zufügen und so lange dünsten, bis etwa die Hälfte der ausgetretenen Flüssigkeit verkocht ist.
3. Salzen und pfeffern. Die Sahne angießen und schließlich die feingehackte Petersilie unterrühren. Mit einem Spritzer Zitronensaft abschmecken.
4. Für die Knödel die Semmeln in gleichmäßige kleine Würfel schneiden. Ein Drittel davon in einer Schüssel mit der warmen Milch beträufeln und einweichen. Den Rest in der heißen Butter langsam golden rösten.
5. Eingeweichtes Brot, geröstete Würfel und Eier miteinander mischen, gehackte Petersilie zufügen, die Masse mit Salz, Pfeffer und Muskat würzen.
6. Mit angefeuchteten Händen tennisballgroße Knödel daraus formen. In leise siedendem Salzwasser etwa 20 bis 25 Minuten sanft gar ziehen lassen. Garprobe: Ein Holzstäbchen, das Sie hineinstechen, sollte sich überall gleichmäßig warm anfühlen.
7. Das Pilzragout in tiefen Tellern anrichten, jeweils einen Knödel in die Mitte setzen.

Pfifferlingrisotto

Für vier Personen:

300 – 500 g Pfifferlinge,
1 Zwiebel, 75 g Butter,
200 g Risottoreis (siehe Seite 50),
Salz, Pfeffer, 3 frische Salbeiblätter,
1 Glas Weißwein, ca. 3/4 – 1 l Fleischbrühe, Petersilie, 50 g
frisch geriebener Parmesan

1. Die Pfifferlinge putzen und kleinschneiden. Die Zwiebel fein würfeln und in einem Eßlöffel Butter andünsten. Die Pilze zufügen. Nach zwei Minuten auch den Reis.

2. Salzen, pfeffern, die in Streifen geschnittenen Salbeiblätter unterrühren. Schließlich den Wein angießen. Sobald er verkocht ist, nach und nach schöpfkellenweise die heiße (!) Brühe angießen. Immer erst dann einen weiteren Guß Brühe zufügen, wenn der vorherige vom Reis absorbiert ist.

3. Zum Schluß sollen die Reiskörner weich sein, aber noch einen kleinen, festen Kern in der Mitte haben. Der Risotto darf auf keinen Fall trocken, sondern eher wie eine dicke Suppe sein.

4. Die gehackte Petersilie, restliche Butter und den Käse unterrühren und falls nötig noch einen Schuß Brühe angießen. Den Risotto sofort servieren, weil er sonst aufquillt und wieder trocken wird.

Kartoffelauflauf mit Pilzen

Für vier Personen:

*500 – 800 g Mischpilze, 2 EL Butter, Salz, Pfeffer, Petersilie,
1 kg Kartoffeln, 500 g Zwiebeln, Butter zum Einfetten der
Form, 200 g Crème fraîche, 200 g Sahne*

1. Die Pilze putzen, in Scheibchen schneiden und in der heißen Butter andünsten, dabei salzen und pfeffern. Sobald nur noch wenig Flüssigkeit in der Pfanne ist, die gehackte Petersilie unterrühren und beiseite stellen.
2. Kartoffeln und Zwiebeln schälen, in Scheiben beziehungsweise Ringe hobeln.
3. Eine Auflaufform mit Butter ausstreichen. Mit einer Schicht Kartoffeln auslegen, darauf Zwiebeln breiten – beides salzen und mutig pfeffern, schließlich die Pilze darüber verteilen, wieder Kartoffeln, Zwiebeln und so weiter, bis alles aufgebraucht ist.
4. Crème fraîche und Sahne verquirlen, über den Auflauf gießen, dabei an der Form rütteln, damit sich alles gut verteilt. Mit Alufolie zugedeckt im 170 Grad heißen Ofen etwa zwei Stunden backen, bis die Kartoffeln weich sind.

Tip: Dazu paßt ein Tomatensalat mit vielen Kräutern. Und ein guter Wein – weiß (ein alter Grüner Veltliner aus einer großen Wachauer Lage!) oder rot (ein reifer Barbaresco oder Barolo!), ganz nach Geschmack.

Pilzravioli

Für vier bis sechs Personen:
ca. 24 fertige Wan-Tan-Hüllen (aus dem Asien-Shop)
oder Nudelteig aus: 300 g Mehl, 2 Eier, Salz

Füllung:
1 Zwiebel, 1 Knoblauchzehe, 2 EL Butter, 300 – 400 g Pilze,
Petersilie, einige frische Majoranblättchen, Salz, Pfeffer,
1 Ei

1. Die Wan-Tan-Hüllen machen glücklicherweise gar keine Arbeit. Aber auch der Nudelteig ist rasch hergestellt: Das Mehl auf die Arbeitsfläche häufen, in eine Vertiefung in der Mitte die Eier und das Salz geben.
2. Zuerst mit einer Gabel, dann besser mit den Händen vermischen und schließlich einen geschmeidigen Nudelteig daraus kneten. Den Teig eine halbe Stunde ruhen lassen, dann mit dem Wellholz oder mit der Nudelmaschine hauchdünn ausrollen und in Quadrate von ca. 8 bis 10 cm Kantenlänge schneiden.
3. Für die Füllung Zwiebel und Knoblauch fein würfeln. In der Butter andünsten. Die feingehackten Pilze zufügen und dünsten, bis keine Flüssigkeit mehr in der Pfanne ist.
4. Gehackte Petersilie und Majoran unterrühren. Schließlich mit Salz und Pfeffer würzen.
5. Etwas abkühlen lassen, dann das Ei untermengen. Diese Füllung jeweils auf eine Hälfte der Wan-Tan-Rechtecke oder der Nudelteigflecken setzen. Die freie

Fläche mit Eiweiß einpinseln, zusammenklappen, so daß Dreiecke entstehen.

6. Diese Ravioli in siedendem Salzwasser etwa fünf bis acht Minuten sanft gar ziehen lassen.

TIP: Man ißt die Pilzravioli entweder in heißer Brühe oder man serviert sie als Zwischengericht mit Salbeibutter oder mit einer Sauce aus rohen, gehackten Tomaten, gewürzt mit Basilikum, einigen Tropfen Balsamessig und Olivenöl.

Kuchen zum Wein

Aus gutem Grund gehören Essen und Trinken zusammen. Wer das eine tut und das andere läßt, mindert das Vergnügen und läuft Gefahr, sich vorzeitig außer Gefecht zu setzen; denn ohne solide Unterlage steigt der Alkohol allzu rasch, weil ungebremst zu Kopf. Kluge Gastgeber servieren daher bereits den Begrüßungsschluck niemals ohne einen begleitenden Happen. Da empfiehlt sich zum Beispiel ein Stück Zwiebelkuchen oder eine Gemüse-Tarte. Solche herzhaften Bäckereien sind jedoch nicht nur als Vorspeise gastgeberfreundlich, sondern auch als ganzes Essen beliebt. Sie sind die ideale Begleitung zum jungen Wein, vor allem, wenn er genau den süffigsten Zustand, nämlich zwischen dem stürmisch prickelnden, fruchtig-

süßen »Suser« und dem herben, hefefrischen Feder-
weißen erreicht hat.

Im Elsaß liebt man es, in darauf spezialisierten Wein-
stuben den ganzen Abend lang immer wieder einen frischen Flammenkuchen zu bestellen, der dann, brodelnd
heiß und duftend, hauchdünn und wunderbar knusprig,
direkt aus dem holzbefeuerten Steinbackofen kommt. Er
wird auf einem Holzbrett serviert, auf einem Porzellan-
teller würde der knusprige Boden schnell ins Schwitzen
geraten und aufweichen. In nur zwei Minuten ist in
einem Steinofen der hauchdünne Brotteigfladen gar – ein
Vergnügen, dem Backprozeß im von der Glut erleuchte-
ten Ofenraum zuzuschauen! Im Haushaltsbackofen, der
im allgemeinen nur 250, höchstens 300 Grad heiß wird,
geht alles nicht nur weniger spektakulär, sondern auch
langsamer vor sich. Es sei denn, man verfügt über einen
Backofen mit sogenanntem Pizzastein. Das ist eine
Schamotteplatte, die, erhitzt durch einen Heizstab, so
viel Feuer speichern kann, daß fast derselbe Effekt erzielt
werden kann. Man kann sich mit einem passend zuge-
schnittenen Schamottestein ohne spezielle Heizung, ein-
gepaßt von einem Ofensetzer oder Kaminbauer, einigermaßen behelfen: einfach auf den Ofenboden legen und
eine Stunde lang aufheizen.

Der Klassiker unter den salzigen Kuchen ist natürlich die
überall in der Welt heißgeliebte Pizza. In der Toskana
und in Ligurien schätzt man eine Variante ohne oder mit
ganz wenig Belag: die Focaccia. Der Teig ist doppelt so
dick, und man ißt sie statt Brot zum Essen – besonders zu
Vorspeisen – oder genießt sie als Imbiß aus der Hand. In
letzterem Fall wird die Focaccia gern zur Abwechslung

vor dem Backen mit gehackten Oliven, Kapern oder Sardellen bestreut, mit Zwiebelringen oder Kräutern belegt. Übrigens kann man Brot- wie Pizzateig wunderbar einfrieren; vor Gebrauch muß man ihn nur rechtzeitig bei Zimmertemperatur auftauen und noch einmal gehen lassen. Es lohnt sich also, gleich mehr zuzubereiten, als man gerade braucht.

Der eleganteste unter den salzigen Kuchen ist die Quiche. Auf einem fludrig-mürben Butterteigboden ruht Gemüse, eingebettet in eine cremig-sanfte Sahneschicht. Das sieht edel aus und schmeckt wunderbar. Frisch gebackene Quiches sind übrigens ebenfalls fabelhaft gefriergeeignet. Beim spontanen Wunsch nach einer feinen Vorspeise werden sie nur noch aufgetaut (Mikrowelle) oder kurz aufgebacken.

Elsässer Flammekueche

Für vier bis sechs Personen:

Brotteig:
1 kg Mehl (Type 550), 1 Würfel Hefe, 1 TL Salz,
ca. 1/2 l lauwarmes Wasser

Belag:
200 g Crème fraîche, 250 g Zwiebeln, 100 g durchwachsener
Speck in dünnen Scheiben, grob gemahlener Pfeffer

1. Das Mehl in die Rührschüssel der Küchenmaschine füllen. Die Hefe zerbröckeln, in einer Tasse Wasser auflösen. Zum Mehl gießen und mit etwas Mehl vermischen. Zudecken und etwa eine halbe Stunde gehen lassen.
2. Das Salz zufügen, die Maschine einschalten und bei laufendem Knetarm langsam, in stetem, aber dünnem Strahl das Wasser angießen. Nicht alles auf einmal, denn wieviel genau nötig ist, hängt von den unterschiedlichsten Dingen ab: von der Mehlbeschaffenheit, vom Klima, von der Luftfeuchtigkeit.
3. Der Teig ist fertig, wenn er sich glatt vom Schüsselrand löst und weich, nicht mehr klebrig wirkt. Mit Mehl bestäubt und zugedeckt eine Stunde gehen lassen. Den Teig dann von Hand auf der bemehlten Arbeitsfläche noch einmal durchwalken.
4. Sehr dünn ausrollen, entweder mit Backpapier bedeckte Bleche damit auslegen oder Portionsfladen formen.

5. Die Teigfläche dick mit Crème fraîche bestreichen, die in dünne Ringe gehobelten Zwiebeln darauf verteilen, den in schmale Streifen geschnittenen Speck dazwischenstreuen. Mutig aus der Mühle pfeffern.
6. Im möglichst heißen Ofen zwei bis zehn Minuten (je nach Hitze) backen, bis der Boden richtig knusprig geworden ist.

Tip: Das sehr dünne Ausrollen des Hefeteigs ist nicht ganz leicht – deswegen zunächst den Teig etwas durchkneten, damit er seine Spannung verliert

Lothringer Lauchquiche

Für eine Springform von 26 cm Durchmesser:

Mürbteig:
250 g Mehl, 100 g Butter, 1 Eigelb, Salz,
ca. 2 – 3 EL Wasser

Belag:
500 g Lauch, Salz, 0,2 l Sahne, 2 Eier, 1 Eiweiß, Salz,
Pfeffer, Muskat, Worcestershire-Sauce

1. Mehl, Butter, Eigelb, Salz rasch miteinander verkneten, dabei soviel Wasser zufügen, wie nötig ist, um einen gut formbaren Teig zu erzielen. In Folie gehüllt eine halbe Stunde kalt stellen und ruhen lassen.
2. Den Lauch putzen, längs aufschlitzen und sorgfältig

waschen. Quer in feine Ringe schneiden und in Salzwasser eine Minute blanchieren. Eiskalt abschrecken
und vollkommen abtropfen lassen.

3. Den Teig dünn ausrollen und eine gefettete Springform damit ausschlagen. Den Lauch darauf verteilen.

4. Eigelb, Eiweiß und Sahne verquirlen, mit Salz, Pfeffer,
Muskat und Worcestershire-Sauce kräftig würzen.
Über den Lauch gießen.

5. Den Lauchkuchen im 200 Grad heißen Backofen 40
Minuten backen, bis der Boden gebräunt und der
Belag sanft gestockt ist.

Tipp: Nach diesem Grundrezept lassen sich die unterschiedlichsten Gemüsetorten backen: mit Möhren,
Sellerie, rote Bete; mit Blumenkohl, Broccoli, Zucchini,
Champignons; oder mit Bohnen, Erbsen, sogar Hülsen-
früchten. Stets natürlich vorgekocht und nach Gusto mit
frischen Kräutern abwechslungsreich gewürzt.

Tarte Saviésanne –
Käsetorte mit Kartoffeln

Außen Blätterteig, innen Kartoffeln, Lauch und Käse,
gewürzt mit etwas Speck. Eine Spezialität aus Savièse,
einem Tal oberhalb von Sion im Schweizer Wallis. Der
goldbraune Kuchen sieht bildschön aus und schmeckt
umwerfend gut.

Für eine flache Kuchen- oder Pieform
von 24 cm Durchmesser:

250 g Blätterteig (tiefgekühlt), Mehl zum Ausrollen,
200 g Kartoffeln, 150 g Lauch, 30 g durchwachsener Speck,
150 g Schnittkäse in Scheiben, Muskat, Salz,
ein mit etwas Sahne verquirltes Eigelb

1. Die Teigplatten auftauen, aufeinandergestapelt auf bemehlter Arbeitsfläche dünn ausrollen. Zwei Kreise ausschneiden: einen vom Durchmesser der Kuchenform, den anderen zehn Zentimeter größer. Mit dem größeren Kreis die Form ausschlagen, den Rand dabei überstehen lassen.

2. Die rohen Kartoffeln schälen, in dünne Scheiben hobeln und kreisförmig auf dem Teigboden anordnen. Darüber eine Mischung aus feinen Lauchstreifen und winzigen, sanft ausgebratenen Speckwürfelchen verteilen. Obendrauf die Käsescheiben legen.

3. Mit dem zweiten Teigkreis abdecken, rundum gut zusammenkniffen. Mit einem runden Ausstechförmchen ein Kaminloch hineinstechen, damit Dampf entweichen kann.

4. Die Teigoberfläche schließlich mit verquirltem Eigelb einpinseln. Die Tarte im 180 Grad heißen Ofen etwa 35 Minuten backen, bis sie goldbraun geworden ist.

Tip: Am besten schmeckt hierzu ein leichter Roter (etwa Pinot Noir – Dôle) oder ein kräftiger Weißer, Johannisberg oder Chardonnay.

Neapolitanische Pizza

Für sechs Personen:

Pizzateig:
1 kg Mehl (Type 405), 1 Würfel Hefe, ca. 1/2 l lauwarmes
Wasser, 1 TL Salz, 2 – 3 EL Olivenöl

Tomatensauce:
1 Zwiebel, 2 – 4 Knoblauchzehen, 3 EL Olivenöl,
1 kg Tomaten (oder 1 Dose geschälte Tomaten),
je 2 Thymian- und Rosmarinzweige, 1 – 2 Chilischoten,
2 Lorbeerblätter, Salz, Pfeffer aus der Mühle

Außerdem:
100 g gekochter Schinken, 150 g Mozzarella, Salz,
Pfeffer aus der Mühle, 2 EL getrockneter Origano,
4 – 5 EL Olivenöl

1. Den Teig genauso wie den Brotteig zubereiten, jedoch etwas weniger Wasser, aber dafür das Öl zufügen. Den Teig gehen lassen, erneut durchwalken und erst dann in Portionen teilen.
2. Halbzentimeterdünn ausrollen – entweder zu vier Portionspizze oder für zwei ganze Backbleche.
3. Für die Tomatensauce Zwiebel und Knoblauch würfeln, im heißen Öl andünsten; schließlich die Tomaten zerdrücken und zusammen mit den Kräutern und Gewürzen in den Topf geben. Ohne Deckel etwa eine Stunde leise köcheln.

4. Die Tomatensauce durch ein Sieb oder eine Gemüsemühle streichen. Sie sollte jetzt sehr dick sein und aromatisch duften. Eventuell in einem sehr feinmaschigen
Sieb oder einem Tuch noch etwas abtropfen lassen –
den Saft natürlich auffangen und an eine Brühe oder
Sauce geben.

5. Die Tomatensauce auf dem Teigboden gleichmäßig
verstreichen. Schinken und Mozzarella würfeln und
darauf verteilen. Alles salzen, pfeffern und mit zwischen den Händen zerriebenem Origano bestreuen.

6. Die Pizze mit Olivenöl beträufeln und im 250 bis 300
Grad heißen Ofen backen, bis der Boden knusprig ist
und der Belag brodelnd heiß. Das dauert im normalen
Ofen sicher zehn Minuten, auf einem Pizzastein jedoch
nur ein bis zwei Minuten!

Tip: Die Tomatensauce läßt sich wunderbar auf Vorrat
produzieren – zum Beispiel wenn Tomaten Saison haben,
also reichlich und billig auf dem Markt sind – und dann
portionsweise einfrieren: So hat man stets die nötige
Menge parat.

Pizzavariationen: Man kann nahezu alles auf die Teigböden packen, was gut schmeckt. Hier eine Auswahl an Vorschlägen: Roher Schinken oder Salami, Thunfisch (aus der Dose; unbedingt in Olivenöl eingelegt!), Tomatenscheiben und Salbei, Zucchinischeiben, Champignons, Oliven oder Olivenpaste, gedünstete Zwiebelringe, Artischockenböden (roh, in dünne Scheiben gehobelt), Sardellen und Kapern, Krabben und Muscheln (aus dem Glas), Lauch, gedünsteter Spinat, Ricotta oder Gorgonzola, gebratene Auberginenscheiben.

Ligurische Focaccia

Für sechs Personen:
1 Portion Pizzateig (siehe Seite 210)

Außerdem:
Olivenöl zum Einpinseln, grobes Salz,
nach Belieben Origano

1. Den Teig wie beschrieben zubereiten und gehen lassen. Schließlich knapp fingerdick ausrollen, entweder auf ein mit Backpapier ausgelegtes Blech breiten oder aber zu Portionsfladen formen.
2. In die Teigfläche mit den Fingerspitzen Dellen stupfen, großzügig mit Olivenöl beträufeln, mit grobem Salz, Pfeffer und eventuell mit zerrebeltem Origano bestreuen. In den Vertiefungen muß sich das Olivenöl sammeln.

3. Im 250 bis 300 Grad heißen Backofen etwa fünf bis zehn Minuten backen.

TIP: Um zu prüfen, ob die Focaccia wirklich gar ist, an der Unterseite mit einem Kochlöffel anheben – sie sollte auch dort schön gebräunt sein!

Badischer Zwiebelkuchen

Für sechs Personen:

1 Portion Brot- oder Pizzateig, 150 g durchwachsener Speck in dünnen Scheiben, 50 g Butter, 500 g Zwiebeln, Salz, Pfeffer, 200 g Crème fraîche, 3 Eier, Muskat, Kümmel

1. Den Teig wie beschrieben zubereiten und gehen lassen. Ausrollen und auf zwei mit Backpapier ausgelegte Backbleche breiten.
2. Für den Belag den Speck fein würfeln und mit der Butter in einer großen Pfanne anbraten.
3. Die Zwiebeln schälen, in Ringe hobeln, in die Pfanne geben und so lange dünsten, bis sie weich sind – nicht bräunen! Dabei salzen und pfeffern.
4. Crème fraîche mit den Eiern verquirlen, salzen, pfeffern und mit den Zwiebeln mischen. Auf dem Teigboden gleichmäßig verstreichen. Mit Muskat und Kümmel würzen.
5. Im auf 220 Grad vorgeheizten Ofen etwa 35 Minuten backen, bis der Zwiebelkuchen knusprig ist.

Da liegt der Hase
im Pfeffer...

Bis Ende des vorigen Jahrhunderts Herr Linde die Kühltechnik erfunden hatte, gelangte das Wildbret aus den meist weit entfernt gelegenen Jagdrevieren erst nach vielen Tagen leicht müffelnd in die königliche oder herrschaftliche Küche. Und dort hingen die Tiere oft noch eine gute Zeitlang in der Decke, wie der Jäger zum Fell sagt, bis ihr Fleisch endlich verarbeitet werden konnte. Der strenge Duft, den der Braten dann schließlich auf dem Tisch verströmte, vornehm »Hautgoût« genannt, war im Prinzip nichts anderes als – Pardon – Verwesungsgeruch. Diesen selbst heute noch immer beschworenen »hohen Geschmack« hat schon zu Beginn dieses Jahrhunderts der große Alfred Walterspiel als alten Zopf bezeichnet. Der damals berühmteste deutsche Koch (erst »Atlantic«, Hamburg, danach im legendären Restaurant »Hiller«, Berlin, später dann im eigenen Haus, dem »Vierjahreszeiten« in München), rühmt in seinem wunderbaren Buch »Meine Kunst in Küche und Restaurant« einen Rehrücken als wahre Delikatesse, klagt aber sogleich: »... wozu läßt man ihn so lange abhängen? Ein Rehrücken ist doch kein Ochsenfleisch!«
In der Tat. Heute, im Zeitalter der Kühlkette, lieben wir Wild frisch; spätestens drei Tage nach der Jagd ist das Fleisch ausreichend abgehangen und mürbe. Und wo kein Hautgoût überdeckt werden muß, bedarf es weder

Beize noch intensiver Gewürze; es erübrigen sich Butter-
milchbad oder das Einwickeln in ein essiggetränktes
Tuch, all die Großmuttertricks, die das Fleisch vor Luft
schützen und für etwas längere Haltbarkeit sorgen sollten. Statt dessen genießen wir Wildaroma pur.
Die Kunst der Zubereitung liegt heute mehr in der exakten Dosierung der Hitze. Zuviel davon läßt den zartesten
Rehrücken, die saftigste Fasanenbrust trocken und fase-
rig werden. Da hilft kein Speckmantel und kein Spicken.
Letzteres ist übrigens zu Recht aus der Mode gekommen:

Weil erstens, durch die beim Durchstechen mit der Spicknadel zerstörten Zellwände kostbarer Saft auslaufen kann und, zum zweiten, weil man einen empfindlichen Rehrücken viel zu lange braten müßte, bis die Speckstreifen in seinem Inneren zu schmelzen beginnen und ihre Wirkung entfalten können. Und überdies kann das austretende Fett nur sehr mürbes, sich schon zersetzendes, nicht aber das angenehm frische Fleisch durchdringen! Wer trotzdem auf den Speckduft nicht verzichten will (Geschmacksmuster aus der Kindheit!), brät lieber mit etwas Speckfett an oder deckt das Fleisch mit einer hauchdünnen Speckscheibe ab, die dann wie ein Schutzmantel wirkt. Bardieren nennt dies der Fachmann. Übrigens: immer grünen, also ungeräuchterten Speck nehmen, sonst schmeckt der Fasan nur noch nach Räucherkammer.

Nun sind nur die wenigsten zufällig Jäger oder mit einem solchen befreundet, die meisten müssen also ihr Wild kaufen; auf dem Lande hat man die Möglichkeit, bei der Gemeindeverwaltung die Adresse vom Revierförster zu erfragen. Der muß seine Abschußquoten einhalten und könnte möglicherweise froh sein, Käufer zu finden. Bis Ende Januar beziehungsweise Ende Februar ist die Jagd für das meiste Wild noch auf. Allerdings wird der Jäger gleich ein ganzes oder (seltener) ein halbes Tier verkaufen wollen. Für den Normalverbraucher ist es deshalb ratsam, im Laden auf die Pirsch zu gehen, wenn ihm der Sinn nach einem Wildgericht steht.

Im Handel wird rund ums Jahr Wild auch tiefgekühlt angeboten. Es stammt meist aus den osteuropäischen Ländern, zum Beispiel Ungarn, zunehmend auch aus

Neuseeland – wo die Tiere in riesigen Gehegen, die ganze Berge und Gebirgszüge umfassen, fast wie in Freiheit gehalten werden. Importiertes Wild unterliegt strengen Veterinärskontrollen, heimisches nur der Beschau des Jägers.

Im Handel werden Keulen und Rücken nicht nur als große Bratenstücke, sondern auch praktischerweise zu Koteletts zerlegt und in Portionsstücken angeboten, die man wie ein Schnitzel in der Pfanne braten kann. So verliert das Wildfleisch den weihevollen Nimbus des großen Festtagsbratens, und man kann es sich sogar im Single- oder kleinen Haushalt als praktische und preiswerte Zutat einer schnellen Küche leisten.

Zum Schluß noch die Glaubensfrage – rosa oder durchgebraten? Rosa gebraten, also nicht mehr blutig und natürlich auch nicht roh, schmeckt das Fleisch am besten. Einige Fachleute indes warnen vor Krankheitserregern, die bei der normalen Beschau nicht aufgespürt werden und empfehlen deshalb, Wildfleisch so lange zu braten, daß 10 Minuten eine Kerntemperatur von 80 Grad erreicht ist und gehalten wird. Da beginnt der Feinschmecker zu weinen …

Gebratene Rehkeule

Für sechs bis acht Personen:
*1 Rehkeule von ca. 1,8 kg, 4 Pimentkörner, 6 Pfefferkörner,
2 Wacholderbeeren, Salz, 1 – 2 Bund Suppengrün,
1 Thymianzweig, 150 g Butter, 1/4 l Rotwein,
1/4 l Wildfond, 1 EL Johannisbeergelee*

1. Die Keule mit einer Mischung aus im Mörser zerklei-
   nerten Gewürzkörnern und Salz kräftig einreiben. Auf
   das tiefe Blech des Backofens setzen, gewürfeltes
   Suppengrün und Thymian danebenstreuen, das
   Fleisch mit 50 Gramm zerlassener Butter übergießen.
2. In den 250 Grad heißen Ofen schieben (mittlere
   Schiene) und zunächst eine gute Viertelstunde kräftig
   anbraten, bis die Oberfläche der Keule deutliche
   Bratspuren zeigt. Den Wein angießen.
3. Nach weiteren 10 Minuten den Ofen auf 100 Grad
   schalten und die Keule in der nunmehr nachlassenden
   Hitze weitere zwei Stunden ziehen lassen. Man kann
   sie ruhig auch länger im Ofen lassen, falls die Gäste
   sich verspäten sollten. Der Keule macht es nichts aus.
   Sie wird durch und durch wunderbar rosa, zart und
   saftig sein.
4. Für die Sauce den Bratensatz mit dem Wildfond loskochen und etwas reduzieren. Schließlich mit dem
   Schneebesen die restliche, eiskalte Butter und das Johannisbeergelee unterschlagen.

Dazu gibt's: Semmelknödel, Rot- oder Rosenkohl.

Tip: Die Rehkeule mit einer roten Thai-Currypaste einreiben – schmeckt herzhaft, scharf und harmonisch zugleich! Dazu in jedem Fall einen kräftigen, gleichermaßen fruchtigen wie körperreichen Wein trinken – zum Beispiel von den Côtes du Rhône, Châteauneuf-du-Pape, aus dem Languedoc, Bordeaux oder Cahors, einen Cabernet Sauvignon aus Italien, Primitivo aus Kalabrien oder einen Priorato oder Ribera del Duero aus Spanien.

Hasenpfeffer

Für vier Personen:

Keulen und Vorderläufe eines Hasen (ca. 1 kg), 2 EL Öl, 50 g Butter, 1 Möhre, 1/4 Sellerieknolle, 1 Petersilienwurzel, 1 Lauchstange, 1/2 l Rotwein, 1 Thymianzweig, 2 Lorbeerblätter, 5 Wacholder- und 6 Pimentbeeren, 1/2 TL Pfefferkörner, Salz, 100 g Crème fraîche, einige Tropfen Aceto balsamico

1. Die Fleischstücke jeweils in portionsgerechte Stücke schneiden. In einem Schmortopf Öl und Butter erhitzen, die Hasenstücke kräftig von allen Seiten anbraten.

2. Inzwischen das Wurzelgemüse putzen und fein würfeln.

3. Das Fleisch aus dem Topf heben und beiseite stellen. Statt dessen das Gemüse im Topf anrösten. Mit Wein auffüllen, Gewürze und Hasenstücke zufügen und salzen.

4. Zugedeckt auf kleinem Feuer sanft eineinhalb bis zwei Stunden schmoren. Ruhig auch länger, wenn das Fleisch dann noch nicht butterzart sein sollte.

5. Schließlich das Fleisch wieder aus dem Topf heben. Die Sauce durch ein Sieb streichen, dabei die Gemüse gut ausdrücken. Crème fraîche einrühren und einige Minuten köcheln.

6. Das Fleisch von den Knochen lösen, in mundgerechte Würfel schneiden und in der Sauce erwärmen. Mit Balsamessig abschmecken und zu breiten Bandnudeln oder schwäbischen Spätzle servieren.

Tip: Auch dies ist ein Grundrezept, das man ebensogut mit Reh (die Schultern) oder anderem Wildfleisch zubereiten kann. Dazu trinken wir gerne einen kräftigen Burgunder.

Hirschsteaks mit Linsengemüse

<u>Für vier Personen:</u>

300 g rote Linsen, Salz, 1 Lorbeerblatt, 1 Schalotte,
75 g Butter, je 2 EL winzig klein gewürfelte Möhren,
Sellerie, Lauch, Pfeffer, 4 Hirschsteaks (aus der Keule),
Thymian, 2 EL Olivenöl,
einige Spritzer aromatischer Apfelessig

1. Die Linsen mit reichlich Wasser bedeckt, mit etwas Salz und dem Lorbeerblatt etwa 15 bis 20 Minuten gar kochen.
2. Die feingewürfelte Schalotte in zwei Eßlöffeln Butter andünsten, die bunten Gemüsewürfelchen zufügen, salzen und pfeffern. Die abgetropften Linsen untermischen und einige Minuten mitdünsten.
3. Die Steaks auf beiden Seiten pfeffern. In einer Pfanne, in der ein Löffel Butter und das Olivenöl erhitzt wurden, auf beiden Seiten etwa vier Minuten braten, dabei den Thymian dazwischenstreuen. Salzen und neben dem Feuer zwischen zwei gewärmten Tellern noch einige Minuten nachziehen lassen.
4. Das Linsengemüse mit Salz und Essig abschmecken. Zu den Hirschsteaks servieren.

Dazu passen gebratene Kartöffelchen und ein dichter Bordeaux.

Damwildfilet mit Kastanienfarce im Blätterteig

Hierfür braucht man das schiere, ausgelöste Fleisch. Man kann auch andere Partien als gerade das Rückenfilet nehmen, aber dieses bleibt am zartesten: Ein Gericht, das zwar in der Küche etwas Arbeit macht, auf dem Teller jedoch großen Eindruck. Und es ist geeignet auch für solche Gäste, die nicht so ohne weiteres für Wild zu begeistern sind.

Lassen Sie sich das Rückenfilet von Ihrem Händler auslösen und nehmen Sie die Knochen mit, für einen kleinen Fond, den Sie zusammen mit Würzgemüsen (Möhre, Lauch, Sellerie, Zwiebel, Knoblauch) und Gewürzen (Lorbeerblatt, Thymian, Rosmarin, Petersilienstiele, Pfefferkörner, Wacholderbeeren, Chilischote und einem Nelkennägelein) sowie einem ordentlichem Schuß guten Rotwein kochen.

Für sechs Personen:

500 g frische Eßkastanien, Salz, Pfeffer,
1/2 TL Pimentkörner, 2 EL Heidelbeerkonfitüre,
1 Paket tiefgekühlter Blätterteig, 1 kleiner Wirsingkohl,
ca. 900 g ausgelöstes Damwildfilet, 2 – 3 EL Butter, 1 Ei

1. Die Kastanien kreuzweise einschneiden und im sehr heißen Ofen rösten, bis sie aufplatzen (Regler danach auf 180 Grad stellen). Schälen, in Salzwasser weichkochen, durch ein Sieb passieren. Das Püree mit Pfeffer, fein zerstoßenem Piment und Konfitüre würzen.

2. Die Platten des Blätterteigs antauen lassen und auf bemehlter Fläche messerrückendünn ausrollen.
3. Die Wirsingblätter vom Strunk lösen, in Salzwasser zwei Minuten blanchieren, eiskalt abschrecken.
4. Das sorgfältig parierte Fleisch in heißer Butter rundum anbraten, dabei salzen, pfeffern und mit Piment würzen.
5. Die inzwischen vollkommen aufgetauten Teigblätter mit den abgetropften und sorgfältig abgetrockneten Wirsingblättern belegen. Darauf die Kastanienfarce verstreichen. In die Mitte das Damfilet setzen. Den Teig darüber zusammenschlagen und gut verschließen. Mit der Nahtstelle nach unten auf ein Blech setzen.
6. Das Paket mit verquirltem Ei einpinseln. Im 180 Grad heißen Ofen 20 Minuten backen.
7. Zum Servieren aufschneiden und mit etwas Bratensaft beträufeln.

Beilage: Selleriepüree, bereitet aus 400 g geschältem Knollensellerie und 400 g geschälten, mehlig kochenden Kartoffeln. Beides zusammen weich kochen, gegebenenfalls abgießen – hat man einen Schnellkochtopf, geht dies in 12 Minuten im Dampf. Durch eine Presse drücken, salzen, pfeffern, muskatieren und mit dem Schneebesen locker aufschlagen – dabei 1/8 l süße Sahne und 20 g Butter einziehen. Eventuell mit etwas Kreuzkümmel würzen – paßt gut zu allem Wild!

Dazu paßt ein kräftiger, vollreifer Rotwein, zum Beispiel Barolo oder Barbaresco.

Kartoffelsalate

Ein Tag ohne Kartoffelsalat ist, in kulinarischer Hinsicht, ein vertaner Tag!« So haben wir schon in DAS KOCH-BUCH behauptet, und wir fuhren fort: »Damit meinen wir freilich nicht solche einfallslosen Salate, wie sie in doofen Wirtshäusern und Schnellrestaurants serviert werden. Auch nicht die Fertigsalate mit zweifelhafter Mayonnaise, die vorzugsweise in Seniorenheimen mehrere Tage herumstehen, damit die Presse mal wieder über eine folgenreiche Salmonellenvergiftung berichten kann.« Wir brauchen an dieser These nichts zu ändern, es bleibt für uns alles gültig.

Sonntag

Unsere Kartoffelsalate zeichnen sich durch Vielfalt aus, denn glücklicherweise vertragen sich Kartoffeln mit (fast) allem, was gut schmeckt: Mit Fleisch, Wurst, Geflügel, Wild und Innereien, mit Fisch, Garnelen und anderen Meeresfrüchten, mit rohem und gekochtem Gemüse, natürlich mit Kräutern und Gewürzen, den verschiedensten Essigsorten und unterschiedlichsten Ölen …
Jede festkochende oder vorwiegend festkochende Kartoffelsorte ist für den klassischen Kartoffelsalat mit deutlich erkennbaren Scheiben geeignet, denn nach dem Abkühlen hat die Stärke die zunächst lockere Kartoffelmasse gebunden, und die Scheiben behalten ihre Form.

Will man Kartoffelsalat warm oder lauwarm anmachen, braucht man festkochende Salatkartoffeln (Bamberger Hörndl, österreichische Kipfler, französische »la ratte« oder Sieglinde) nehmen, sonst bekommt man Brei. Auch ein solcher kann allerdings von hohem geschmacklichen Reiz sein – siehe unser Rezept »Spieß«, Seite 233.

Tip: Wenn Sie den Salat heiß anmachen, brauchen Sie viel mehr Flüssigkeit als mit kalten Kartoffeln. Frisch gekocht sind Kartoffeln geradezu notorische Säufer! Damit Ihr Salat nicht zu sauer oder zu ölig-schwer wird, empfehlen wir Ihnen, zuerst einen Schuß Fleisch- oder Gemüsebrühe, Weißwein, trockenen Sherry oder Reiswein anzugießen und die Kartoffeln auf diese Weise schon vorab ein wenig geschmeidig zu machen.

Klassischer Kartoffelsalat (Grundrezept)

Für vier Personen:

500 g gekochte Kartoffeln vom Vortag, Salz, Pfeffer,
4 EL kochendheiße Fleischbrühe, 1 Zwiebel,
1 Bund Petersilie, 3 EL Essig, 3 EL Öl

1. Kartoffeln pellen und in etwa zwei Millimeter dicke (also ziemlich dünne!) Scheiben schneiden. In der Schüssel mit Salz und Pfeffer bestreuen, mit der Fleischbrühe begießen und vorsichtig umwenden. Stehen lassen, damit die Kartoffeln etwas von der Brühe aufsaugen.
2. Inzwischen Zwiebel und Petersilie fein hacken und zufügen. Essig und Öl angießen und alles miteinander vermischen. Die heiße Brühe hat jetzt ein wenig von der Kartoffeloberfläche aufgeweicht und gelöst und gibt der Salatsauce eine leichte Bindung – der Kartoffelsalat wird so herrlich saftig, »schlunzig«, wie die Schwaben sagen.

Tip: Dieses Grundrezept läßt sich vielfältig zu immer wieder völlig anders schmeckenden Salaten abwandeln. Hier ein paar Beispiele:

- Mit sehr fein gehackten roten Zwiebeln oder Schalotten, etwas Knofel, einigen Löffeln gekochten Linsen und einem Bund feingehackter Brunnenkresse (ersatzweise 50 g Gartenkresse) – zum Steak.

- Mit Knofel, gekochten weißen Bohnen, etwas Bratenjus und sehr viel Basilikum – zu Lamm- und Schweine- koteletts.
- Viel weiße Zwiebeln, französischer Estragon, Estragon- essig und Olivenöl – köstlich zum Wiener Schnitzel.
- Mit Frühlingszwiebeln und bunten, fein gewürfelten Paprika- und Chilischoten, sehr fein gewürfeltem Ingwer und Knoblauch, Koriandergrün und Thai- basilikum oder Minze – zu Roastbeef oder Rinder- braten. Für noch exotischere Bedürfnisse kann man noch haarfein geschnittenes Zitronenblatt, Zitronen- gras und Schale von der Kaffirzitrone zufügen. In diesem Fall zusätzlich mit thailändischer Fischsauce und einer Prise Zucker würzen!
- Mit Limonensaft, wenig geschmacksneutralem oder Olivenöl, dafür einem Schuß kräftig schmeckendem asiatischem Sesamöl, etwas Fisch- und Chilisauce, viel heimischem oder chinesischem Schnittlauch (Knob- lauch) und Liebstöckel – zu jeder Art von Fisch und Fleisch.
- Ohne Zwiebel, dafür mit reichlich Knoblauch, auch französischem Senf, Basilikum, Kapern und gehackten Anchovis – zu gebratenem oder gebackenem Fischfilet.
- Mit feingeschnittenem gekochtem Schinken, viel wei- ßer oder normaler junger Zwiebel, grobem Meersalz, reichlich frisch gemahlenem Pfeffer, gehackter Peter- silie, viel Zitronensaft und wenig Olivenöl extra ver- gine – köstlich zum Brunch.

Kartöffelchensalat mit Mojo

Kein Druckfehler, sondern eine herrliche, kraftvoll geschärfte Knoblauchmayonnaise, wie man sie auf den
Kanaren liebt. Für diesen Salat nehmen Sie am besten
Bamberger Hörndl *(Hörnla)*, französische »la ratte«, deutsche »Mäuserl«, kleine Nicola oder Sieglinde.

Für vier Personen:

500 g höchstens daumengroße Salatkartöffelchen

Mojo:
4 Knoblauchzehen, 2 Eigelb, 2 EL Dijon-Senf, Salz, Pfeffer,
1 Mokkalöffel Cayennepfeffer oder Chilipulver,
6 EL erstklassiges Olivenöl,
gehackte Kräuter nach Geschmack (siehe Tip)

1. Die Kartoffeln in Salzwasser gar kochen, abgießen,
   zehn Minuten ausdampfen lassen.
2. Inzwischen die geschälten Knoblauchzehen, Eigelb
   und Senf samt Salz, Pfeffer und Cayenne mit dem
   Pürierstab oder im Mixer dick und schaumig aufschlagen. Dann erst nach und nach das Öl zugießen.
3. Die noch warmen Kartoffeln pellen und unzer-
   teilt mit der Mayonnaise umwen-
   den, ein paar Minuten ziehen
   lassen. Nochmals umwenden,
   die gehackten Kräuter zugeben
   und lauwarm servieren.

Paßt zu gekochtem Fleisch – Rind, Zunge oder Hühnerbrust. Besonders köstlich zum Brunch: Pro Person ein oder zwei Löffel Lachskaviar daraufgeben!

Tip: Es macht Spaß, diesen simplen Salat mit verschiedenen Kräutern total zu verändern! Auf den Kanarischen Inseln liebt man Cilantro, also Koriandergrün – schmeckt aufregend exotisch; ergänzt man ihn mit etwas frischem Ingwer, bekommen die Kartoffeln einen Hauch von Südostasien. Sehr gut auch mit den zarten Innenblättern von Bleichsellerie. Köstlich mit frischem französischem Estragon und etwas Kerbel. Prima mit Dill und Schnittlauch. Erstaunlich lebhaft mit Minze, reich mit Basilikum (Genueser oder Thai!), angenehm herb mit Pimpinelle … Grenzenloses Würzvergnügen!

Kartoffelsalat mit Löwenzahn oder Endivie

Für vier Personen:

500 g in der Schale gekochte Salatkartoffeln vom Vortag,
2 hartgekochte Eigelb, 1 Zwiebel, 1 EL Senf,
Saft von 1/2 Zitrone, 1 Becher saure Sahne, Salz, Pfeffer,
150 Löwenzahn – geputzt gewogen (ersatzweise
Endiviensalat oder Zuckerhut nehmen),
30 g feingewürfelter Speck, 2 EL Öl, 2 EL echter Weinessig,
grob geschroteter oder gemörserter Pfeffer

1. Kartoffeln schälen und in Würfel von etwa 1 cm Größe schneiden. Mit der aus den angegebenen Zutaten (Eigelb zerdrückt und Zwiebel feinst gehackt) bereiteten Sauce gut mischen und 2 Stunden durchziehen lassen.
2. Löwenzahn waschen und auf einer Platte hübsch anrichten (etwa in Form einer Rosette, die Mitte dann frei lassen). Speckwürfelchen im Öl auslassen und leicht rösten, so daß sie knusprig werden. Neben dem Herd den Essig einrühren, reichlich pfeffern. Auf die Löwenzahnblätter träufeln, in deren Mitte (oder daneben) den Kartoffelsalat anrichten.

Tip: Im Herbst und Winter gibt es den gebleichten Löwenzahn aus Frankreich, Kapuzinerbart (frz. *barbe de capucins*) genannt, der ganz besonders zart und delikat schmeckt. Ersatzweise krause Endivie oder den zartbitteren Zuckerhut nehmen. Im Frühjahr den Löwenzahn selbst stechen!

Zu der einfachen Vorspeise paßt Bier oder ein süffiger, trockener und säurereicher deutscher Weißwein.

Warmer Kartoffelsalat mit Ochsenmaul

Nehmen Sie hierfür vorwiegend festkochende Kartoffeln, also Hela, Grata, Quarta, Granola, die sich gut zerdrücken lassen.

Für vier Personen:

500 g Kartoffeln, 250 g Ochsenmaul (siehe Anmerkung)

Zum Anmachen:
2 EL Zitronensaft, 4 Frühlingszwiebeln mit Grün, Salz,
2 EL gehackte Chilischoten,
1 bis 2 EL erstklassiges Olivenöl

1. Kartoffeln kochen, pellen und sofort mit Zitronensaft, kleingeschnittener Zwiebel, Salz und Chilis anmachen. Dabei die Kartoffeln zerdrücken.
2. Das dünn aufgeschnittene Ochsenmaul in Streifen schneiden, rasch untermischen, damit der warme Salat die gallertigen Partien sanft anschmelzen kann. Mit ein wenig Olivenöl – es braucht hierfür nicht viel – würzen und sofort servieren.

Tip: Ideal zum späten (oder zweiten) Frühstück (Brunch), als kleines Abendbrot oder als Vorspeise.

Anmerkung: Im allgemeinen wird das Ochsenmaul von den Metzgern zu dick geschnitten und bereits mit Essigsäure (meist aus Essenz) und recht mäßigem Speiseöl angemacht. Besser: Vorbestellen, sehr dünn schneiden lassen und erst selbst mit erstklassigen Zutaten umwenden. Sollten Sie das Ochsenmaul – in Süddeutschland ein gängiger Artikel, im Norden seltener – nur bereits angemacht bekommen, kippen Sie es in ein Sieb, und spülen Sie die aufdringliche Essigsäure und das Öl ab, ehe Sie mit eigenen Zutaten ergänzen.

Kartoffelsalat mit Fisch

Ideal für die Resteverwertung – am besten mit Kabeljau oder Schellfisch zum großen zweiten Frühstück (Brunch). Gut mit frisch gekochten, noch lauwarmen, aber auch mit Kartoffeln vom Vortag.

Für drei bis vier Personen:

500 g gekochte Kartoffeln, 250 g gekochter Fisch (ausgelöst gewogen), 1 Zwiebel, 1 großes Bund (möglichst glattblättrige) Petersilie, 3 EL Zitronensaft,
1 Spritzer Worcestershire-Sauce, 1 EL scharfer Senf,
1 EL Aceto balsamico, Salz, Pfeffer, Cayennepfeffer,
3 bis 4 EL Öl (vorzugsweise Olivenöl oder eine Mischung aus einem neutralen und einem intensiven Öl, etwa Sesam- oder Kürbiskernöl)

1. Kartoffeln schälen und in Scheiben schneiden. Fisch zerpflücken. Wenn die Kartoffeln noch warm sind, genügt es, den Fisch mit ihnen anzuwärmen. Sollten auch die Kartoffeln kalt sein, das ganze zugedeckt für 30 Sekunden in die Mikrowelle stellen (größte Stufe).
2. Zwiebeln und Petersilie hacken und mit den übrigen Zutaten zu Kartoffeln und Fisch geben, alles miteinander gründlich vermischen.

Tip: Mit einem Bier oder nicht zu fruchtigen Weißwein (Vernaccia di San Gimignano, Verdicchio dei Castelli di Jesi) ein wunderbarer Imbiß!

Übrigens: Reste von gekochten – oder gedämpften – Kartoffeln verwerten Sie prima in einem Salat mit Fleisch oder Wurst. Und Reste von Braten oder Kochfleisch können in einem Salat durch die Beigabe von kalten oder besser heißen Kartoffeln nur gewinnen! Stets mit viel Essig und Zwiebeln und dafür wenig Öl anmachen.

Spieß

Eigentlich ein Hauptgericht vom Niederrhein, aber genau betrachtet eine Variation des vorstehenden Rezepts: Ein unkonventioneller, frisch angemachter, heißer Kartoffelsalat!

Für vier Personen:

1 kg vorwiegend festkochende oder mehlige Kartoffeln (nach Geschmack), Salz, mindestens 250 g Feldsalat (Rapunzel), 2 Zwiebeln, 4 EL erstklassiger, heller Weinessig, frisch gemahlener Pfeffer, 1 EL scharfer Dijon- oder Monschauer Senf, 6 EL gutes, kaltgepreßtes Pflanzen- oder Olivenöl

1. Kartoffeln schälen und in Salzwasser gar kochen.
2. Unterdessen den Salat putzen, waschen und sehr gut abtropfen.
3. Zwiebeln fein hacken und in einer Salatschüssel mit Essig, reichlich Salz und frisch gemahlenem Pfeffer sowie dem Senf vermischen. Langsam das Öl zugießen und zu einer mayonnaiseartigen Sauce aufschlagen.

4. Den Salat erst unmittelbar vor dem Servieren darin umwenden.

5. Die gar gekochten Kartoffeln abgießen, den Topf mit einer Serviette abdecken und die Kartoffeln ein paar Minuten ausdampfen und abbinden lassen.

6. Jeder nimmt sich einige Kartoffeln, zerdrückt sie heiß und gibt nun den Salat mit Sauce und Zwiebeln darüber, dann wird alles miteinander vermatscht … Nicht schön, aber köstlich!

Tip: Läßt sich vielfältig abwandeln! Zum Beispiel statt Feldsalat feingeschnittene Endivie nehmen. Oder statt Zwiebel viel Knoblauch, nur wenig Essig, dafür ein kräftiges Olivenöl und das Ganze mit feingeschnittenem Zuckerhut oder Radicchio (vorzugsweise dem grünen Grumolo – siehe Seite 315) anmachen, dessen Bitterkeit dem Gericht einen einzigartigen Reiz gibt. Oder die Vinaigrette mit halb Zitronen-, halb Orangensaft anmachen und als Salat Chicorée in schrägen Streifen nehmen, den man nach Belieben mit etwas ebenfalls in schräge Scheibchen geschnittenem Bleichsellerie ergänzen kann.

Dazu schmeckt prächtig ein Bier – Alt, Kölsch oder Pils.

Kartoffelsalat mit Champignon-Mayonnaise

Für vier Personen:

*500 g Salatkartoffeln (kleine Sieglinde oder Hörndl),
250 g frische (!) Champignons oder Egerlinge, 2 Zitronen,
Salz, 2 Eigelb, 1/10 l Olivenöl, Pfeffer, Cayenne,
2 Stangen Sellerie (englischer Sellerie, gebleicht oder grün),
1 Bund glattblättrige Petersilie*

1. Kartoffeln in der Schale gar kochen, abgießen und zugedeckt erkalten lassen. In nur zwei Millimeter dünne Scheiben schneiden.
2. Unterdessen die Pilze säubern und vierteln. In einen Topf geben, Zitronensaft zufügen und reichlich salzen. Deckel auflegen, einmal aufkochen, dann neben dem Feuer Saft ziehen und abkühlen lassen.
3. Den Champignonsud durch ein feines Sieb in eine Schüssel abgießen. Pilze zu den Kartoffeln geben.
4. Den Sud erst mit dem Eigelb verschlagen, sodann mit dem Öl eine leichte Mayonnaise daraus bereiten – am besten geht das mit einem Mixer oder dem Mixstab. Mit Salz, Pfeffer und Cayenne abschmecken.
5. Sellerie in Scheibchen schneiden, Petersilienblätter waschen und abzupfen.
6. Alle Zutaten vorsichtig miteinander vermischen, damit die Kartoffeln dabei nicht zerfallen.

Dazu paßt ein junger, kühl zu trinkender Rotwein (zum Beispiel Beaujolais primeur).

Kartoffelsalat mit Avocado und Pfifferlingen

Für vier Personen:

1 große oder 2 kleine reife und cremig-weiche Avocados, etwas Zitronensaft, 250 g frische Pfifferlinge, 500 g Salatkartoffeln, bunte Paprikastreifen zur Dekoration

Sauce:
1 bis 2 Schalotten, 1/2 Bund Petersilie, 2 Zitronen, 3 EL gutes Olivenöl (Olio extra vergine aus der Toskana), 3 EL Fleischbrühe, Salz, Pfeffer sowie Cayennepfeffer

1. Avocados schälen, halbieren und in dünne Scheiben schneiden. Mit etwas Zitronensaft beträufeln, damit sie nicht braun anlaufen.
2. Pfifferlinge putzen, größere halbieren. Sie werden roh verwendet – wer das scheut, dünstet sie 3 Minuten in etwas Olivenöl.
3. Kartoffeln kochen, noch heiß pellen und direkt in eine Salatschüssel schneiden, in der schon die inzwischen gerührte Sauce auf sie wartet.
4. Dafür Schalotte(n) hauchfein hacken, ebenso die Petersilie. Mit Zitronensaft, Öl und Brühe verrühren und pikant-würzig abschmecken – die Sauce kann recht salzig sein, denn die Kartoffeln sind richtiggehend »hungrig« darauf, wie sie auch viel Säure vertragen.
5. Mit Pfifferlingen und Avocadoscheiben umwenden – dazu Messer und Gabel benutzen, damit alles klein geschnitten wird, zerfällt und fast eine Art Brei entsteht.

6. Eine Viertelstunde durchziehen lassen, dann hübsch auf einer Platte oder in einer Schüssel anrichten und mit bunten Paprikastreifen umlegt servieren.

Tip: Serviert man den Salat mit frisch aufgebackenem Brot als Vorspeise, so paßt ein trockener Weißwein, zum Beispiel aus Italien (Soave) oder Österreich (grüner Veltliner). Begleitet er einen Braten, richtet sich das Getränk (hell oder dunkel) nach diesem.

Kartoffelsalat mit Möhren und Zucchini

Für vier Personen:

8 kleine, gekochte Salatkartoffeln vom Vortag,
3 junge Möhren, Saft von 1 Zitrone, 1/8 l Fleischbrühe,
2 kleine Zucchini

Vinaigrette:
1 rote Paprikaschote, 1 Schalotte,
3 EL Dijon-Senf,
2 EL Obstessig, Salz, Pfeffer,
1 Knoblauchzehe,
5 EL kaltgepreßtes Olivenöl

1. Kartoffeln pellen und schräg in ziemlich dünne Scheiben schneiden.

2. Möhren wenn nötig schaben oder schälen und in ebenso dünne Scheiben schneiden.

3. Die Möhrenscheiben mit der Hälfte des Zitronensafts in Fleischbrühe garen.

4. Zucchini in Julienne (feine Streifen) hobeln oder schneiden. Auf einer Platte abwechselnd Kartoffel- und erkaltete Möhrenscheiben anrichten und mit den Zucchinistreifen bestreuen.

5. Mit der folgenden Vinaigrette beträufeln: Die Paprikaschote in winzige Würfelchen (nur 1 mm mal 1 mm groß!) schneiden; auch die Schalotte ganz fein hacken. Beides mit dem Senf, dem restlichen Zitronensaft, wenig Salz, reichlich grob gemahlenem Pfeffer, der durchgepreßten Knoblauchzehe (die der Salatsauce Geschmack und einen guten Stand gibt) und mit dem Olivenöl gut schaumig, ja fast mayonnaiseartig aufschlagen.

Tip Dazu frisch aufgebackenes oder geröstetes Weißbrot reichen. Ideal: Focaccia, der nur mit Olivenöl bestrichene, wie eine Pizza gebackene Hefeteigfladen (siehe Seite 212). Und ein kräftiger, trockener Weißwein oder Rosé aus dem Mittelmeerraum.

Noch ein Tip: Natürlich können Sie bei diesem Rezept mannigfach variieren und die Kartoffeln mit leicht bitteren Gemüsegurken, Artischockenherzen, halbreifen Fleischtomaten, jungen weißen Zwiebeln, grünen Bohnen oder im Ofen gebackenen und gehäuteten Paprikaschoten anrichten.

238

Das grüne Gold
der Steiermark

Erste kulinarische Begegnungen haben einen eigenen Reiz: Wer hätte noch nicht selbst erlebt, daß man etwas vollkommen Neues schmeckt – und unverzüglich sich zu fragen beginnt: »Wie haben die das hinbekommen?« Nun, alles Rätseln hilft gar nichts, wenn es sich nicht um einen Trick oder eine spezielle Komposition handelt, sondern um eine bislang noch ungekannte Zutat …

Vor mehr als 20 Jahren, Burg Kapfenstein in der Steiermark: Wir haben zur Jause (Brotzeit, Vesper) sauren Preßkopf bestellt. Er wird in einem Suppenteller serviert, reichlich bedeckt mit feinen Zwiebelringen, fast schwimmend in einer bräunlich-grünen Marinade. »?« Wir versuchen, sind begeistert, die Würze des Öls erinnert einerseits an Nüsse, aber da gibt es neben Röstaromen ein ganzes Geschmacksbukett von gewaltiger Dichte. »Womit ist denn das Öl gewürzt?« »Gar nicht«, lacht Frau Winkler-Hermaden, die Chefin des Hauses. »Das ist Kernöl! Unser steirisches Kernöl!« Der Stolz auf die Heimat und ihr Produkt ist nicht zu überhören.

Das mal mehr ins Bräunliche, mal mehr ins Grünliche spielende, in der Flasche fast schwarz wirkende Öl wird aus Kürbiskernen gewonnen. Es ist teuer, denn die Kultur der Kürbisse, die Ernte und die eigentliche Ölgewinnung sind trotz aller modernen Technik mühsam, und erfordert wie alle nicht industriell hergestellten, also handwerklichen Produkte – der Name sagt es schon! – viel Handarbeit.

In der südlichen Steiermark werden auf gut 7000 Hektar die speziellen Kürbisse angebaut, deren Kerne nicht die übliche holzig-harte Schale, sondern nur ein dünnes, grünes Häutchen haben. Etwa 12 000 Kürbispflanzen stehen pro Hektar auf den lehmigen Sandböden. Während des Heranwachsens im warmen, zwischen mediterranem und kontinentalem, aber von reichen Niederschlägen geprägten Sommer muß der Boden zwischen den Pflänzchen von Unkraut befreit und locker gehalten werden. Wenn dann die Ranken mit ihren großen Blättern die Flächen bedecken, ist keine Pflege mehr nötig. Pro Stock wachsen im Schnitt drei Kürbisse heran.

Im Herbst wird geerntet: Die Kürbisse werden auf dem Feld aufgebrochen – geschlachtet, wie man sagt – und die Kerne herausgelöst. Nur für den Hausgebrauch machen das die Kleinbauern noch per Hand, im allgemeinen verwendet man heute spezielle Maschinen, mit denen die in Reihen zusammengelegten Kürbisse aufgenommen, zerkleinert und entkernt werden. Während das Fruchtfleisch selbst untergepflügt oder als Futtermittel verwendet wird, muß man die Kerne nun vorsichtig waschen und trocknen – pro Hektar erhält man im Schnitt nur 700 Kilo.

Im Winter oder Frühjahr wird gepreßt, wozu die Kerne mit Wasser in Steinmühlen vermahlen werden. Die dabei entstehende Paste wird auf eine bestimmte Temperatur gebracht, damit sich die gewünschten Aromen entwickeln und das Öl herausgepreßt werden kann – hier liegt das Geheimnis der Qualität: Der Preßmeister muß genau abwägen, ob er Qualität oder Quantität will: ein mehr grünes Öl mit feinem, zartem Aroma bei geringer Ausbeute oder ein mehr braunes, derberes Öl in größerer Menge. Kürbiskernöl ist also nicht wirklich kaltgepreßt – aber es hat die Eigenschaften eines kaltgepreßten Öls. Es ist nicht hitzebeständig, sollte also nicht zum Braten oder Dünsten benützt werden, sondern ist ein Öl zum Würzen und Anmachen von Salaten.

Inzwischen muß man nicht mehr in die Steiermark reisen, um Kernöl zu genießen: Auch in unseren feinen Restaurants bedient man sich heute seiner besonderen Geschmacksnoten. Man kann es in Feinkostgeschäften – weil es so köstlich schmeckt! – und Reformhäusern kaufen – weil es reich ist an Vitamin E, den Stoffwechsel reguliert, entwässert, entschlackt, die Blase beruhigt, bei Prostatabeschwerden hilft und sich überhaupt günstig aktivierend in dieser Körperregion auswirkt. Obwohl bestes steirisches Kernöl erster Pressung teuer ist, kostet es weniger als das vieldiskutierte Viagra und schmeckt obendrein noch gut! Der halbe Liter kann auf über DM 25,- kommen, einfachere Qualitäten (ab DM 12,- je Liter) stammen meist aus Balkanländern, wo preiswerter produziert werden kann, aber auch oft weniger Sorgfalt aufgewendet wird, oder aus billigen chinesischen Kürbiskernen gewonnen.

Von dem geschmacksintensiven Öl braucht man relativ wenig. Wem das reine Aroma zu stark ist, der kann es auch gut in Verbindung mit einem geschmacksneutralen Pflanzenöl verwenden.

Kürbiskernöl muß lichtgeschützt, kühl und gut verschlossen aufbewahrt werden, denn es verliert sonst schnell seine Qualitäten, auch wird es dann rasch ranzig. Am besten aber schmeckt es ganz frisch gepreßt, sozusagen noch warm, weshalb die Südsteirer sich stets nur kleine Portionen von ihrer Ölmühle holen.

Tomatensalat mit Kernöl

Hierfür zwei Serviermöglichkeiten, die mit denselben Zutaten zu sehr unterschiedlichen Ergebnissen führen: Entweder Sie schneiden die Tomaten in Scheiben, legen diese dachziegelartig auf eine Platte und übergießen sie erst unmittelbar vor dem Servieren mit der Salatsauce – dann gibt es wenig Sauce, die Scheiben bleiben fest; vorzugsweise mit noch etwas grünlich schimmernden Salattomaten zu probieren.

Wenn Sie vollreife Tomaten haben, so werden diese gehäutet, je nach Größe geviertelt oder geachtelt, entkernt und mit der Sauce umgewendet; wenn sie dann noch eine halbe Stunde stehen, ziehen sie einen herrlich wohlschmeckenden Saft, der mit frischem Weißbrot oder heißen Dampfkartoffeln ganz außerordentlich gut schmeckt.

Für vier Personen:

750 g Tomaten, 1 Bund Petersilie, 2 Knoblauchzehen,
1 EL Dijon-Senf, 1 EL starker Rotwein-, Sherry- oder
Marsalaessig, 1 EL Aceto balsamico, Salz, Pfeffer,
3 EL Kürbiskernöl

1. Tomaten je nach Serviervorschlag wie oben beschrieben vorbereiten. Mit gehackter Petersilie bestreuen.
2. Knoblauchzehen durch die Presse drücken und mit Senf verrühren. Essige zufügen, nach Geschmack salzen und aus der Mühle pfeffern, schließlich mit dem Kernöl aufschlagen.

Saures Kartoffelpüree

Das klingt ein wenig merkwürdig, ist aber eine wunderbare Resteverwertung. Natürlich lohnt es sich auch, für mehr Personen das Püree extra zuzubereiten!

Für zwei Personen:
Etwa 250 g übrig gebliebenes Kartoffelpüree,
2 Frühlingszwiebeln, 1 EL Zitronensaft, 2 EL Apfelessig,
Salz, Pfeffer, 1 EL Olivenöl extra vergine,
2 EL Kürbiskernöl, ein Kraut nach Geschmack: Kerbel,
Estragon, Basilikum, Minze, Koriandergrün oder Dill

1. Das Kartoffelpüree etwas anwärmen – am besten zugedeckt in der Mikrowelle, auf stärkster Stufe 30 Sekunden.
2. Frühlingszwiebeln mit Grün in feinste Ringe schneiden.
3. Alle Zutaten innig miteinander zu einem dicken Brei vermischen – ist das Püree zu fest, noch einen Schuß heiße Milch oder Sahne zufügen.
4. Das Würzkraut fein wiegen und zugeben – welches Sie nehmen, hängt von Ihrem Geschmack und dem zu begleitenden Gericht ab.

Tip: Schmeckt köstlich zu gebratenem Fisch, gebräunter Wurst oder Leberkäs, Schnitzel, Back- oder Brathuhn.

Eiersalat mit Kernöl, Radieschen und Balsamessig

Die inzwischen weltweit berühmten Spezialitäten aus zwei ganz unterschiedlichen Regionen, der Steiermark und der Emilia-Romagna, nämlich Kernöl und Aceto balsamico, scheinen wie füreinander geschaffen!

Für vier Personen:

6 frische Hühnereier, Salz,
4 Frühlingszwiebeln mit ihrem Grün, 6 Radieschen,
2 EL Aceto balsamico, Saft von 1/2 Limone, 2 TL Sojasauce,
frisch gemahlener Pfeffer, 3 EL Kürbiskernöl,
nach Belieben Koriandergrün oder Dill

1. Eier picken, in Salzwasser hart kochen (zehn Minuten genügen bei kühlschrankkalten Eiern der Klasse 1 oder 2), kalt abschrecken und pellen.
2. Frühlingszwiebeln mit Grün in Ringe schneiden. Radieschen waschen und in Stifte hobeln.
3. Die restlichen Zutaten zur Sauce rühren.
4. Eier mit dem Eierschneider einmal längs, dann quer so in Scheiben schneiden, daß kleine und gleichmäßige Würfel entstehen.
5. Mit der Sauce umwenden, nach Belieben mit einer Handvoll kleingeschnittenen Kräutern vermischen und unverzüglich servieren, nicht stehen lassen.

Grüne weiße Bohnen

Auflösung des Widerspruchs: Die weißen Bohnenkerne
werden durch das Kernöl grün gefärbt!

<u>Für vier Personen:</u>
500 g weiße Bohnenkerne (frisch oder getrocknet),
4 Salbeiblätter, Salz, Pfeffer, 1 Zwiebel, 2 Knoblauchzehen,
1 frische rote Chilischote,
1 Bund Petersilie, 2 EL Zitronensaft, 2 EL Kernöl

1. Die Bohnenkerne kochen. Getrocknete am besten
   zuvor über Nacht einweichen. Mit Salbeiblättern, Salz
   und etwas Pfefer mit reichlich Wasser bedeckt aufsetzen und bei milder Hitze gar kochen – vor allem am
   Anfang aufpassen, daß das Eiweiß im Kochwasser
   nicht überschäumt. Erst wenn sich der Schaum gelegt
   hat, einen Deckel aufsetzen und die Bohnen so lange
   kochen, daß sie gerade eben weich sind, aber noch
   nicht zerfallen. Ab und
   zu überprüfen!

2. Zwiebel, Knoblauch, Chilischote und Petersilie fein hacken und mit den übrigen Zutaten mischen.
3. Die fertigen Bohnen abgießen und noch heiß mit der Marinade umwenden – dabei nach Geschmack salzen und pfeffern. Lauwarm servieren.

Tip: Nehmen Sie vorzugsweise die stark würzige glattblättrige Petersilie. Oder fügen Sie nach Belieben noch ein paar Sellerieblättchen, Basilikum, Kerbel oder Estragon hinzu.

Tagliata

Die intensive Würzkraft des Kürbiskernöls verträgt sich hervorragend mit asiatischen, vor allem auch japanischen Gewürzen wie Miso, Chrysanthemen, Ingwer, Rettich, Fisch- und Sojasauce.

Als Vorspeise für vier, als Hauptgericht – etwa zum Abendbrot – für zwei Personen:
1 Scheibe Rinderhuft von ca. 350 g, 2 EL Öl,
2 Handvoll Salatblätter (vorzugsweise von kräftigem
Schnittsalat), 1 handvoll junge Chrysanthemenblätter,
einige Chrysanthemenblüten (ersatzweise Portulak und
Ringelblumen)

Marinade:
1 EL Sojasauce, 1 EL Sherry, 1 TL Zucker, 1 TL Sesamöl,
1/2 TL dunkles Miso

Salatsauce:
2 EL Aceto balsamico, 2 EL Kürbiskernöl, Salz, Pfeffer

1. Das Rindersteak sorgfältig von allen Sehnen und Häuten befreien und in einer kleinen Schüssel mit der aus den angegebenen Zutaten gerührten Marinade 2 bis 3 Stunden einlegen, dabei immer wieder umdrehen.

2. Salat- und Chrysanthemenblätter putzen und waschen, die Blüten in Wasser legen, damit eventuell darin versteckte Käfer herauskrabbeln.

3. Aus den angegebenen Zutaten die Salatsauce anrühren.

4. Das Fleisch aus der Marinade nehmen, abtropfen und abtrocknen. Im sehr heißen Öl rundum, auch an den Seiten, kräftig anbraten – es darf dabei ruhig zischen und spritzen.

5. Wenn es schön braun ist, vom Feuer nehmen und die Marinade darübergießen. Immer wieder umwenden, bis alle Marinade aufgenommen und das Fleisch ausgeruht ist. Dabei mit Alufolie abdecken. Das Fleisch soll sich so entspannen, die Säfte wieder gleichmäßig verteilen.

6. Salat- und Chrysanthemenblätter auf Teller verteilen, das Fleisch schräg in dünne Scheiben schneiden und darauf anrichten. Alles mit der Salatsauce beträufeln, mit Chrysanthemenblüten verzieren und mit ausgezupften Blütenblättchen bestreuen.

Tip: Dazu paßt ein kräftiger, trockener Weißwein, etwa ein Tocai oder Pinot Grigio aus dem Friaul.

248

Knusprig und würzig:
Ente auf asiatische Art

Die Ente ist ein dummer Vogel«, hat einmal einer behauptet, »für einen zuviel, für zwei zuwenig.« Es muß ein rechter Vielfraß gewesen sein, der so sprach. Und sicher ist, daß er garantiert nie eine richtige, wohlgenährte Bauernente gegessen hat. Eine, die ihr glückliches Leben lang genügend Auslauf genießen durfte, wo sie sich selbst die Schnecken, Würmer, Käfer, Engerlinge, Asseln und allerlei Krebsgetier, Grünzeug und Steinchen zusammensuchen konnte, welche sie neben einem anständigen Körnerfutter für ihr Wohlbefinden braucht. (Pekingenten, eine eigene Rasse, vertilgen mit Vorliebe die ekligen Nacktschnecken, deren Freude an Salat und Kräutern bei Gartenbesitzer geradezu biblische Zornausbrüche zu zeitigen pflegt.) Die Steinchen sind übrigens deshalb so wichtig, weil sie im Magen wie Mühlsteine arbeiten und helfen, die Körner so fein zu zermahlen, daß alle ihre Bestandteile aufgeschlossen und verwertet werden können. So gedeihen die Enten schön langsam, werden groß und stark und entwickeln kraftvolles, kerniges Fleisch und ausreichend Fett, das für den Wohlgeschmack so unerläßlich ist. Ein solches Federvieh bringt gut drei Kilo auf die Waage und ist durchaus in der Lage, selbst die hungrigste Normalfamilie mehr als großzügig zu sättigen. Eine solche Ente kann man natürlich nicht in der Tiefkühltruhe des Supermarkts als

Sonderangebot finden. Die gibt's nur auf dem Bauern- markt oder im guten Fachgeschäft – gegen ein adäquates Entgelt, versteht sich.

Aber auch mit einer anständigen Durchschnittsente, die im allgemeinen zwei Kilo auf die Waage bringt, kann man mehr hungrige Gäste füttern, als unsere tradi- tionelle Weihnachtsbratenmethode (mit Rotkraut und Knödeln) erlaubt – wenn man sich ein paar Rezeptideen aus den Küchen Asiens zu eigen macht. Für den kleine- ren Haushalt und für die Gästebewirtung praktisch sind übrigens auch die ausgelösten Brüste von französischen, besonders fleischigen Barberieenten, die man inzwischen überall kaufen kann. Man kann sie wie ein Schnitzel braten, oder, das ist spannender, für exotische Zuberei- tungen verwenden.

Zur Inspiration empfehlen wir den Blick in die Kochtöpfe Asiens, wo man es meister- lich versteht, mit einem Minimum an Aufwand ein Maximum an Ge- nuß zu erzielen. Ob in Vietnam, in Thai- land, Indonesien, Malaysia oder Indien – überall sind Enten hoch- geschätzt. In China gilt die Ente überhaupt als das edelste aller Ge- flügel. Natürlich wird alles, was eine Ente

liefert, auch verwertet: Innereien wie Herz, Leber, Magen
sowieso, aber auch die Entenfüße, deren Schwimmhäute,
in einem gewürzträchtigen Fond ganz langsam butter-
weich gesotten, auf der Zunge zergehen und die sehr zu
Recht (ebenso gut sind Gänsefüße!) eine begehrte Delikatesse sind.

Gipfel des kulinarischen Vergnügens ist natürlich die
weltberühmte Pekingente. Aber selbstverständlich bereitet keine noch so ehrgeizige chinesische Hausfrau sie
selber zu – schon allein deswegen, weil man dafür einen
speziellen Ofen braucht. Man genießt sie vielmehr in
einem darauf spezialisierten Restaurant. Es gilt nämlich
immer noch, was Wolfgang Menge in seinem hübschen
China-Kochbuch »Ganz einfach – chinesisch« schrieb
(1968 bei rororo erschienen und leider seit vielen Jahren
vergriffen): »Wenn Sie in einem Kochbuch ein Rezept für
Pekingente finden, nach dem Sie selbst diese Ente glauben herstellen zu können, ist das Rezept falsch.«

Gottlob gibt es in den verschiedenen Küchen Asiens eine
Menge wesentlich unkomplizierterer Zubereitungen.
Diejenigen, welche wir davon am liebsten mögen, haben
wir hier für Sie aufgeschrieben:

Kanton-Ente

*1 gut gemästete Ente (2 – 3 kg), 2 EL chinesisches
Fünfgewürzpulver, 2 EL Cognac,
1 EL süßer Reiswein oder Sherry, 1 EL Zucker,
6 EL Sojasauce, je 1 EL feingehackter Ingwer und
Knoblauch, je 1 rote und grüne Chilischote,
4 Frühlingszwiebeln, 250 g Sojakeime, 1 EL Sesamöl,
Salz, Pfeffer*

1. Die Flügelspitzen der Ente abschneiden, mit Hals und
   Innereien für eine Suppe verwenden (siehe folgendes
   Rezept).
2. Je einen Eßlöffel Gewürzpulver, Cognac und Reiswein
   verrühren und die Entenhaut damit einpinseln.
3. Die Ente an einem luftigen, kühlen Platz mindestens
   sechs Stunden zum Trocknen aufhängen oder mit dem
   Fön auf kalter Stufe bearbeiten, bis sich die Haut absolut trocken anfühlt: Diese absolut trockene Haut
   ist das »Geheimnis«, das sie schön knusprig werden
   läßt.
4. Restliches Gewürzpulver, Cognac, Zucker und Sojasauce verrühren. Ingwer und Knoblauch, ebenfalls
   gehackte Chilischoten sowie zwei in feine Ringe geschnittene Frühlingszwiebeln unterrühren.
5. Diese Marinade in den Bauch der Ente gießen, sie so
   drehen und wenden, daß das gesamte Innere davon
   benetzt wird. Damit nichts herausfließt, die Hals- oder
   Bauchöffnung gut verschließen.

6. Die Ente zunächst mit dem Rücken nach oben auf den Rost über die zwei Zentimeter hoch mit Wasser gefüllte Fettpfanne setzen. Im 250 Grad heißen Backofen 30 bis 35 Minuten braten.

7. Dann die Flüssigkeit aus dem Bauch in ein Töpfchen abgießen, die Ente auf den Rücken drehen und bei nunmehr 180 Grad eine weitere halbe Stunde braten.

8. Zum Schluß die Röhre noch einmal auf stärkste Hitze stellen oder sogar den Grill hinzuschalten. Die Ente mit der aufgefangenen Marinade einpinseln und in weiteren zehn Minuten knusprig werden lassen.

9. Inzwischen die restlichen Frühlingszwiebeln in Ringe schneiden, Sojakeime waschen. Beides im heißen Sesamöl eine Minute lang auf starker Hitze im Wok pfannenrühren, dabei salzen und pfeffern. Restliche Marinade zufügen und aufkochen.

10. Das Brustfleisch ablösen und quer in fingerbreite Streifen schneiden. Die Keulen abtrennen, in zwei oder drei Portionsstücke hacken.

11. Das Entenfleisch auf einem Bett von Sojakeimen anrichten.

Tip: Natürlich mit Reis servieren – und begleiten mit einem zwar kraftvollen, aber schmeichelnden Wein, zum Beispiel einem Chianti Classico Riserva.

Die Karkasse (das vom Fleisch befreite Knochengerüst) und das an ihr noch haftende Fleisch sind Basis für ein weiteres Gericht – schließlich wird in einer guten Küche nichts weggeworfen:

Entensuppe mit Entenklößchen

Für vier Personen:

*Flügelspitzen, Hals, Magen sowie die Karkasse einer Ente,
1 Möhre, 1 Lauchstange, 1/4 Sellerieknolle, 1 Zwiebel,
je 1 TL Pfeffer- und Pimentbeeren, 4 EL Sojasauce, Salz*

Für die Klößchen:
*ca. 100 g gegartes Entenfleisch (soviel läßt sich garantiert
von der Karkasse kratzen), Leber und Herz der Ente,
1/2 Brötchen, 2 Frühlingszwiebeln,
je 1 TL gehackter Ingwer und Knoblauch,
1 Ei, Salz, Pfeffer,
1/2 TL Fünfgewürzpulver, Koriandergrün*

1. Flügelspitzen, Hals, Magen und Karkasse in einen Topf füllen, mit Wasser bedecken und langsam zum Kochen bringen.
2. Das Wurzelwerk putzen, jeweils die Hälfte in streichholzfeine Streifen hobeln und beiseite stellen, den Rest grob zerkleinern und in den Suppentopf werfen. Auch die Gewürze zufügen und nunmehr alles auf kleinem Feuer mindestens zwei, besser vier Stunden auskochen.
3. Nach zwei Stunden Hals und Magen herausfischen. Sobald sie abgekühlt sind, das Fleisch ablösen, den Magen putzen und in dünne Scheiben schneiden.
4. Für die Klößchen Entenfleisch, Leber und das eingeweichte, gut ausgedrückte Brötchen im elektrischen Zerhacker oder Mixer pürieren.

254

5. Ingwer, Knoblauch, feingeschnittene Frühlingszwiebeln und das Eigelb untermischen.

6. Kräftig abschmecken. Mit einem Teelöffel Klößchen abstechen und in leise siedendem Salzwasser fünf Minuten gar ziehen lassen. Im selben Kochwasser die in Streifen geschnittenen Wurzelgemüse blanchieren.

7. Zum Servieren die Klößchen, das Fleisch vom Entenhals und -magen sowie die Gemüsestreifen in Portionsschälchen verteilen. Die Brühe durch ein Sieb filtern, abschmecken und heiß darübergießen. Mit Korianderblättchen bestreuen und sofort servieren.

Tipp: Im Handumdrehen wird daraus ein sättigender Imbiß, wenn man pro Person 30 bis 50 Gramm gekochte Suppen- oder eingeweichte Reisnudeln in die Suppenschalen verteilt.

Entenbrust in Kokossauce

Für vier bis sechs Personen:

2 ausgelöste Entenbrüste, 6 Schalotten, 6 Knoblauchzehen,
2 – 4 frische rote Chilischoten (je nach Größe und Schärfe),
2 cm Ingwerwurzel, 1 Dose ungesüßte Kokossahne (oder
1/2 l angerührt aus dem Beutel), 2 EL Sojasauce,
Salz, Pfeffer, 1 TL Zucker, 1 Limone,
3 – 4 Kaffirzitronenblätter (falls vorhanden),
3 Stengel Thaibasilikum, 2 EL Fischsauce

1. Die Haut der Entenbrüste mitsamt dem daran haftenden Fett ablösen. Quer in knapp fingerbreite Streifen
schneiden. Auf mittlerer Hitze langsam das Fett aus-
braten, darin schließlich kroß und knusprig werden
lassen. Die Krusteln auf Küchenpapier abtropfen. Das
Fett aufbewahren und zum Kochen verwenden.

2. Schalotten, Knoblauch, die Hälfte der entkernten
Chilis und den geschälten Ingwer mit drei Eßlöffeln
Kokossahne im Mixer pürieren. In einen Topf gießen
und zusammen mit der restlichen Kokossauce aufkochen. Mit Salz, Pfeffer, Zucker und Limonensaft
würzen. Die restlichen Chilischoten mit dem flachen
Küchenbeil oder mit dem Fleischklopfer platt hauen
und zufügen – so geben sie am besten ihr Aroma
weiter.

3. Das Entenfleisch in Scheiben schneiden und in die
Sauce legen. Auf sanftem Feuer knapp zehn Minuten
sehr sanft köcheln lassen.

4. Bambussprossen in dünne Scheiben, Zitronenblätter in
haarfeine Streifen schneiden, Thaibasilikum von den
Stielen zupfen. Alles die letzten fünf Minuten mitköcheln. Mit Fischsauce abschmecken.

Tip: Die abgetropften Entenkrusteln getrennt dazu servieren, außerdem duftenden, lockeren, schneeweißen
Reis.

Probieren Sie hierzu einmal einen trockenen Gewürz-
traminer von der Nahe oder aus Württemberg, jeweils
mit ausgeprägt frischer Säure.

256

Thailändischer Entensalat

Eine herrliche Vorspeise oder ein Zwischengang in einem asiatisch inspirierten Menü. Eine wichtige Zutat ist Reisgrieß, wie man ihn für viele Thai-Salate braucht, wo er für einen geheimnisvollen Biß sorgt. Man kann ihn auf Vorrat herstellen und in einer Dose verschlossen aufbewahren: Rohe Reiskörner in der trockenen Pfanne blaßgolden rösten und im Mixer zu Grieß zerkleinern.

Für vier bis sechs Personen:
2 ausgelöste Entenbrüste, 1 TL Speisestärke, je 1 rote und grüne Chilischote, 4 Frühlingszwiebeln, 3 – 4 Schalotten, je 1 TL gehackter Ingwer und Knoblauch,
Salz, Pfeffer, Zucker, 1 TL Sesamöl, je 2 EL Brühe,
Reiswein (ersatzweise Sherry) und (asiatische) Fischsauce,
1 EL Sojasauce, 1 EL Limonensaft,
2 EL Tamarindensaft (Konserve oder aus Tamarindenpaste gewonnen – aufgegossen und abgeseiht),
2 EL Reisgrieß (siehe oben), je 4 Stengel Thaibasilikum, Europakoriander und Koriandergrün, das elfenbeinfarbene Herz eines Chinakohls, einige bunte Salatblätter (Kopf- und Endiviensalat, Eichblatt und Lollo Rosso)

Sauce:
3 EL Fischsauce (Nam Plaa oder Nuoc Mam), 3 EL Wasser,
1 EL Zucker, 1 unbehandelte Limone,
2 rote und 2 grüne Vogelaugenchilis, 1 Schalotte,
je 1/2 TL gehackter Ingwer und Knoblauch, je einige Blättchen Koriandergrün und Thaibasilikum

Zur Dekoration, die mitgegessen wird:
einige Chilischoten, verschiedene Kräuter, Gurkenscheiben,
mittelgroße, runde und hellgrüne Auberginen (wenn vor-
handen)

1. Für die Sauce Fischsauce mit Wasser verdünnen und den Zucker darin auflösen. Von der Limone drei Segmente abschneiden und den Saft zur Fischsauce pressen. Das verbliebene Mittelstück der Limone samt der Schale fein hacken. Chilis in Scheibchen schneiden – je nach Geschmack mit oder ohne Kerne. Mit den übrigen Zutaten zu einer Sauce vermischen.

2. Die Entenhaut wie im vorigen Rezept beschrieben ablösen und rösten.

3. Das Entenfleisch mit einem großen Messer winzig klein würfeln, mit der Stärke bestäuben und mischen.

4. Chilis sehr fein würfeln, Schalotten und Frühlings- zwiebeln in feine Ringe schneiden.

5. Zwei Eßlöffel Entenfett im Wok erhitzen, zuerst die Hälfte des Ingwers und Knoblauchs darin schwenken, das Fleisch zufügen und unter Rühren braten. Mit Salz, Pfeffer und Zucker würzen.

6. Chilis, Schalotten und das Weiße der Frühlings- zwiebeln zufügen. Brühe, Sherry, Fischsauce und Soja- sauce angießen. Aufkochen, etwas einkochen lassen und vom Feuer ziehen, wenn fast alle Flüssigkeit ver- dampft ist und der Pfanneninhalt wieder zu braten beginnt.

7. Alle übriggebliebenen Zutaten unter das noch heiße Fleisch mischen, auch den Limonen- und Tamarinden- saft sowie den Reisgrieß.

8. Das gehackte Entenfleisch mit den Hautkrusteln vermischen, auf den abgelösten Chinakohl- und Salatblättern anrichten, mit den gewaschenen Kräuter-
stengeln dekorieren und rasch zu Tisch bringen.

TIP: Man packt jeweils kleine Entenfleischportionen in
Salatblätter, streut gehackte Chilischoten, Kräuter-
blättchen, fügt Achtel von den Auberginen oder Gurkenscheiben dazu, gibt etwas Sauce darüber und ißt die
Päckchen mit Genuß.

Als Getränk paßt grüner Tee, Bier, ein charakteristisch
weiniger Champagner, ein guter schäumender Apfelwein oder ein trockener Muskateller aus Baden.

Pfannengerührtes Entenfleisch mit Bambus und Tongkupilzen

Dies sollte man als Grundrezept betrachten und je nach
Vorratslage immer wieder abwandeln. Statt der hier
angegeben Gemüse kann man alles verwenden, was
Markt oder Kühlschrank gerade bieten. In der asiatischen Küche serviert man niemals nur ein Hauptgericht
– reichen Sie also wenigstens ein zweites dazu!

Für vier Personen:

*6 Tongkupilze, 1 ausgelöste Entenbrust, 1 TL Speisestärke,
1 TL Sesamöl, 6 Frühlingszwiebeln, 150 g Bambussprossen,*

250 g Erbsenschoten (Kaisererbsen), 1 rote Paprikaschote,
2 – 3 EL neutrales Öl oder Entenfett,
je 1 TL feingehackter Ingwer und Knoblauch,
je 2 El Sojasauce, Sherry und Hühnerbrühe,
Salz, Pfeffer, Zucker

1. Die Pilze mit wenig kochendem Wasser überbrühen und eine halbe Stunde einweichen.
2. Das Entenfleisch quer in schmale Scheiben schneiden – wer mag, zieht vorher die Haut ab und röstet sie separat, wie im Rezept »Ente in Kokossauce« (Seite 255) angegeben; sie bleibt dann knuspriger.
3. Das Entenfleisch mit Stärke und Sesamöl einmassieren.
4. Frühlingszwiebeln putzen, wenn sie sehr dick sind, längs halbieren; in jedem Fall quer in drei Zentimeter lange Stücke schneiden. Bambus und die entstielten und abgetrockneten Tongkupilze in schmale Streifen schneiden. Erbsenschoten abknipsen, die halbierte und entkernte Paprika ebenfalls in Streifen schneiden.
5. Im Wok das Öl oder Entenfett erhitzen, zuerst Ingwer und Knoblauch darin schwenken, dann das Fleisch zufügen und auf stärkstem Feuer eine Minute unter Rühren braten.
6. Bambus und Pilzstreifen, dann Erbsenschoten und Paprikastreifen zufügen und alles rasch miteinander umherwirbeln. Schließlich auch die Frühlingszwiebeln zufügen und mitbraten.
7. Mit Sojasauce, Sherry und Brühe ablöschen und mit Salz, Pfeffer und Zucker würzen.

Natürlich serviert man hierzu Reis! Als Getränk empfehlen wir einen Gelben Muskateller aus der Steiermark.

Ingwer-Ente in Orangensauce

Orangen und Ente – das sind Bestandteile eines Rezeptklassikers, dessen Urheberschaft die Toskaner ebenso wie die Franzosen reklamieren. Wir halten uns – trotz der Vermutung, daß schon die Chinesen auf diese Kombination gekommen sein könnten – aus diesem Streit heraus und ergänzen die europäische Idee mit den Düften Asiens:

Für vier Personen:

1 Ente (ca. 2 kg),
2 Orangen (ungewachst und
unbehandelt),
3 cm Ingwerwurzel,
3 Schalotten, 2 Chilischoten,
1 EL Zucker, 2 EL Sojasauce,
2 EL Reiswein oder Sherry
Fino, Salz, Pfeffer,
1/4 – 3/8 l Hühnerbrühe,
50 g Butterflöckchen

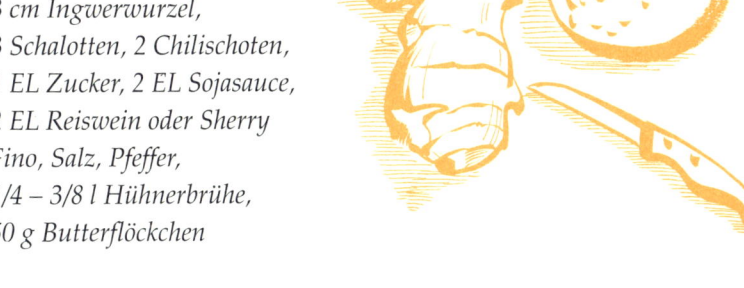

1. Die Ente innen und außen sauberwischen. Eine der beiden Orangen dünn abschälen, beide Orangen auspressen.

2. Die Orangenschale in den Entenbauch stecken. Ingwer, Schalotten, entkernte Chilis und Zucker im Mixer pürieren, dabei nach und nach den Orangensaft, Sojasauce und Reiswein (Sherry) zufügen.

3. Den Bauch der Ente mit drei Eßlöffeln dieser Marinade ausschwenken. Dann das Tier mit dem Rücken nach oben in einen Bräter setzen, mit der restlichen Marinade übergießen und im auf 250 Grad vorgeheizten Ofen zunächst eine halbe Stunde braten, dabei immer wieder mit der Marinade aus dem Bräter übergießen. Sobald sie eingekocht ist, mit Hühnerbrühe ablöschen und verdünnen.

4. Die Hitze auf 180 Grad herunterschalten, die Ente nunmehr auf den Rücken drehen und eine weitere halbe Stunde braten, dabei immer wieder begießen.

5. Zum Schluß die Hitze noch einmal verstärken oder sogar den Grill einschalten und die Ente auf einem Rost (Alufolie unterlegen) zehn Minuten lang kroß werden lassen.

6. Den Bratenfond aus dem Bräter loskochen, die restliche Hühnerbrühe zufügen. Die Sauce mit dem Pürierstab aufschlagen, dabei nach Belieben Butterflöckchen untermixen, bis die Sauce cremig wird.

Tip: Die Ente wie im Rezept für Kanton-Ente (Seite 252) beschrieben tranchieren, die Sauce getrennt reichen. Dazu passen knusprige Rösti oder einfach Weißbrot, krumig genug, um die Sauce aufzutunken.

Weinvorschlag: Ein dichter Bordeaux oder Cabernet Sauvignon aus dem Languedoc.

Tandoori-Ente mit Auberginen

In gut sortierten Supermärkten und Asienläden gibt es
eine ganze Auswahl fertiger, höchst intensiver Würz-
pasten in Gläsern. Zum Beispiel Tandoori-, Byriani- oder
Tikka-Paste, die man für verschiedene indische Gerichte
braucht. Damit eingerieben und mariniert wird aus einer
Ente ein exotisches duftendes Vergnügen – und zwar
ohne große Mühe:

Für vier bis sechs Personen:

1 küchenfertige Ente (2 kg), 1 Zwiebel,
2 – 3 EL Tandoori-Würzpaste (Glas),
3 mittelgroße lila Auberginen,
1 EL Sesamöl, Salz, Pfeffer, Zucker,
etwa 1/4 l Enten-, Hühnerbrühe oder Wasser, frisches
Koriandergrün (ersatzweise glattblättrige Petersilie)

1. Die Flügelspitzen der Ente, die Innereien und später
   auch die Karkasse wie im Rezept für Kanton-Ente
   (Seite 252) beschrieben zum Angießen und für eine
   Suppe verwenden.
2. Die feingewürfelte Zwiebel in den Entenbauch füllen.
   Die Ente mit Würzpaste einreiben, Rücken nach oben
   in einen Bräter setzen.
3. Die Auberginen in große Würfel schneiden, rund um
   die Ente verteilen. Mit Sesamöl beträufeln, salzen,
   pfeffern und mit einer gehörigen Zuckerprise würzen.
4. Die Ente wie im Rezept »Ingwer-Ente« (Seite 261) beschrieben eine gute Stunde braten. Nach einer halben

Stunde umdrehen und die Hitze auf 180 Grad reduzieren. Immer wieder einpinseln oder beschöpfen.

5. Sobald die Auberginenwürfel zu bräunen beginnen,
mit Brühe oder Wasser aufgießen, damit sie schmoren.

6. Die Ente tranchieren und auf einer Platte anrichten.
Auberginengemüse getrennt servieren, bestreut mit
frisch gehacktem Grün.

Tip: Dazu gibt es natürlich wieder Reis, es genügt aber
auch frisches Weißbrot. Salzkartoffeln oder ein sahniges
Kartoffelpüree passen auch.

Und als Getränk ein moderner, konzentrierter, fast ag-
gressiver, im Barrique ausgebauter Barbera (eventuell
mit Nebbiolo verschnitten) aus dem Piemont!

Heil-Beeren

Früher reisten die feinen Leute im Herbst nach Meran – nicht, wie man das heute tut, zum Törggelen, also um seine Trinkfestigkeit am neuen Wein zu überprüfen, sondern zur Traubenkur. Deren heilsamer Effekt war berühmt und begehrt. Bei Fettleibigkeit, Leberproblemen, Nieren- oder Herzbeschwerden tat die Traubendiät ihre heilende und lindernde Wirkung: Blutreinigend, entgiftend und entschlackend sowie auch bei hartnäckigster Obstipation erfolgreich. Tatsächlich stecken Weintrauben voller Gesundheit: Mineralien jede Menge, zum Beispiel Pottasche, Eisen, Kalzium, Magnesium, Phosphor, dazu reichlich Vitamin C und Vitamine aus dem B-Komplex, kein Fett, dafür viel Zucker, und zwar der vom Körper am leichtesten verdauliche und sofort verwertbare Traubenzucker, der auf der Stelle Kraft und Energie verleiht. Und eben jene hilfreichen Ballaststoffe, die für den geregelten Verdauungsprozeß sorgen. Der Traubenkurler ißt Trauben und sonst nichts.

Trauben sind aber in kulinarischer Hinsicht so vielseitig, daß es schade wäre, nur ihre diätetische Wirkung zu beachten. Grund genug, ihnen einige Rezepte zu widmen.

Weintrauben, so verrät das Küchenlexikon, sind die in Trauben angeordneten Beerenfrüchte des Rebstocks. Man unterscheidet Tafeltrauben, die man als Obst genießt, und Keltertrauben, aus denen Saft und Wein bereitet wird. Die Beeren der Tafeltrauben sind im allgemeinen größer als Keltertrauben, häufig sogar kernlos und haben meist eine zartere Haut. »Weiße« Weintrauben, die in Wahrheit natürlich grün sind, schmecken oft süßer als die »roten« Trauben, deren Farbe eher blau ist. Wie aromatisch Trauben schmecken, hängt von der Sorte und davon ab, wo sie gezogen wurden. Die auf unseren Märkten am meisten verbreitete »Regina« mit ihren großen, dattelförmigen Beeren kann beispielsweise nur langweilig süß schmecken, wenn sie aus einem Glashaus stammt, aber herrlich duften und wunderbar würzig sein, wenn sie in im Sonnenlicht Süditaliens, Spaniens oder Griechenlands hat reifen dürfen. Muskattrauben sollten die würzigsten sein – leider sind auch sie es nicht mehr immer, weil sie oftmals schon geerntet werden, bevor sie richtig ausgereift sind. Daher entwickeln sie kaum mehr den charakteristischen Geschmack. Am besten: heimlich eine Beere probieren, bevor man kauft. Auf Nummer Sicher geht man mit den »Sultana«, den kleinbeerigen Trauben aus Italien, Spanien, Kalifornien, Chile und der Türkei, aus denen man sonst Sultaninen macht. In jedem Fall sollte man darauf achten, daß die Früchte reif sind und daß der zarte, samtige Schimmer, der sie überzieht, möglichst intakt ist. Es handelt sich dabei übrigens nicht etwa um einen künstlich aufgebrachten Belag, sondern um eine natürliche Schutzschicht, die die Traube vor Schädlingen und Krankheit bewahrt.

Knoblauchcremesuppe mit Weintrauben

<u>Für vier Personen:</u>

100 g Mandeln, 5 – 6 Knoblauchzehen,
1/2 l kräftige Hühnerbrühe, 1/8 l Weißwein,
1/2 altbackenes Brötchen, Salz, Pfeffer, Cayennepfeffer,
2 – 3 EL Olio agrumato (zitronenwürziges Olivenöl; siehe
Anmerkung Seite 72, Bezugsquellen auf Seite 329) oder
Olivenöl extra vergine und ein Stück Zitronenschale,
50 g luftgetrockneter Schinken in hauchdünnen Scheiben,
200 g weiße Weintrauben

1. Die Mandeln zehn Minuten in kochendem Wasser einweichen, dann abschrecken und die braune Schale abschnipsen.
2. Die Mandeln mit den geschälten Knoblauchzehen im Mixer zu Mus pürieren.
3. Brühe und Wein aufkochen, das Brötchen darin aufweichen. Zu dem Mandelmus in den Mixer geben und zwei Minuten glattmixen, dabei das Öl zufügen (eventuell mit einem Spritzer Zitronenschale würzen), mit Salz, Pfeffer und Cayennepfeffer abschmecken.
4. Den Schinken in feine Streifen schneiden. Die Trauben eventuell häuten, auf alle Fälle jedoch halbieren und entkernen.
5. Zum Servieren die Suppe noch einmal erhitzen und mit dem Mixstab aufschäumen. Schinkenstreifen und Trauben erst ganz zum Schluß zufügen.

Spaghetti nach Winzerinnenart

Ein umwerfend einfaches Rezept – Winzerinnen haben schließlich nie Zeit –, das Ergebnis ist jedoch von unbeschreiblichem Wohlgeschmack! Wer gute kernlose Trauben mit dünner Schale findet, kann sie ganz verwenden – dann geht's noch schneller.

Für zwei Personen:

180 g sehr dünne Spaghetti, Salz, je eine kleine Handvoll Petersilien- und Basilikumblätter, 1 Knoblauchzehe, 1 Stück Parmesan (ca. 30 g), 2 Eigelb, 2 EL Olivenöl, Pfeffer, 200 g weiße Trauben

1. Die Spaghetti in Salzwasser in knapp zehn Minuten bißfest garen.
2. Kräuter, Knoblauch und Parmesan im Mixer fein zerkleinern, Eigelb und Olivenöl untermixen, schließlich mit Salz und Pfeffer würzen. Die Trauben, falls nötig, häuten, halbieren und entkernen.
3. Die Spaghetti abgießen, sofort mit der Eiersauce gründlich vermengen, dabei die Trauben zufügen – ganze Beeren dabei zerdrücken. Die Eigelb stocken im Kontakt mit den heißen Nudeln und überziehen sie mit einer unnachahmlich sanftcremigen Sauce.

Tip: Ein Hauch von Schärfe tut diesem Gericht gut – wer's mag, mixt eine kleine Chilischote mit oder würzt mit Cayennepfeffer.

Kalbsnieren in Verjus

Verjus, den Saft aus unreifen Weintrauben, liebt man in Frankreich wegen seiner fruchtig-säuerlichen Frische. Man würzt damit gern, statt mit Essig, Saucen zu kurzgebratenem Fleisch oder Innereien. Man findet Verjus in guten Delikateßläden auch bei uns. Falls nicht, behilft man sich mit frisch gepreßtem Traubensaft, den man halb mit Zitronensaft mischt.

Für vier Personen:

2 Kalbsnieren, 3 EL Olivenöl, Salz, Pfeffer, 1/8 l Verjus, 1/8 l Kalbsfond, 50 g Butter, 300 g weiße Weintrauben

1. Die Nieren sorgfältig putzen: Nach dem Abziehen der dünnen Haut quer in halbzentimeterdünne Scheiben schneiden, die weißen Innenstränge entfernen.
2. In einer großen Pfanne das Öl rauchend heiß werden lassen, die Nierenscheiben darin rasch auf beiden Seiten anbraten – portionsweise, damit sie keinen Saft ziehen! Herausheben und auf einer Platte warm stellen; erst jetzt salzen, sonst werden sie hart, und pfeffern.
3. Den Bratensatz mit Verjus und Kalbsfond los- und ein wenig einkochen. Die Butter in Flöckchen zufügen und mit dem Schneebesen einarbeiten.
4. Die halbierten und entkernten, möglichst sogar gehäuteten Trauben in dieser Sauce kurz erwärmen und über die Nierenscheiben verteilen.

Als Beilage genügt krumiges Weißbrot.

Kalbszunge in Traubensauce

Ob die Zunge gepökelt angeboten wird oder naturbe-
lassen, das ist regional unterschiedlich – beide Arten
kann man für dieses Rezept nehmen. Die gepökelte
Zunge sieht mit ihrer rosa Farbe hübscher aus!

Für zwei Personen:

*1 Kalbszunge, 1 dickes Bund Suppengrün, 1 Lorbeerblatt,
je 6 Pfeffer- und Pimentbeeren, Salz*

Für die Sauce:
*1 Zwiebel, 1 Knoblauchzehe, 4 EL Butter, 1 TL Mehl,
500 g weiße Trauben, Salz, Pfeffer,
je 1 Spritzer Worcestershire-Sauce und Zitronensaft*

1. Die Zunge mit dem geputzten Suppengrün und den
   Gewürzen mit Wasser bedeckt aufsetzen und knapp
   eineinhalb bis zwei Stunden leise gar köcheln – bis sie
   sich mit einer Nadel mühelos durchstechen läßt. Die
   ledrige Haut abziehen und knorpelige Teile wegschneiden. Die Brühe durch ein Sieb passieren.

2. Für die Sauce Zwiebel und Knoblauch fein würfeln, in
   zwei Löffeln Butter weich dünsten. Das Mehl darüber-
   stäuben und durchschwitzen, bevor mit ca. 1/4 l Kochsud abgelöscht wird.

3. Zwei Drittel der gewaschenen, zerdrückten Trauben
   zufügen, salzen und pfeffern. Zugedeckt etwa 20 Minuten leise köcheln. Alles durch ein feines Sieb streichen und mit der restlichen Butter aufmixen.

4. Die Sauce mit Worcestershire-Sauce und Zitronensaft abschmecken. Die Zunge in dünne Scheiben schneiden und zusammen mit den restlichen Weinbeeren darin erwärmen.

Tip: Dazu schmeckt Kartoffelpüree, das mit reichlich Schnittlauchröllchen vermischt wird. Und ein reifer, ausladender Riesling aus dem Elsaß.

Rotweinkarpfen mit Trauben

Für vier Personen:

1 mittelgroßer Karpfen (ca. 2 kg – vom Händler bereits quer durch die Rückengräte in zweifingerbreite Koteletts geschnitten), 2 EL Mehl, 2 TL Delikateßpaprika, Salz, Pfeffer, 2 EL Butterschmalz, 1/4 l Rotwein, 1/8 l Fischfond, 400 g rote Weintrauben, 50 g Butter

1. Die Karpfenkoteletts mit Küchenpapier gut abtrocknen und im Mehl wenden, das mit Paprika, Salz und Pfeffer vermischt ist. Alles überschüssige Mehl abschütteln.
2. Die Koteletts in einer großen Pfanne im heißen Butterschmalz auf beiden Seiten langsam goldbraun braten. Auf Küchenkrepp abtropfen lassen.
3. Für die Sauce den Bratensatz mit Wein und Fischfond los- und um knapp die Hälfte einkochen. Währenddessen die Trauben häuten, halbieren und entkernen.
4. Mit einem Schneebesen die Butter unter den Saucen-

fond schlagen, mit Salz und Pfeffer abschmecken, die Trauben schließlich darin behutsam erwärmen.

5. Die Karpfenstücke auf einer vorgewärmten Platte anrichten, mit der Sauce überziehen, die Trauben dekorativ dazwischen verteilen.

Tip: Dazu passen **Tarhonya,** das sind eine Art Nudel-streusel (es werden dafür Ei und Mehl zu kleinen Klümpchen verrieben), wie man sie in Ungarn gerne ißt: Sie werden zunächst in Schmalz golden angeröstet, dann mit Wasser auffüllen und wie Pilawreis zugedeckt lang-sam gar quellen lassen.

Rebhuhn auf Weinsauerkraut

Für vier Personen:

Für das Kraut:
1 Zwiebel, 2 Knoblauchzehen, 2 EL neutrales Öl,
500 g Sauerkraut, 1 Glas Weißwein, Salz, Pfeffer,
2 Lorbeerblätter, 6 Pfefferbeeren,
je 3 Wacholder- und Pimentbeeren

Außerdem:
2 Rebhühner, Salz, Pfeffer, 4 Thymianzweiglein,
2 Majoranstengel, 3 EL Butter, 500 g weiße Trauben

1. Zwiebel und Knoblauch fein würfeln, im heißen Öl in einem großen Topf andünsten.

2. Das Kraut unter fließendem Wasser waschen, abtropfen, auseinanderzupfen und unter die Zwiebeln mischen. Die Gewürze zufügen. Den Wein angießen, schließlich alles mit Wasser bedecken – das ist wichtig, damit das Kraut appetitlich hell bleibt! Aufkochen und auf kleinem Feuer zugedeckt etwa 60 Minuten leise köcheln.

3. Inzwischen die Rebhühner mit Küchenpapier auswischen, mit Salz und Pfeffer innen und außen einreiben. Die Kräuterzweige in die Bäuche stecken.

4. Die Vögel auf der Seite liegend in eine Bratenform setzen, mit Butterflöckchen belegen und in den 250 Grad heißen Ofen schieben. Nach zehn Minuten mit Bratbutter einpinseln und die Tiere auf die andere Seite drehen.

5. Nach weiteren zehn Minuten die Hitze auf 100 Grad herunterschalten, die Rebhühner nunmehr auf den Rücken drehen und die entkernten, halbierten Trauben daneben verteilen. Die Rebhühner in der nun nachlassenden Hitze bei etwas geöffneter Backofentüre noch 45 Minuten garen, dabei immer wieder mit Bratenflüssigkeit beschöpfen.

6. Zum Servieren das Kraut gut abtropfen lassen und auf einer Platte anrichten. Die Trauben mit einer Schaumkelle aus der Bratenform heben und als Rand darauf verteilen; die Rebhühner schließlich obenauf setzen. Den Bratenjus in einer Saucière getrennt dazu reichen.

Tip: Am besten passen dazu mehlige Pellkartoffeln oder ein sahniges Püree und ein intensiver, nicht zu säurebetonter, eventuell sogar fruchtig-milder Riesling.

Eingelegte Grappa-Trauben

Wenn man sie ein paar Wochen lang hat durchziehen lassen, sind sie ein köstlicher Genuß – man adelt damit zum Beispiel Vanilleeis, krönt damit eine Quarkspeise oder gibt die alkoholisierten Früchte zur Mascarponecreme.

Für zwei 500-Gramm-Gläser:

1,2 kg weiße und rote Weintrauben,
2 Zimt- und Vanille-stangen, 2 Sternanis,
500 g Zucker, ca. 1/2 l Grappa

1. Die Weintrauben waschen, von den Rispen zupfen und nach Farben getrennt in verschließbare Vorratsgläser schichten, dabei jeweils eine längs halbierte Zimt- und Vanillestange sowie einen Sternanis dazwischen pakken.
2. Den Zucker jeweils zur Hälfte in die Gläser verteilen, gut schütteln, damit er an den Grund der Gläser gelangt.
3. Mit Grappa auffüllen. Die Trauben sollten bedeckt sein. Verschlossen stehen lassen, aber immer wieder umdrehen, damit sich der Zucker völlig auflöst.
4. Die Trauben mindestens vier Wochen durchziehen lassen, bevor man sie probiert. Falls man sie nicht – wider jegliches Erwarten! – schnell verspeist, halten sie sich gut verschlossen viele Monate.

Wurzeln aus dem Sand

Weil sie geschält so ähnlich aussehen und billig sind, hat man die Schwarzwurzeln »Spargel des kleinen Mannes« genannt. Zu Unrecht: Sie sind ein eigenständiges und köstliches Gemüse!

Schwarzwurzeln werden nur in wenigen Regionen Deutschlands angebaut. Meist kommen sie aus Belgien auf unsere Märkte – dort gibt es den lockeren, sandigen Boden, den sie brauchen, mineralstoffreich und tiefgründig. Sie enthalten viel Insulin (Diät für Zuckerkranke!) und Eiweiß. Bricht man die Wurzeln oder schneidet sie an, tritt ein milchiger Saft aus, der schnell oxydiert und braun wird, außerdem eine scheußliche Klebrigkeit entwickelt, die sich beim Kochen verstärkt, wenn man nicht unverzüglich etwas Essig oder Zitronensaft hinzufügt. Deswegen werden Schwarzwurzeln stets in gesäuertem und gesalzenem Wasser gekocht. Man ißt sie gerne als Gemüsebeilage – vor allem zu Fleisch – oder als Salat.

Die Qualität kann man sehen: Lang müssen die Wurzeln sein, fest und walzenförmig, möglichst nicht spitz zulaufend oder gegabelt, grauschwarz und fast so rauh wie Sandpapier: Nachgiebige Wurzeln sind ausgetrocknet oder hohl, werden zäh oder bleiben hart; spitz zulaufende garen nicht gleichmäßig, gegabelte lassen sich schlecht schälen; und braune, mit tiefen Augen durchsetzte Stangen sind nicht in Sand gewachsen, schmecken eher fett und unfein statt zart nussig und elegant.

Schwarzwurzeln nature (Grundrezept)

Es gibt zwei Möglichkeiten, Schwarzwurzeln zu kochen: Erstens in der Schale, sorgfältig gewaschen und gebürstet, zweitens geschabt oder geschält, dann sofort in gesäuertes Wasser gelegt. In jedem Fall wird das Kochwasser gesäuert und gesalzen, zu den geschälten Wurzeln gibt man gerne noch einen Löffel Mehl ins Kochwasser, das ebenfalls für eine schöne weiße Farbe sorgt und den Kleber binden soll. Man kann die geschälten Wurzeln auch vor dem Kochen kleinschneiden, dann sind sie in wenigen Minuten fertig. In ihrer Schale gekochte Wurzeln schreckt man nach dem Kochen kurz ab und kann sie, wenn sie frisch sind, leicht aus ihrer Haut lösen. Bei älteren muß man mit dem Messer nachhelfen.

Schwarzwurzeln wurden bei uns früher immer zu lange gekocht – bis sie ganz weich waren. Das ist ein Fehler: Sie schmecken um so besser, je mehr Biß sie haben. Allerdings muß man sie fein schneiden, wenn sie ganz knackig bleiben sollen, hingegen etwas weicher kochen, wenn man die Stücke größer läßt.

Für vier Personen:

500 g Schwarzwurzeln,
Essig und Salz fürs Kochwasser,
50 g Butter, Salz, Pfeffer, Petersilie

1. Schwarzwurzeln fast weich kochen. Die geschälten Stangen in 3 bis 4 cm lange Stücke schneiden.
2. Die Butter in einer Pfanne zerlassen, die Schwarzwurzeln darin schwenken und würzen. Mit gehackter Petersilie bestreut zu gekochtem Rindfleisch servieren.

Tip: Etwas mehr Butter nehmen und diese haselnuß-braun und nussig-aromatisch werden lassen, ehe die Stangen darin erhitzt werden. Schmeckt besonders gut zu gebratener Hühnerbrust oder Putenschnitzel.

Schwarzwurzelgratin

<u>Für vier Personen:</u>

750 g Schwarzwurzeln, Salz und Essig fürs Kochwasser,
1/4 l süße Sahne, 1 EL Instant-Saucenbinder,
Salz, weißer Pfeffer, Cayenne, frisch geriebene Muskatnuß,
eventuell etwas Macis (Muskatblüte),
1 Hauch abgeriebene Zitronenschale, 60 g Butter,
200 g frisch geriebener Emmentaler oder Gruyère

1. Schwarzwurzeln in gesäuertem Salzwasser in etwa 15 Minuten nicht ganz weich kochen.
2. Unterdessen die Sahne aufkochen und mit dem Saucenbinder leicht sämig binden. Mit Salz, Pfeffer, Cayenne, Muskat, Macis und Zitronenschale (Frucht vorher heiß abwaschen) würzen.
3. Eine Auflaufform mit etwas Butter ausreiben.
4. Die abgetropften, in etwa 3 cm lange Stücke geschnittenen Schwarzwurzeln darin verteilen. Mit der Sahnesauce begießen, den Käse darüberstreuen und mit Butterflöckchen belegen.
5. Im heißen Ofen (220 Grad, Umluft 200 Grad) etwa 15 Minuten überbacken, bis die Sauce brodelt und die Oberfläche bräunt und Blasen wirft.

Tip: Man kann statt des Saucenbinders auch 1 EL Mehl mit etwas Butter verkneten und einrühren. Oder aus 40 g Butter, 1 gehäuftem EL Mehl und 1/8 l Milch eine dicke Weiße Sauce kochen. Oder eine Béchamelsauce bereiten (50 g Butter, 1 EL Mehl, 1/8 l Milch, 1/8 l Sahne). Nach

278

Belieben die Schwarzwurzeln mit Schinkenstreifen belegen, bevor der Käse daraufgestreut wird.

Mit Salat oder zu Schnitzeln servieren. Dazu paßt ein leichter, junger Rotwein – Beaujolais, Dole (Schweiz) oder ein leicht prickelnder Barbera aus dem Piemont.

Schwarzwurzeln mit Sauce Hollandaise

Für vier Personen:

1 kg Schwarzwurzeln, Essig und Salz fürs Kochwasser

Für die Sauce Hollandaise:
3 Eigelb, Salz, 250 g Butter, Pfeffer, Cayennepfeffer,
1 Spritzer Worcestershire-Sauce, 1 EL Zitronensaft

1. Die geschälten Schwarzwurzeln in etwa 6 cm lange Stücke schneiden und kochen.
2. Eigelb salzen und auf milder Hitze oder im Wasserbad dickschaumig aufschlagen. Die Butter nach und nach stückchenweise unterschlagen. Die Sauce nicht ins Kochen geraten lassen, sonst gerinnt das Ei!
3. Mit den angegebenen Zutaten abschmecken – Vorsicht, zart dosieren! Schmeckt besonders gut zu Rindersteak oder Kalbsmedaillons.

Tip: Wie Spargel als Stangen servieren, dazu als Beilage Pfannkuchen und gekochter Schinken.

Schwarzwurzelsalat mit Avocado

Für vier Personen:

500 g Schwarzwurzeln, Essig und Salz fürs Kochwasser,
1 kleine oder 1/2 große, gut reife, cremige Avocado,
1 Zitrone, 2 Chilischoten, 2 Knoblauchzehen,
8 Pimentkörner, 2 TL ungereinigtes Meersalz,
2 EL Fischsauce, 2 EL Sojasauce, 1 TL Sesamöl,
1 Bund Koriandergrün (gehackt ca. 2 gehäufte EL)

1. Die Schwarzwurzeln in 15 bis 20 Minuten gerade noch bißfest kochen.
2. Währenddessen das Avocadofleisch aus der Schale drücken, fein würfeln und mit dem Zitronensaft beträufelt durchziehen lassen.
3. Chilischoten entkernen und hacken, Knoblauchzehen durch die Presse drücken, Pimentkörner zusammen mit dem Meersalz im Mörser zerstoßen. Zur Avocado geben, mit Fisch- und Sojasauce sowie dem Sesamöl verrühren, wobei sich die Avocadowürfel ein wenig auflösen und die Sauce binden.
4. Die Schwarzwurzeln noch heiß in etwa 3 cm lange Stücke schneiden, in der Sauce umwenden und abkühlen lassen.
5. Mit gehacktem Koriandergrün bestreut servieren und am Tisch noch einmal umwenden.

Tip: Zu gegrillten, gebratenen oder gekochten Würsten, mit Sauerteigbrot und einem zischenden Pils!

Schwarzwurzelsalat mit Kapern

<u>Für vier Personen:</u>

500 g Schwarzwurzeln, Salz und Essig fürs Kochwasser,
3 EL Aceto balsamico, Salz, 2 hoch gehäufte EL Dijon-Senf,
3 EL gutes Olivenöl extra vergine, 2 TL grüne Pfefferbeeren,
3 TL Kapern (Nonpareilles), 3 Schalotten oder 1 Zwiebel,
1 EL gehackte Petersilie

1. Die Schwarzwurzeln im Ganzen gute 20 Minuten kochen, in Stücke geschnitten entsprechend kürzer.
2. Etwa drei Zentimeter lange Stücke schneiden und sofort mit der inzwischen fertiggestellten Sauce anmachen.
3. Für die Sauce den Balsamessig mit Salz und Senf verrühren, dann langsam das Öl zugeben und unterschlagen, damit eine cremige Bindung entsteht.
4. Pfefferbeeren und Kapern hacken, ebenso die Schalotten oder die Zwiebel. An die Sauce geben, die heißen Schwarzwurzeln damit umwenden und abkühlen lassen, dabei immer wieder durchmischen.
5. Vor dem Servieren mit der gehackten Petersilie mischen.

Tip: Dieser Salat schmeckt köstlich zu gekochter Kalbs- oder gepökelter Rinderzunge. Dazu paßt Kartoffelpüree und ein kräftiger Weißwein (Chardonnay, Pinot bianco oder grigio).

Schwarzwurzelsalat mit Ei

<u>Für vier Personen:</u>

500 g Schwarzwurzeln, Salz und Essig fürs Kochwasser,
3 Eier, 1 Gewürzgurke,
1 Bund Petersilie (eventuell auch etwas Kerbel),
1 EL Senf, 3 EL Weißweinessig, 4 EL Olivenöl,
Salz, Pfeffer, Cayennepfeffer oder Tabasco

1. Die Schwarzwurzeln bißfest, die Eier hart kochen.
2. Abgeschreckte Eier und Gewürzgurke würfeln, Petersilie und/oder Kerbel hacken.
3. Aus den übrigen Zutaten eine angenehm geschärfte Marinade anrühren. Eier, Gurken und Kräuter untermischen.
4. Schwarzwurzeln in etwa 4 cm lange Stücke schneiden und noch warm mit der Marinade umwenden.

Tip: Lauwarm mit frisch aufgebackenem Weißbrot als appetitanregende Vorspeise servieren. Dazu trockener Weißwein oder Rosé.

Zum Einpacken:
Reisblätter!

Mit dem zarten, durchscheinend dünnen Japanpapier aus dem Schreibwarengeschäft haben diese Reisblätter natürlich nichts zu tun. Man kann sie wirklich essen, und sie sind ein Hochgenuß! Sie bestehen, wie der Name schon sagt, aus Reis, feingemahlen und mit Wasser und einer Prise Salz zu einem transparenten Teig verarbeitet, zwischen stabilen Platten zu hauchdünnen Blättern ge-preßt und auf Bambusmatten getrocknet, die auf ihrer Oberfläche ein charakteristisches Muster hinterlassen.

Reisblätter spielen vor allem in der vietnamesischen und in der thailändischen Küche eine wichtige Rolle. Nicht nur als Hülle für die allseits beliebten Frühlingsrollen – man packt überhaupt gerne alles mögliche in die weiße Hülle. Mal ißt man die Päckchen roh, man kann sie aber auch dämpfen, braten, fritieren oder im Ofen backen.

Längst findet man Reisblätter auch bei uns – in allen Asienshops und in der Asienabteilung der großen, gut sortierten Supermärkte: Runde, manchmal auch quadra-tische, weiß-transparente zerbrechliche Bögen. Es gibt sie in verschiedenen Größen, Durchmesser 15 bis 30 Zenti-meter, auch als Viertelsegmente eines großen Kreises.

Man muß die Blätter behutsam behandeln, darf sie vor allem (zum Beispiel auf dem Nachhauseweg) auf keinen Fall knicken, sonst zerbrechen sie und sind nicht mehr zu gebrauchen.

Am Anfang steht das Einweichen: Dafür werden die Blätter auf Küchentücher gebreitet und entweder mit dem Wäschesprüher besprengt oder einfach mit Wasser beträufelt. Manche lieben es, statt Wasser Bier zum Einweichen zu nehmen, das gibt nicht nur Geschmack, sondern bewirkt beim Backen oder Fritieren eine goldene Farbe der Hülle und macht sie knuspriger. Letzteren Effekt kann übrigens auch erzielen, wer die fertigen Röllchen vor dem Backen mit Zuckerwasser einpinselt. Wer viel Platz in der Küche hat, kann die Blätter auch zwischen zwei sehr feuchte, fast nasse Tücher legen. Stets nebeneinander, versteht sich, denn wenn sie beim Einweichen einmal zusammengeklebt sind, kriegt man sie niemals mehr auseinander. Nach etwa 20 Minuten sind die steifen Blätter weich und biegsam, haben ihre Transparenz verloren, sind weiß und zum Füllen bereit. Wichtig: Eingeweichte Blätter stets mit einem feuchten Tuch zugedeckt halten, damit sie nicht austrocknen. Und: Für größere Päckchen empfiehlt es sich, jeweils zwei Blätter aufeinandergelegt als Hülle zu verwenden. So wird sie stabiler, hält den Inhalt besser zusammen und reißt nicht so leicht. Bei mundgerechten Aperitif-häppchen ist das jedoch nicht nötig.

Reisblätter sind deshalb so praktisch, weil sie – anders als zum Beispiel Nudelblätter – immer verfügbar sind, und weil sie, neutral im Geschmack, sich allem anpassen. Man muß sie natürlich nicht immer originalgetreu *à la vietnamienne* oder *à la thailandaise* füllen, man kann sie wunderbar auch mit hiesigen Zutaten kombinieren und damit ein neues Kapitel der west-östlichen Küchen-allianz aufschlagen. Hier ein paar Ideen dafür.

Kabeljau in knuspriger Hülle mit Zitronensauce

Ein ebenso dekorativer wie wohlschmeckender Gang in einem feinen Menü für Gäste. Die Päckchen kann man bereits am Nachmittag vorbereiten, sie brauchen dann nur noch vor dem Servieren rasch in der Pfanne gebraten zu werden.

Für vier Personen:

4 große Reisblätter (30 cm Durchmesser),
4 gleich große, dicke Stücke Kabeljaufilet à ca. 150 g,
Salz, Pfeffer, 2 unbehandelte Zitronen,
1 Bund Schnittlauch, 4 EL Butter, einige Tropfen zitronen-
würziges Olivenöl (siehe Tip), 1/8 l Sherry, 2 EL Kapern

1. Die Reisblätter einweichen.
2. Kabeljaufilets salzen und pfeffern und jeweils in die Mitte eines jeden Reisblatts setzen.
3. Zitronen mit heißem Wasser abspülen und bis aufs Fruchtfleisch schälen. Die Schalen über dem Fisch zusammendrücken und ihre ätherischen Öle über den Fisch spritzen.
4. Mit einem scharfen Messer die Zitronenfilets aus den Kammern lösen, den Saft dabei auffangen.
5. Schnittlauch in Röllchen schneiden, jeweils einen Eßlöffel auf den Fischfilets verteilen. Die Reisblätter zuerst über dem Fisch zusammenschlagen, dann die Seiten nach unten klappen und wie ein Päckchen verschließen.

6. Zum Servieren die Päckchen in einer beschichteten Pfanne in zwei Eßlöffeln heißer Butter auf jeder Seite zwei Minuten braten. Auf einer vorgewärmten Platte mit Alufolie zugedeckt warm halten.

7. Das Bratfett wegkippen, statt dessen Zitronensaft und Sherry aufkochen. Mit einem Schneebesen die Butter einrühren, schließlich die Zitronenfilets, restlichen Schnittlauch und die Kapern in dieser Sauce erwärmen.

8. Die Kabeljaupäckchen auf Tellern anrichten, jeweils einen Löffel Sauce mit Kapern und Zitronenfilets daneben setzen. Sofort servieren.

Tip: In Italiens feinen Restaurants gerade große Mode ist *Olio agrumato,* ein zitronenwürziges Olivenöl, das seinen Duft dadurch erhielt, daß man Oliven und Zitronen miteinander vermahlen und gepreßt hat. Ergibt ein verblüffendes Zitrusparfum. In ausgesuchten Delikatessengeschäften oder im Delikateßversandhandel kann man es auch hierzulande kaufen. (Siehe auch die Adressen für Bezugsquellen auf Seite 329).

Gedämpfte Geflügel-Päckchen

Ein hübscher Leckerbissen zum Apéritif, den man zum Stehempfang servieren kann. Die Gäste nehmen sich von der Platte mit der Hand oder – eleganter! – mit chinesischen Eßstäbchen.

Für sechs Personen:

*8 große oder 12 kleine Reisblätter, 32 schöne Spinatblätter,
250 g Hähnchenbrustfleisch, 1 TL Sesamöl, 1 EL Sojasauce,
Salz, Pfeffer, je 1 TL feingewürfelter Ingwer, Knoblauch und
Chili*

1. Die Reisblätter einweichen und je nach Größe halbieren oder vierteln. Jeweils ein Spinatblatt in die Mitte legen.
2. Das gut gekühlte Hähnchenfleisch grob würfeln, mit Sesamöl, Sojasauce und den Gewürzen sekundenschnell im elektrischen Zerhacker oder Mixer nicht zu fein pürieren.
3. Jeweils einen Teelöffel dieser Farce auf die Spinatblätter verteilen, kleine Päckchen wickeln, darauf achten, daß sie rundum verschlossen sind, damit nichts herausquillt.
4. Die Päckchen mit der Nahtstelle nach unten nebeneinander auf einem Dämpfsieb ausbreiten. Über heißem Dampf zugedeckt vier Minuten garen.

Tip: Mit Stäbchen servieren, dazu mit Chilisauce und mit einigen Tropfen Zitronensaft gewürzte Sojasauce als Dip zum Stippen reichen.

Paßt ebenso zu einem leichten Sherry (Manzanilla oder Fino) wie zu Champagner oder einem trockenen Muskateller.

Frühlingsröllchen

Sie schmecken natürlich am besten ganz frisch gebacken. Trotzdem kann man sie vorbereiten, wenn man sie Gästen anbieten will: Sie werden am Nachmittag fix und fertig zubereitet und nur einmal im heißen Fett schwimmend vorgebacken. Unmittelbar vor dem Servieren breitet man die Röllchen auf einem mit Alufolie ausgelegten Backblech aus und schiebt sie für einige Minuten in den 250 Grad heißen Backofen, bis sie wieder rund herum knusprig sind.

Für sechs bis acht Personen:
24 kleine Reisblätter (oder Viertelsegmente von großen Blättern), 4 Tongkupilze, 300 g Schweinehackfleisch, 1 TL Speisestärke, 2 TL Sesamöl, 3 EL Sojasauce, 100 g Sojabohnensprossen, 100 g Bambus, 100 g Weiß- oder Chinakohl, 100 g Champignons, 3 Frühlingszwiebeln, 3 EL Sonnenblumenöl, je 1 TL feingehackter Ingwer und Knoblauch, Salz, Pfeffer, Koriandergrün, Öl zum Fritieren

Für den süßsauren Dip:
je 1 TL gehackter Ingwer, Knoblauch und roter Chili, 3 EL Tomatenketchup, 5 EL Reis- oder Apfelessig, 4 EL Zucker, 1/8 l Wasser

1. Die Reisblätter einweichen.
2. Die Tongkupilze mit kochendem Wasser überbrühen und einweichen.

3. Für die Füllung das Fleisch mit Stärke, einem Teelöffel Sesamöl, einem Eßlöffel Sojasauce gründlich vermischen und marinieren.

4. Die Gemüse waschen, putzen, wo nötig schälen und in dünne Scheiben oder feine Streifen schneiden.

5. Das Sonnenblumenöl mit dem restlichen Sesamöl in einer großen Pfanne oder im Wok erhitzen. Zuerst das Hackfleisch darin so lange braten, bis es krümelig geworden ist, dann Ingwer und Knoblauch sowie Frühlingszwiebeln, schließlich in rascher Folge alle anderen Gemüse, auch die in Streifen geschnittenen Tongkupilze zufügen, dabei ständig mit einem großen Rührlöffel oder der Bratschaufel rühren. Salzen, pfeffern und mit Sojasauce würzen.

6. Zum Schluß die Korianderblätter zerzupfen und untermischen. Diese Füllung etwas abkühlen lassen.

7. Jeweils einen Eßlöffel davon in ein Reisblatt packen und zu einer Rolle aufwickeln, dabei darauf achten, daß die Seiten so eingeschlagen werden, daß nichts herausquellen kann. Das Ende mit etwas kaltem Wasser festkleben. Stets auf diese Nahtstelle legen, damit die Röllchen sich nicht öffnen.

8. Die Röllchen in heißem Öl schwimmend portionsweise goldbraun backen. Dafür zunächst zwei Minuten vorbacken, herausheben, kurz abkühlen und schließlich erneut ins heiße Fett geben und in einer weiteren Minute fertig backen. Gut auf Küchenpapier abtropfen.

9. Für die süßsaure Sauce alle Zutaten aufkochen und wieder abkühlen lassen.

Schweinebällchen im Reismantel

Eine hübsche Idee fürs Partybuffet: Hier packen sich die Gäste ihre Päckchen selbst. Die fertigen Bällchen werden auf eine mit Salatblättern ausgelegte Platte gehäuft. Auf einer zweiten Platte ordnen Sie großzügig Kräuter, Reisnudeln sowie verschiedenes Grünzeug an. Dazu gibt es eingeweichte Reisblätter, lose aufgerollt, damit sie nicht zusammenkleben, und einen Dip. Und dann stellt sich jeder seine Lieblingsrolle zusammen. Das kann die Gäste einen Abend lang beschäftigen!

Für sechs Personen:

18 Reisblätter (Durchmesser ca. 15 cm), 500 g Schweine-
schulter (vom Metzger durch die feine Scheibe des
Fleischwolfs drehen lassen), 2 Eiweiß,
1 dicker Bund Frühlingszwiebeln (100 g),
je 1 EL feingewürfelter Knoblauch und Ingwer, Salz, Pfeffer,
Cayennepfeffer, 1 TL Zucker, 1 EL Sesamöl, 2 El Sojasauce

Für den Dip:
50 g geröstete Erdnüsse, 2 frische, rote Chilischoten,
2 Knoblauchzehen, 2 EL Zitronensaft, 4 EL vietnamesische
Fischsauce, 1/4 l ungesüßte Kokossahne (Dose oder Beutel)

Außerdem:
2 große Kopfsalate, je 1 Strauß Koriandergrün, Minze und
Thaibasilikum, 2 Bund Radieschen, 1 Salatgurke,
2 große Möhren, 250 g Sojakeime, 200 g Reisnudeln

1. Die Reisblätter einweichen. Unter einem feuchten Tuch aufbewahren, bis alle weiteren Vorbereitungen erledigt sind.
2. Für die Schweinebällchen das Fleisch mit den Eiweiß, den in feine Ringe geschnittenen Frühlingszwiebeln, Knoblauch, Ingwer, Salz, Pfeffer, Cayennepfeffer und einer Prise Zucker gründlich, also am besten mit den Händen, mischen.
3. Aus dem glatten Teig kirschgroße Bällchen formen und in leise siedendem Salzwasser etwa fünf Minuten gar ziehen lassen. Mit einer Schaumkelle herausheben und gut abtropfen lassen.
4. Nebeneinander auf eine feuerfeste Platte setzen. Sesamöl, restlichen Zucker und Sojasauce verrühren; die Bällchen damit einpinseln und vor dem Servieren unter dem Grill überglänzen.
5. Für den Dip Erdnüsse, entkernte Chilis und geschälten Knoblauch mit den übrigen Zutaten im Mixer püieren.
6. Die Salatblätter und Kräuter gut waschen, Radieschen, Gurke und Möhren in streichholzdünne Streifen schneiden, Reisnudeln in kochendem Wasser einige Minuten ziehen lassen, bis sie weich sind. Alles dekorativ auf einer Platte anrichten und miteinander servieren.

Knallbonbon vom Hähnchen mit kunterbuntem Paprika

Es liegt tatsächlich wie ein Silvester-Knallbonbon auf dem Teller, inmitten von buntem Paprika-Konfetti: Die gefüllte Reisblatt-Rolle ist an den Seiten zusammengefaßt und mit einem stabilen Schnittlauchhalm oder mit einem bunten Küchenfaden verschnürt.

Für vier Personen:

4 große Reisblätter (30 cm Durchmesser),
250 g Hähnchenbrust, 1/2 TL Speisestärke, 1 EL Eiweiß,
je 1 TL Sesam- und Chiliöl, Salz, Pfeffer,
je 1 grüne, rote und gelbe Paprikaschote, 1 Fleischtomate,
2 Schalotten, 1 Knoblauchzehe, 4 Stengel Basilikum,
3 EL neutrales Sonnenblumenöl,
1/8 l Kalbs- oder Geflügelfond, 2 EL trockener Wermut

1. Die Reisblätter einweichen.
2. Das Fleisch in winzig kleine Würfel schneiden. Mit Stärke und Eiweiß, Sesam- und Chiliöl gründlich mischen, dabei mit Salz und Pfeffer würzen.
3. Die Paprika mit einem Sparschäler so dünn schälen, daß nur die Haut entfernt wird. Die Schoten entkernen, das Fleisch in winzige, höchstens zwei Millimeter große Würfel schneiden.
4. Die Tomate brühen, häuten, entkernen und ebenso klein würfeln.
5. Schalotten und Knoblauch schälen und fein hacken. Basilikum in feine Streifen schneiden.

6. Ein Drittel der Paprika- und Tomatenwürfel, der Schalotten, des Knoblauchs und des Basilikums mit dem Hühnerfleisch vermengen. Mit Salz und Pfeffer abschmecken und auf den eingeweichten Reisblättern verteilen, dabei zu einer schmalen Rolle formen.
7. Das Reispapier über die Füllung klappen und zu einer Rolle wickeln. An den Seiten die Päckchen verschnüren.
8. In einer beschichteten Pfanne das Öl erhitzen, die Rollen bei milder bis mittlerer Hitze sanft braten, dabei immer wieder drehen, damit sie rundum golden werden und innen gleichmäßig gar.
9. Die Rollen auf vorgewärmten Tellern anrichten. Im Bratfett bei nunmehr größerer Hitze das restliche Gemüse, Schalotten und Knoblauch andünsten, dabei salzen und pfeffern. Mit Fond und Wermut auffüllen und eine Minute sprudelnd kochen. Neben den Knallbonbons verteilen, Basilikum darüberstreuen und sofort zu Tisch bringen.

Tip: Chiliöl kann man fertig kaufen, auch selber machen: eine kleine Handvoll getrockneter Chilischoten in 1/4 l Oliven- oder Sonnenblumenöl so lange sanft kochen, bis ein intensiver Duft entsteht. Dann durch ein Sieb filtern und in ein Schraubglas füllen. Für das Chiliöl gilt wie für Würzöle: stets dunkel aufbewahren!

Dazu paßt besonders gut ein etwas aromatischer, trockener oder fruchtiger Weißwein – zum Beispiel ein Riesling von der Nahe oder der Mosel, Muskateller aus Baden oder Württemberg, Scheurebe oder Traminer.

Linsengerichte – Leib-speisen und Alltagsessen

Linsen gehören, wie Erbsen und Saubohnen, zu den ältesten Lebensmitteln der Menschen. Man vermutet sogar, daß man den Wert der winzigen Früchte in den trockenen Hülsen der unscheinbaren Schoten bereits entdeckt hatte, bevor man Getreide kannte. Sicher jedenfalls ist, daß sie schon in biblischen Zeiten leidenschaftliche Liebhaber hatten: Esau verkaufte schließlich sein Erstgeburtsrecht für ein Linsengericht … Die Tatsache ist im Alten Testament dokumentiert – leider nicht das Rezept. Wir wissen nur, daß es sich dabei um rote Linsen gehandelt hat. Bei Moses nachzulesen.

Rote Linsen sind heute immer noch in der Türkei und Ägypten, vor allem aber in Indien und zunehmend auch bei uns beliebt. Andere Sorten kennt man in fast allen Ländern der Welt – Linsen sind ein wahrhaft internationales Nahrungsmittel. Bei uns üblich sind die sogenannten *Tellerlinsen*. Ein Begriff, der sich erst seit den sechziger Jahren eingebürgert hat, wohl abgewandelt von dem bis dahin üblichen Wort *Hellerlinsen*. Man bezeichnete damit eine ganz bestimmte Linsengröße (zwischen 6 und 7 mm Durchmesser) – wahrscheinlich weil diese Sorte einstmals um einen Heller zu haben war. Sie sind ungekocht bräunlich-grün, werden beim Kochen etwas dunkler. Die stattlichen *Riesenlinsen* (alles, was größer als 7 mm ist) gibt es bei uns selten.

Immer häufiger findet man jedoch die winzigen, manchmal sogar fast nur stecknadelkopfgroßen Linsen bei uns. Sie kommen aus Frankreich, aus Le Puy im Massif Central, sind mittelbraun oder grün, manchmal schwarzgefleckt. Weil die wichtigsten Aroma- und Geschmacksstoffe vor allem in der Schale stecken, schmecken Linsen um so linsiger, je kleiner sie sind.

Die *roten* beziehungsweise fast pinkfarbenen oder *gelben Linsen* kommen aus der Türkei oder Asien. Sie sind von der äußeren Schale befreit, weshalb sie weniger ausgeprägt schmecken und schon nach kurzer Garzeit weich sind, dabei aber leicht zu Brei zerkochen.

Im Prinzip kann man für die verschiedenen Rezepte die Art von Linsen verwenden, die man am liebsten mag – man muß nur die sehr unterschiedlichen Garzeiten beachten.

Einweichen spart in jedem Fall Kochzeit, ist aber weniger nötig, wenn man erstklassige, frische Linsen kauft. Nur alte Linsen müssen zwei Stunden kochen! Gute Tellerlinsen sind auch ohne Einweichen in einer knappen Stunde gar, die kleinen Le-Puy-Linsen in etwa 30 Minuten, geschälte Linsen in nur einer Viertelstunde. Weicht man die Linsen über Nacht ein, kann man die

Kochzeit fast halbieren. Freilich schmecken Linsen um so besser, je weniger sie ausgelaugt werden. Das Einweichwasser wird weggekippt und die Linsen mit Fleisch- oder Gemüsebrühe gekocht, wenn Suppe, Eintopf oder Linsengemüse daraus werden soll. Für Salat kann man die Linsen im Einweichwasser garen – es wird ohnehin weggeschüttet.

Vor allem in armen und kargen Gegenden, wo man sich nur wenig Fleisch leisten kann und in Ländern, in denen viel vegetarisch gegessen wird, gehören die Linsen zu den wichtigsten Eiweißlieferanten. So auch in den Mittelgebirgsregionen Deutschlands, wo man bis in den letzten Krieg hinein die Linsen als Zwischensaat in den Getreidefeldern ausbrachte – die Halme dienten dann als Kletterhilfe für die Schmetterlingsblütler, deren kleine Schoten zusammen mit dem Korn gedroschen wurden.

In Schwaben ist der Linseneintopf, niemand wagt daran zu zweifeln, heute noch das Nationalgericht, das man in jedem Gasthof essen kann – mal mehr, mal weniger gut zubereitet.

Rote Linsen mit Knoblauch

Diese Linsen passen bestens als Beilage zu einem kurz-
gebratenen Stück Fleisch, zum Beispiel Lammkotelett,
aber auch zu gebratenem Huhn oder Fisch.

Für vier Personen:
500 g rote Linsen, 1 TL Kurkuma, 1/2 TL Kreuzkümmel,
Salz, 1 l Wasser, Saft von 1/2 Zitrone,
6 – 7 Knoblauchzehen, 50 g Butterschmalz,
4 – 5 Frühlingszwiebeln

1. Linsen mit Kurkuma und Kreuzkümmel in Salzwasser
   20 bis 25 Minuten richtig weich, also zu Brei kochen.
   Mit dem Schneebesen zu einem dicken Püree schlagen
   und mit Zitronensaft abschmecken.
2. Die Knoblauchzehen in feine Scheibchen schneiden
   und im Butterschmalz vorsichtig anrösten, dabei dürfen sie nicht zu dunkel werden, weil sie sonst bitter
   schmecken. Mitsamt dem Bratfett über das Püree
   gießen und zum Schluß feingeschnittene Frühlingszwiebeln darüberstreuen.

Tip: Bleibt etwas übrig, kann man es am folgenden Tag
kalt als Vorspeise servieren, angemacht mit etwas gehackter Zwiebel, viel Zitronensaft und wenig Öl.

Schwäbische Linsen
mit Spätzle und Würschtle

Meistens bekommt man sie nach Omas Rezept serviert – fast breiig gekocht, mit Mehl gebunden, allenfalls mit gedünsteten Zwiebeln oder etwas Petersilie angereichert und mit Salz kärglich abgeschmeckt. Wir lieben die Linsen heute eher mit leichtem, aber wirklich kaum zu ahnenden Biß (das ist die Kunst!) und mit reichlich aromagebendem Gemüse; wir binden mit der Sämigkeit verkochter Kartoffeln statt mit Mehl und würzen herzhaft!

Für vier Personen:

Linsen:
250 g braune Linsen, ca. 1 l kräftige Fleischbrühe,
1 Lorbeerblatt, 2 große Kartoffeln,
je eine Möhre und Lauchstange, 1/2 Sellerieknolle,
1 – 2 Knoblauchzehen, 1 Zwiebel, 2 EL Butter,
je 1 Schuß Essig und Rotwein, Salz, Pfeffer aus der Mühle,
1 Bund Petersilie

Spätzle:
3 Eier, ca. 200 g Mehl, Salz

Außerdem:
4 – 5 Paar Saiten-, Frankfurter oder Wiener Würstchen,
Senf, Essig zum Nachwürzen

1. Linsen mit Brühe bedecken, das Lorbeerblatt und die rohen, geschälten, kleingewürfelten Kartoffeln zufügen. Zugedeckt etwa 25 bis 30 Minuten fast weich kochen.
2. In der Zwischenzeit das Wurzelgemüse putzen und in linsengroße Würfel schneiden. In einer Pfanne andünsten, dabei salzen – sie dürfen auf keinen Fall bräunen.
3. Zu den Linsen fügen, Wein und Essig angießen. Noch etwa zehn Minuten leise köcheln lassen.
4. Mit Salz und Pfeffer abschmecken und reichlich feingehackte Petersilie unterrühren.
5. Für den Spätzleteig Eier und Mehl mit einem Holzlöffel glattrühren, sofort salzen. So lange schlagen, bis der Teig seidig wirkt und Blasen wirft. Von einem nassen Holzbrettchen in dünnen Streifen in kochendes Salzwasser schaben oder durch ein spezielles Spätzlesieb drücken.
6. Oben schwimmende Spätzle mit einer Schaumkelle herausheben. In heißem Wasser aufbewahren, damit sie nicht zusammenkleben. Schließlich gut abgetrocknet auf einer Platte im Ofen warm stellen.
7. Unterdessen die Würstchen in leise siedendem Wasser erhitzen.

Auf den Tisch gehört Senf (für die Würstchen), außerdem ein guter, möglichst aromatischer Essig, mit dem man sich seinen Eintopf nachwürzen kann: Der Essig hilft mit seiner Säure der Verdauung. Besonders gut und nicht zu sauer ist Aceto balsamico aus Italien.

Lauwarmer Linsensalat
mit pfannengerührten Garnelen

Eine asiatisch-aromatische, preiswerte Abwandlung des in Luxusrestaurants modisch gewordenen Hummers auf Linsensalat. Dazu paßt ein trockener Traminer oder Muskateller.

Vorspeise für vier bis sechs Personen:
250 g Linsen, Salz, 1 Lorbeerblatt

Marinade:
1 Stück Ingwerwurzel von ca. 2 cm, 2 Knoblauchzehen,
4 Frühlingszwiebeln, je 1 rote und grüne Chilischote,
4 EL Erdnußöl, 2 EL Aceto balsamico, Pfeffer

Garnelen:
250 g rohe Garnelenschwänze (frisch oder
tiefgekühlt), 1 TL Stärke, 1 EL Sesamöl,
1 Prise Zucker, 2 EL Sojasauce,
2 EL Sherry, 1 Bündchen glatte
Petersilie

1. Die Linsen in Salzwasser mit dem Lorbeerblatt weich kochen. Abgießen und sofort anmachen.
2. Dafür Ingwer und Knoblauch

winzig fein würfeln. Das Weiße der Frühlingszwiebeln in sehr feine, das Grün in zentimeterbreite Ringe schneiden. Jeweils die Hälfte zu den Linsen geben. Ebenso die Hälfte der genauso klein gewürfelten, zuvor entkernten Chilischoten. Mit 2 EL Öl, Essig, Salz und Pfeffer würzen, gut umwenden.

3. Die Garnelen den Rücken entlang aufschlitzen und den schwarzen Darm entfernen. Garnelen waschen, abtrocknen, mit der Speisestärke überpudern und diese gründlich einmassieren.

4. Die restlichen Ingwer-, Knoblauch- und Chiliwürfel in einer Pfanne oder einem Wok in einer Mischung aus dem restlichen Erdnußöl und dem Sesamöl unter Rühren scharf anbraten. Bevor sie sich braun färben, die Garnelen und die restlichen Frühlingszwiebeln zufügen. Zuckern, salzen, pfeffern, dabei unermüdlich in der Pfanne umherwirbeln. Etwa eine halbe Minute lang braten.

5. Sojasauce und Sherry angießen. Nochmals aufkochen, auf den noch lauwarmen Linsen anrichten und sofort servieren, denn im Gegensatz zwischen lauwarm und heiß liegt hier der Reiz.

Kastilisches Linsengemüse

Eine würzige, intensiv schmeckende Gemüsebeilage, die vor allem gut zu kräftigem dunklem Fleisch schmeckt – in Rotwein geschmortes Lamm, Rind, Wild oder Wildgeflügel. In Spanien bereitet man die Linsen in einem irdenen Topf zu, der über Nacht in die noch heiße Asche gestellt wird – wir behelfen uns mit einem gußeisernen Topf und köcheln langsam auf ganz kleiner Einstellung.

Für vier Personen:

200 g braune Linsen, 2 EL Schweineschmalz,
2 Knoblauchzehen, 1 Zwiebel, 1 – 4 Chilischoten (je nach
Schärfe und persönlichem Belieben), 2 EL Tomatenmark,
1/2 l kräftige Fleischbrühe (Kalb oder Huhn),
Salz, Pfeffer, 1 ordentlicher Schuß kräftiger Rotwein
(Rioja, Ribera del Duero),
1 Bündchen Petersilie, Kerbel, Estragon oder Koriander

1. Die Linsen gründlich waschen, aber nicht einweichen.
2. Im Schweineschmalz die gehackten Knoblauchzehen, die fein gewürfelte Zwiebel und die kleingeschnittenen Chilischoten andünsten. Kurz bevor sie zu rösten beginnen, das Tomatenmark zufügen und unter ständigem Rühren etwas Farbe nehmen lassen.
3. Mit der Brühe aufgießen und die Linsen zufügen. Aufkochen lassen, dann die Temperatur herunterschalten auf sehr kleine Stufe. Wenn die Brühe nicht mehr kocht, den Topf zudecken und die Linsen in etwa 3 Stunden weich werden lassen, ohne die Brühe ins Kochen geraten zu lassen – die Linsen behalten dann ihre Form.
4. Mit Salz, Pfeffer und einem guten Schuß Rotwein abschmecken.
5. Mit reichlich frischen Kräutern würzen.

Linsen-Reis-Eintopf

Ein Rezept aus Ägypten, wo auch heute noch die Linsen eine Hauptrolle spielen. Kann für sich allein gegessen werden, begleitet von Tee aus frischer Minze, Bier oder einem jungen Weißwein; schmeckt aber ebenso als Beilage zu Fleisch.

Für vier Personen:

200 g Linsen, Salz, 2 große Zwiebeln, 4 EL Olivenöl extra,
200 g Reis, Pfeffer, 4 große Fleischtomaten,
1 TL Kreuzkümmel, Cayenne,
1 Bund frischer Koriander oder glattblättrige Petersilie

1. Die Linsen gar kochen.
2. Unterdessen die Zwiebeln in Scheiben hobeln und in 2 EL Öl glasig dünsten. Den Reis zufügen und mit gut der doppelten Menge Wasser auffüllen. Ebenfalls salzen und mit nicht zuwenig Pfeffer würzen. Zugedeckt langsam ausquellen lassen – wie einen Pilaw-Reis.
3. Die Tomaten überbrühen, häuten, entkernen und grob würfeln. In den übrigen 2 EL Öl erhitzen und anschmelzen, aber nicht verkochen lassen. Dabei mit Kreuzkümmel, Cayenne und der Hälfte der abgezupften Korianderblätter, ersatzweise Petersilie, würzen. Ebenfalls salzen.
4. Die Linsen, eventuell mit etwas Kochsud, zu dem Zwiebelreis geben, vermischen, abschmecken und in eine Schüssel füllen. Die Tomaten darauf verteilen und mit den restlichen Blättern bestreuen.

Linsensalat mit Kalbskopf

Weil Linsen als Salat derzeit besonders beliebt sind, hier noch ein eher europäisches Rezept. Servieren Sie dazu einen jungen, säurebetonten Rosé (Weißherbst).

Vorspeise für vier bis sechs Personen:
100 g Linsen, Salz, je 2 EL winzig fein gewürfelte Möhre, Sellerie und Lauch, 2 EL starker Sherry-Essig, 4 EL Olivenöl extra, Pfeffer, 500 g gekochter Kalbskopf (oder eine gute Sülze)

Außerdem:
ein paar Salatblätter (z. B. Kopfsalat oder Lollo Rosso), nach Belieben auch einen Mesclun (gemischte junge Blätter aus Frankreich, einige davon mit leichter Bitterkeit), Löwenzahn oder Rauke, je 2 EL Schnittlauchröllchen und gehackte Petersilie

1. Die Linsen mit Wasser gerade bedecken, salzen und gar kochen; die letzten zwei Minuten auch die Gemüsewürfelchen darin garen. Zum Schluß soll nur noch wenig sämig-sanfte Flüssigkeit vorhanden sein.
2. Aus Essig, Öl, Salz und Pfeffer eine Marinade anrühren. In der Hälfte davon die noch heißen Linsen anmachen. Lauwarm werden lassen.
3. Den Kalbskopf in kleine Würfel schneiden, mit der restlichen Marinade beträufeln und auf den Linsen verteilen. Er soll sich nun leicht erwärmen, so daß er sanft und geschmeidig wird.

4. Vorspeisenteller mit Salatblättern belegen und den Linsensalat darauf anrichten.
5. Mit den gehackten Kräutern bestreuen und mit knusprigem Weißbrot servieren.

Mit Linsenpüree gefüllte Paprika

Eine ebenso pfiffige wie köstliche Vorspeise, zu der ein junger, aromatischer Weißwein paßt.

Für sechs Personen:
150 g rote Linsen, 2 Zwiebeln, 4 EL Olivenöl extra,
5 Frühlingszwiebeln mit Grün, 1 Bund Petersilie,
2 TL Kreuzkümmel, 3 TL Paprikapulver edelsüß,
1 Messerspitze Cayennepfeffer, Saft von 2 Zitronen, Salz,
etwas frisch geriebenes Weißbrot,
12 kleine, dünnwandige, gelblich-hellgrüne Paprikaschoten

1. Die Linsen in nicht zuviel Wasser gar kochen.
2. Unterdessen die Zwiebeln fein würfeln und in der Hälfte des Öls golden rösten. Frühlingszwiebeln und Petersilie hacken.
3. Die weich gekochten, gerade eben noch nicht zerfallenden Linsen abgießen. Röst- und Frühlingszwiebeln, Petersilie, die Gewürze, Zitronensaft, Öl und Salz zufügen, mischen und so viel frisch geriebenes Weißbrot zufügen, daß ein dicker Brei entsteht.
4. In die längs halbierten und entkernten Paprikaschoten füllen.

Die Rose des Winters: Radicchio

Noch vor wenigen Jahrzehnten war Radicchio eine exotische Erscheinung auf unseren Märkten – heute findet man ihn ganz selbstverständlich in jedem Supermarkt. Beim Handel ist er beliebt, denn seine Blätter welken nicht so schnell wie die anderer Salate. Und die Kunden schätzen ihn, weil es kaum Abfall gibt und seine einzigartige Farbe gelbe und grüne Salate auf das Appetitlichste ziert.

Tatsächlich wird Radicchio (gesprochen: *radickio)* bei uns fast ausschließlich als Salat verzehrt – in Italien hingegen sieht man ihn viel öfter als Gemüse, man ißt ihn gekocht, geschmort, gebraten, gebakken und fritiert. Köstlich!

Die eigentliche Heimat des Radicchio ist Venetien – verschiedene

Städte am Südrand der Alpen und in der Poebene haben den Sorten ihren Namen geliehen. In unseren Läden dominiert die dunkelviolette *Rose von Chioggia* (gesprochen: *kiodja),* die ganzjährig angebaut werden kann und ganz von selbst recht große und geschlossene Köpfe bildet. Diese und einige verwandte Sorten werden südlich von Venedig geradezu industriell angebaut und kosten daher nicht viel. Allerdings schmecken sie auch recht langweilig, die ausgeprägte Bitterkeit der klassischen Radicchiosorten hat man weggezüchtet – der mitteleuropäische Verbraucher liebt es eben mild! Die Blätter des Chioggia-Radicchio sind zur Dekoration und zum Salat, nicht aber zum Kochen geeignet.

Die Italiener ziehen edlere und damit natürlich auch teurere Sorten vor: den schlanken *Radicchio di Treviso* mit den fleischigen, weißen Rippen in den lila Blättern, der keine geschlossenen Köpfe, sondern lockere, fast an Chicorée erinnernde Kolben bildet, und die großen, lockeren Rosen des *Radicchio di Castelfranco,* dessen rotviolett gesprenkelte Blätter elfenbeinfarben schimmern. Daneben gibt es den *Radicchio di Verona* mit kleinen, nicht ganz geschlossenen Knollen, den grünen *Radicchio di Milano,* auch *Grumolo* genannt (bei uns nur sehr selten angeboten).

Die Kultur des Trevisaner Radicchio und desjenigen von Castelfranco unterscheidet sich grundsätzlich von der in Chioggia – sie ist unglaublich aufwendig und mit viel Handarbeit und Verlust verbunden, weshalb dieses feine Gemüse nicht billig sein kann. Man findet beide Sorten inzwischen auch bei uns auf den großstädtischen Märkten und in guten italienischen Geschäften.

Radicchio ist eine zweijährige Pflanze, wie Chicorée und Endivie aus der Wegwarte gezüchtet. Im April wird er nach den Frösten gesät, nicht zu früh, sonst schießt er aus. Im Mai/Juni muß man die Pflänzchen vereinzeln.

Beim Trevisano werden Anfang September die Blätter hochgebunden und zusammengeschnürt, damit sein Herz bleicht. Ende November, vor den ersten Frösten, gräbt man die Pflanzen aus, säubert die mächtigen Pfahlwurzeln und stellt sie dicht nebeneinander in große, flache Wannen, durch die man Wasser laufen läßt, das nur die Wurzeln, nicht aber die Blätter erreichen darf. Natürlich geschieht dies an frostsicherem Ort und vor Licht geschützt. Ab Dezember kann »geerntet« werden: Die zarten Herzen mit den weißen Stengeln werden aus einem riesigen Paket fauler und ledriger Blätter geschält – es gibt unwahrscheinlich viel Abfall! Von der Wurzel läßt man ein bis zu fünf Zentimeter langes Stück daran, man kann sie essen: feingerapselt oder in dünne Scheibchen gehobelt im Salat, auch mitgedünstet im Risotto! Die Italiener lieben ihre ausgeprägte, appetitanregende Bitterkeit.

Beim Castelfranco werden Mitte August alle Blätter abgemäht, man ißt sie als Salat oder Gemüse. Die Wurzeln treiben anschließend neu aus und bilden wunderschöne Rosen. Auch diese Pflanzen gräbt man erst vor dem Frost aus, setzt sie in große Kästen und stellt sie in einen dunklen Raum mit etwa 15 Grad – nach zwei Wochen sind die Blätter hell, milde und zart.

Die Saison für diese beiden Spezialitäten – die schönsten Blüten des Winters – dauert jeweils nur von Dezember bis in den frühen März!

Radicchiobällchen

Ein hübscher Bissen zum Glas Wein, der sich beim Steh-
aperitif bequem aus der Hand essen läßt!

Für sechs Personen:

500 g Radicchio (Castelfranco), Salz,
1 altbackenes Brötchen, 3 – 4 EL Milch,
100 g geriebener Parmesan, 3 Eier, 100 g Semmelbrösel,
1 Bund Petersilie, 1 EL Kapern, 2 – 3 Cornichons,
1 EL Worcestershire-Sauce, Pfeffer,
Muskat, Mehl zum Wenden, Öl zum Ausbacken

1. Radicchio putzen, die Blätter ablösen und waschen. In
   Salzwasser 10 Minuten garen, abschrecken, gut ausdrücken und hacken.
2. Das Brötchen würfeln, mit der lauwarmen Milch beträufeln und einweichen.
3. Diese Brötchenmasse mit Radicchio, Käse, Eiern, Brö-
   seln, Petersilie, Kapern und Cornichons im Mixer zu
   einer nicht zu weichen, glatten Paste mischen. Mit
   Worcestershire-Sauce, Salz, Pfeffer und Muskat abschmecken.
4. Aus dieser Masse mit nassen Händen walnußgroße
   Bällchen formen, diese in Mehl wenden und in heißem
   Öl schwimmend ausbacken.

Tip: Dazu einen trockenen Prosecco oder Spumante
servieren.

Kalbsmedaillons mit Radicchio

Für vier Personen:

500 g Kalbsfilet oder -lende, Mehl zum
Wenden, 4 EL Olivenöl,
Salz, Pfeffer, 1 Zwiebel,
500 g Radicchio (Treviso),
1/4 l Prosecco oder duftiger
Weißwein

1. Das Fleisch in dünne Medaillons schneiden. Mit Mehl
   bestäuben, alles überschüssige Mehl gründlich abschütteln – es sollte nur von einem hauchzarten Film
   überzogen sein.
2. Die Medaillons im heißen Öl rasch auf beiden Seiten
   bräunen, dabei salzen und pfeffern. Zwischen zwei
   Tellern warm stellen.
3. Die Zwiebel fein hacken und im in der Pfanne verbliebenen Bratfett andünsten.
4. Den Radicchio in Streifen schneiden und zufügen. Mit
   Prosecco ablöschen. Zugedeckt 15 Minuten schmoren.
   Abschmecken und auf einer Platte als Bett verteilen.
5. Die Schnitzelchen darauf anrichten und servieren.

Tip: Auf einer weich gehaltenen **Polenta** servieren.
Dafür 1/5 l (200 g) Wasser mit 1/10 l (100 g) Milch mit
einer guten Prise Salz aufkochen, 100 g Maisgrieß einrühren und auf mildem Feuer ganz leise etwa 40 Minuten köcheln; dabei immer wieder rühren, damit keine

Klümpchen entstehen und nichts anbrennt. Diese breiartige, wunderbar geschmeidige Polenta wird als heißer Klecks auf Tellern angerichtet und kann zusätzlich noch mit schmelzendem Käse, mit Schinken- oder Gänseleberscheiben belegt werden.

Gegrillter Radicchio

Eine herrliche Beilage zu gegrilltem oder gebratenem Fleisch. Auch ein feine Vorspeise!

Für vier Personen:

4 Radicchiostauden (Treviso), Salz, Pfeffer,
etwa 6 EL Olivenöl

1. Die Radicchiostauden längs halbieren, die Wurzel schälen, jedoch dranlassen.
2. Die Hälften mit Wasser tränken, mit der aufgeschnittenen Fläche nach oben nebeneinander auslegen. Mit Salz und Pfeffer bestreuen, darauf achten, daß genügend zwischen den Blättern verschwindet.
3. Gleichmäßig mit Olivenöl benetzen. Etwa 15 Minuten durchziehen lassen.
4. Über dem heißen Grill auf beiden Seiten schön knusprig werden lassen.

Tip: Man kann den Radicchio auch in einer feuerfesten Form im 200 Grad heißen Ofen etwa 20 bis 30 Minuten schmoren.

Schinkenröllchen mit Radicchio

Eine hübsche Idee fürs Partybuffet.

Für vier Personen:

*12 dünne Scheiben luftgetrockneter Schinken (San Daniele),
12 dünne Scheiben Käse, 100 g Quark, 10 grüne Oliven,
1 EL Kapern, Saft einer halben Zitrone, 6 EL Olivenöl, Salz,
Pfeffer, 12 Radicchioblätter (Castelfranco)*

1. Auf der Arbeitsfläche die Schinkenscheiben ausbreiten, auf jede eine Käsescheibe betten.
2. Quark, entsteinte Oliven, Kapern, Zitronensaft und Öl im Mixer zu einer Paste mischen, salzen und pfeffern. Die Hälfte davon auf den Käsescheiben verstreichen.
3. Die andere Hälfte in die Radicchioblätter wickeln. Diese Päckchen schließlich in die Schinken-Käse-Scheiben einrollen.

Tip: Als Vorspeise mit einem frischen, trockenen Weißwein servieren.

Süßsauer eingelegter Radicchio

Für vier Personen:

*6 Radicchiostauden vom Grill (siehe Rezept Seite 319),
4 Zwiebeln, 1/8 l bestes Olivenöl, 2 EL Pinienkerne,
2 EL Rosinen, 1 Glas Rotweinessig, Salz, Pfeffer*

1. Die gegrillten Radicchiohälften nebeneinander in eine flache Form setzen.
2. Die Zwiebeln in Halbringe hobeln, in etwas Olivenöl so weich dünsten, daß sie noch Biß haben, aber nicht bräunen. Pinien und Rosinen zufügen. Mit Essig ablöschen, salzen und pfeffern.
3. Diese Marinade über den Radicchio verteilen. Etwa zwei Tage im Kühlschrank marinieren.

Tip: Wenigstens zwei Stunden vor dem Essen aus dem Kühlschrank nehmen und zimmerwarm als Vorspeise oder als Begleitung zu einer Wurst-Schinken-Platte servieren.

Radicchiogemüse und Rinderfilet

Für vier Personen:
*200 g Radicchio (Treviso), 4 EL Olivenöl, 1 große Zwiebel,
2 Knoblauchzehen, 1 Glas Rotwein, Salz, Pfeffer,
300 g abgehangenes Rinderfilet, 2 EL Butter*

1. Radicchio in feine Streifen schneiden. Zwiebel und Knoblauch hacken.
2. In einer Pfanne 2 EL Öl erhitzen und den Radicchio darin andünsten. Zwiebel und Knoblauch zufügen. Etwa fünf Minuten dünsten, dabei sollen die Zwiebeln weich werden, aber nicht bräunen.
3. Mit dem Wein ablöschen, salzen und pfeffern. Köcheln lassen, bis kaum mehr Flüssigkeit vorhanden ist.

4. Unterdessen das Fleisch in sehr dünne Scheiben schneiden. In einer zweiten Pfanne im rauchend-heißen Öl sekundenschnell unter Rühren anbraten, dabei salzen und pfeffern.
5. Schließlich die Butter zufügen und zu guter Letzt auch das Radicchiogemüse untermischen. Sofort zu Tisch bringen – mit einem sahnigen Kartoffelpüree oder einer weichen Polenta (siehe Seite 310).

Radicchiosalat mit Schinken und Huhn

Für vier Personen:

100 g gekochter Schinken, 100 g gegartes Hühnerfleisch,
200 g Radicchio (Treviso), 3 – 4 EL Zitronensaft,
5 EL Olivenöl, Salz, Pfeffer,
eine gute Handvoll Rucola (Raukeblätter)

1. Schinken, Hühnerfleisch und Radicchio in feine Streifen schneiden.
2. Aus Zitronensaft, Öl, Salz und Pfeffer eine Marinade rühren und die vorbereiteten Zutaten damit anmachen.
3. Nicht mehr lange durchziehen lassen, sondern möglichst bald auf einem Bett von Raukeblättern anrichten und sofort servieren.

Tipp: Als Vorspeise oder Imbiß servieren.

Radicchiorisotto

Mehr über Risotto auf den Seiten 47 bis 61.

Für sechs Personen:
100 g Butter, 1 Zwiebel,
6 Radicchiokolben vom Grill (siehe Seite 311),
400 g Risottoreis (am besten Carnaroli), 1 Glas Weißwein,
etwa 2 l Gemüse- oder auch Fleischbrühe, 1 kleiner Apfel,
Salz, Pfeffer, 50 g frisch geriebener Parmesan

1. Die Hälfte der Butter in einem Topf zerlassen und die sehr fein gehackte Zwiebel darin andünsten.
2. Den Radicchio in schmale Streifen schneiden und zufügen.
3. Wenn die Blätter zusammengefallen sind, den Reis hineinrieseln lassen und alles gut durchmischen. Den Reis so mitdünsten, bis er glasig geworden ist.
4. Jetzt mit Wein ablöschen. Sobald er verdampft ist, mit etwas heißer Brühe gerade eben bedecken. Auf mittlerem Feuer leise köcheln. Immer wieder etwas Brühe nachgießen, falls der Reis zu trocken zu werden beginnt.
5. Nach etwa 10 Minuten den feingewürfelten Apfel unterrühren. Mit Salz und Pfeffer würzen.
6. Insgesamt 20 bis 25 Minuten köcheln, bis der Reis gar ist, im Kern jedoch noch Biß hat.
7. Zum Schluß die restliche Butter und den Käse unterrühren. Den Risotto noch fünf Minuten ziehen lassen, bevor er serviert wird.

Gedünstete Radicchioröllchen

Für vier Personen:

4 – 6 Radicchiostauden (Treviso), Salz,
10 – 12 Scheiben gekochter Schinken,
10 – 12 Scheiben Fontinakäse,
etwas Butter für die Form und für Flöckchen

1. Die Radicchiostauden längs halbieren, in Salzwasser 10 Minuten blanchieren. Dann kalt abschrecken, gut ausdrücken, dabei das Wasser auffangen, die Stauden längs vierteln.
2. Die Schinkenscheiben nebeneinander auf der Arbeitsfläche ausbreiten, jeweils eine Käsescheibe auflegen, schließlich ein Stück Radicchiostaude darauf packen.
3. Aufrollen und nebeneinander in eine gebutterte feuerfeste Form legen, mit Butterflöckchen belegen. Mit dem aufgefangenen Radicchiosaft beträufeln.
4. In den 200 Grad heißen Ofen schieben und 15 bis 20 Minuten überbacken.

Tip: Schmeckt allein, ist eine hübsche Vorspeise und paßt auch als Beilage zu Koteletts, Rindersteaks und Schmorbraten. Als Getränk empfiehlt sich ein kräftiger, gerbsäurereicher, herzhafter Rotwein.

Wenn's beim Salat
um die Wurst geht!

Die einen schätzen ihn als eine Delikatesse für den Hunger zwischendurch, die anderen empfinden ihn als puren Wirtshausgraus. Ihnen klingt »Wurstsalat«, nicht ganz zu Unrecht, nur nach billiger Kneipe – man sieht ihn gleich vor sich: Schlampig geschnittene Wurst-scheiben, welke und oll stinkende Zwiebelringe, auf der wäßrigen, fast über den Tellerrand schwappenden Brühe schwimmen ein paar anklagende Fettaugen ... Daß dies nicht sein muß, wissen eben die anderen, die sich ihren Wurstsalat lieber selber machen – mit jener Aufmerk-samkeit und Sorgfalt, die echte Feinschmecker auch den einfachen Dingen der alltäglichen Küche zukommen las-sen. Denn Wurstsalat macht nur gut, wer beste Zutaten wohldosiert und mit Zungenspitzengefühl einsetzt!

Alle Arten von gebrühten Würsten, Würstchen und Wurstwaren sind für Salate geeignet. Rohe Würste wie Salami, Cervelat oder Schlackwurst dagegen weniger, und Kochwürste, wie Leberwurst, gar nicht. Ob man lie-ber Wurst mit Fettaugen nimmt (zum Beispiel Bierwurst, Blutwurst oder die in Bayern so gerne verwendeten Regensburger) oder eine glatt verarbeitete Fleischwurst (Jagdwurst, Lyoner), bleibt dem persönlichen Ge-schmack überlassen. Vom Metzger läßt man sich die Wurst aufschneiden, wenn man den Salat am selben Tag machen will – sonst die Wurst am Stück kaufen und selbst in möglichst dünne, gleichmäßige Scheiben, Würfel oder Streifen schneiden. Dafür ist ein großes Messer mit dünner, schmaler und gut geschärfter Klinge nötig, denn die meisten Haushalts-Allesschneider müssen in diesem Fall passen.

An Wurstsalat gehört im allgemeinen Zwiebel. Man kann variieren zwischen herzhafter brauner oder lila Haushaltszwiebel, feiner Schalotte, milden weißen oder Frühlingszwiebeln mit ihrem süßlich schmeckendem Grün. Knoblauch mag als Ergänzung willkommen sein.

Es passen eigentlich alle zartblättrigen Kräuter. Vorzugsweise beschränkt man sich aber auf eine Sorte, um den

Charakter der Wurst gut und eindeutig zu unterstrei-
chen. Mit Salz wird man sparsam umgehen können,
denn die Würste sind ja ohnehin salzig. Eine ordentliche
Prise die Verdauung anregender Schärfe (Pfeffer, Piment,
Chili oder Peperoncini, Tabasco, Chilisauce, Ingwer,
Worcestershire-Sauce) tut aber gut.

Am wichtigsten ist jedoch der richtige Umgang mit Essig
und Öl: Von letzterem braucht man relativ wenig – in der
Wurst ist schließlich genug Fett; man verwendet das Öl
also eher als Aromaspender und um den Salat geschmeidig zu machen. Beim Essig beschränke man sich ebenfalls, denn zuviel Säure »bricht« das Aroma der Wurst.
Sehr saure Essige – etwa französischen oder italienischen
reinen Weinessig und Sherry-Essig – sollte man mit
etwas Wasser oder Brühe verdünnen. Mit Obstessig,
Aceto balsamico und Zitronensaft darf man dagegen
großzügig sein.

Tip: Wurstsalate sind bestens geeignet, Reste aufzu-
nehmen: Entweder übrige Wurst und Würstchen, aber
auch anderes, wie Semmelknödel, Kartoffeln, Nudeln,
Reis, jegliches gekochte und manches rohe Gemüse sowie Salatblätter jeglicher Art.

Klassischer Wurstsalat

Für vier Personen:

500 – 750 g Fleischwurst, 2 mittelgroße Zwiebeln,
1 Bund Petersilie, 3 EL Obstessig, Salz, Pfeffer,
1 EL Olivenöl extra vergine

Nach Belieben zusätzlich:
Basilikum-, Estragon-, Kerbel-, Liebstöckel- oder
Melisseblättchen, 1 Chilischote, 2 Knoblauchzehen,
ein Stückchen frischer Ingwer,
je ein Schuß Fisch- und Sojasauce

1. Wurst und Zwiebel in möglichst dünne Scheiben bzw. Ringe schneiden – am besten auf der Aufschnittmaschine. Petersilie hacken.
2. Diese Zutaten rasch mit Essig und Gewürzen umwenden, erst zum Schluß das Öl zugeben.

Wichtig: Der Salat darf auf keinen Fall stehen, denn die dünn geschnittenen Zwiebeln oxydieren rasch und schmecken dann scheußlich schweflig-metallisch.

Dazu gibt's Brot oder Bratkartoffeln, als Getränk Bier oder ein säurefrischer, trockener Weißwein.

Schwarzwurstsalat
mit Münsterkäse

Die Schwarz- oder Blutwurst sollte schnittfest sein, also ein wenig getrocknet, mit wenig kleinen Fettwürfelchen. Und der Münsterkäse darf noch nicht vollreif fließen, damit man ihn schneiden kann.

Für zwei bis drei Personen:

400 g Schwarzwurst, 150 g Münsterkäse, 2 Gewürzgurken,
1 Zwiebel, Salz, Pfeffer, 2 EL Weißweinessig,
2 EL geschmacksneutrales Öl, 2 EL Gurkenmarinade,
eine kleine Handvoll Kerbelblättchen

1. Wurst häuten und zunächst in dünne Scheiben, diese in Streifen oder Eckchen schneiden. Auch den Käse in Streifen schneiden.
2. Gurken und Zwiebel fein würfeln.
3. Diese Zutaten mit den Gewürzen und dem Essig umwenden. Ein paar Minuten ziehen lassen, dann erst das Öl und die Gurkenmarinade zugeben.
4. Nun nicht mehr lange stehen lassen und unmittelbar vor dem Servieren die abgezupften Kerbelblättchen untermischen.

Beilage: Brot, Pell- oder Bratkartoffeln. Als Getränk zartbitteres Pils, herber Apfelwein oder ein klar strukturierter, nicht zu säurearmer Wein – Gutedel, Silvaner oder Grüner Veltliner.

Weißwurstsalat

Wenn die Bayern immer noch behaupten, eine Weiß-
wurst dürfe das Mittagsläuten nicht mehr erleben, so
haben sie schon lange nicht mehr recht: Seit die Weißwürste nur gebrüht verkauft werden dürfen und nur
ausnahmsweise roh, wie einst üblich, kann man sie ohne
weiteres zum Abendbrot als Salat essen!

Für vier Personen:

*8 Weißwürste, 4 Frühlingszwiebeln mit Grün,
1 Bund Petersilie (möglichst glattblättrig), 2 Zitronen
(Schale einer Zitrone zum Abreiben, also unbehandelt),
Salz, 1 gehäufter TL Gewürzmischung (siehe Anmerkung),
1 EL Chilisauce, 2 EL neutrales Öl, 1 TL Sesamöl*

1. Würste pellen und in Scheibchen schneiden. Zwiebeln
   und Petersilie hacken.
2. Die Schale einer Zitrone hauchfein abreiben – nur das
   Gelbe wird verwendet. Nach Belieben auch die Schale
   dünn abschneiden und in Streifchen schneiden. Beide
   Zitronen auspressen.
3. Wurst, Zwiebeln, Petersilie und Zitronensaft umwenden, dabei die Zitronenschale, ein wenig Salz, Gewürzmischung und Chilisauce, zum Schluß die beiden
   Ölsorten zufügen. Den Salat rasch servieren.

Dazu passen Laugenbrezeln oder ein herzhaftes Sauerteigbrot, als Getränk Weißbier.

Gewürzmischung kann man auf Vorrat selbst mörsern –
10 Pfefferkörner, ein Stück Muskatblüte (Macis), 1 TL
Koriandersamen, 6 Pimentbeeren. Oder jeweils eine gute
Prise frisch gemahlener Pfeffer, Muskatnuß, Koriander
und Neugewürz (Piment).

Bierschinkensalat auf Schweizer Art

Für vier Personen:

500 g Bierschinken, 250 g Emmentaler, 1 Zwiebel,
2 – 4 Knoblauchzehen, 1 Bund Petersilie,
ein paar Liebstöckel- oder Sellerieblätter (ersatzweise
Selleriesalz), Salz, Pfeffer, Paprika (scharf und/oder mild),
2 EL Weinessig, 1 EL Wein, Fleisch- oder Gemüsebrühe,
2 EL Weizenkeim-, Raps- oder Sonnenblumenöl

1. Wurst in etwa halbzentimeterdicke, vier bis fünf
   Zentimeter lange Streifen schneiden. Den Käse in
   ebenso lange, aber nur halb so dicke Streifen. Zwiebel
   halbieren und in Halbringe, die Knoblauchzehen in
   winzige Würfelchen schneiden. Petersilie und
   Liebstöckel oder Sellerie sehr fein hacken.
2. Alle Zutaten miteinander anmachen – nicht stehen lassen, sonst wird der Käse schmierig.

Tip: Mit Brot und Bier oder Weißwein servieren.

Wurstsalat mit Kernöl und Apfelbalsam

Dazu nimmt man vorzugsweise die feine, in Österreich Extrawurst genannte Fleischwurst, auch Lyoner oder Bierschinken; prima auch mit gekochten Wiener (Frankfurter) Würstchen, selbst Weißwürsten. Und natürlich kann man Preßkopf oder Schweinesülze ebenso anmachen.

Für vier Personen:

500 – 750 g Wurst oder Preßkopf, 1 Frühlingszwiebel, 1 Bündchen Petersilie, wenn vorhanden 1 Stengel Liebstöckel (Maggikraut), Salz, Pfeffer aus der Mühle, 2 – 3 EL Apfelbalsam (siehe Tip), 2 EL Wasser, 3 EL Kürbiskernöl

1. Die Wurst in sehr feine Scheiben schneiden (auf der Aufschnittmaschine) oder schon vom Metzger dünn aufschneiden lassen. Kleinere Scheiben ganz lassen, große Scheiben halbieren oder vierteln.
2. Frühlingszwiebeln mit dem Grün schräg in dünne Scheiben beziehungsweise Ringe schneiden, Petersilie – und Liebstöckel – hacken.
3. Wurst, Zwiebel und Kräuter in eine Schüssel geben, salzen, pfeffern, Essig und Wasser zufügen und umwenden. Dann erst das Öl angießen und nochmals umwenden.

Tip: Apfelbalsam kommt, wie auch das Kernöl, hauptsächlich aus der Steiermark (siehe Bezugsquellen Seite 329). Man kann ihn ersetzen durch eine Mischung aus gutem Apfelessig und Aceto balsamico zu gleichen Teilen.

Varianten: Wer mag, fügt noch Knoblauch hinzu; auch eine Prise Cayenne oder eine feingehackte Chilischote passen gut. Schließlich ist der Phantasie keine Grenzen gesetzt, was eine persönliche Aromanote betrifft. Statt des Liebstöckels kann man nehmen:

- frische Korianderblätter oder Europakoriander (im Asia-Laden – es ist recht unbegreiflich, daß er dort so heißt, denn in Europa kommt er nicht vor!) und etwas feingehackten Ingwer;
- gehäutete, kleingewürfelte Tomate, etwas Basilikum und Knoblauch, Olivenöl und halb normalen Weinessig, halb Balsamessig;
- halb Balsamessig und halb Zitronensaft, außerdem ein paar in Stückchen geschnittene schwarze Oliven, ein gehacktes Sardellenfilet (Anchovis) und 3 TL Kapern;
- halb sehr kräftigen Rotweinessig und halb Zitronensaft sowie Kernöl und noch 125 g in feine Scheiben gehobelte rohe Champignons.

Fleischwurstsalat
auf italienische Art

Früher hat man ihn mit Mayonnaise zubereitet, wodurch er zu einer mächtigen Angelegenheit wurde. Heute halten wir ihn mit Joghurt viel leichter und erfrischender!

Für vier Personen:

*500 – 750 g Fleischwurst
(Lyoner), 2 gekochte
Möhren, 1 Zwiebel,
1 Bund Basilikum,
150 g gekochte Erbsen
(z. B. tiefgekühlt)*

*Sauce:
1 EL Zitronensaft, 1 EL Dijon-Senf, 4 EL Joghurt,
Salz, Pfeffer, je 1 ordentlicher Spritzer Tabasco und
Worcestershire-Sauce, 2 EL Olivenöl extra vergine*

1. Wurst in Scheiben oder Streifen, Möhren und Zwiebel in winzige Würfel, Basilikum in Streifchen schneiden.
2. Mit den Erbsen vermischen und mit der aus den angegebenen Zutaten im Mixer aufgeschlagenen Sauce anmachen.

Tip: Servieren Sie dazu ein warmes, frisch aufgebackenes Weißbrot und einen knochentrockenen Weißwein aus der Franciacorta!

Würstchensalat mit Linsen

Hierzu nimmt man, je nach Gegend und Geschmack, Frankfurter oder Wiener Würstchen, Saiten- oder Bockwürste. Eine hervorragende Resteverwertung!

Für zwei Personen:

2 – 3 Paar gekochte Würstchen, 3 Frühlingszwiebeln,
3 EL gekochte Linsen, 2 EL kräftiger Rotweinessig,
1 – 2 EL Aceto balsamico, Salz, Pfeffer, etwas geriebene
Muskatnuß, 2 EL feingehackte Petersilie,
2 EL aromatisches Öl – zum Beispiel Walnuß- oder
Haselnußöl, Kürbiskern- oder zitronenwürziges Olivenöl
(siehe Seite 286 und Bezugsquellen auf Seite 329)

1. Die Würstchen in dünne Scheibchen schneiden, Frühlingszwiebeln mit Grün hacken.
2. Mit den übrigen Zutaten gut durchmischen.

Tip: Weißbrot oder Kartoffelbrei – oder, falls auch als Rest vorhanden, in den Salat gemischte, in dünne Scheiben geschnittene Semmelknödel oder sogar Spätzle. In den beiden letzteren Fällen für die Salatsauce die doppelte Menge rechnen.
Als Getränk ein junger, fruchtiger Rotwein – zum Beispiel Beaujolais, Bardolino oder ein Zweigelt aus Österreich.

Neckartäler Leberkässalat

Hierzu braucht man unbedingt Stuttgarter Leberkäs, der tatsächlich Leber enthält und, recht dicht in der Konsistenz, einer grob gekutterten Fleischwurst ähnelt.

Für vier Personen:

500 – 750 g Stuttgarter Leberkäs, 1 große, milde Zwiebel,
4 – 6 Cornichons (kleine, essigscharfe Gürkchen),
1/2 rote Paprikaschote, 1 Bund Dill, 2 EL Zitronensaft,
1 EL Weißwein, Salz, Pfeffer, 2 EL Öl

1. Leberkäs dünn aufschneiden und in breite, aber flache Streifen schneiden.
2. Zwiebel, Cornichons, Paprika und Dill sehr fein hacken.
3. Mit den angegebenen Zutaten zum Salat anmachen.

Tip: Dieser Salat schmeckt besonders gut zu Bratkartoffeln, mit einem leichten, trockenen und süffigen Trollinger. Eventuell noch mit 2 TL rosa Beeren (rosa Pfeffer, in Essig eingelegt) oder einer guten Prise frisch in der Pfanne geröstetem und gemahlenem Sichuanpfeffer exotisch und erfrischend würzen.

Bezugsquellen

Wir leben auf dem Land, ziemlich weit weg von interessant be-
stückten Märkten und von Delikateßgeschäften mit ausgesuchtem
Angebot. Wenn wir auch in der glücklichen Lage sind, eine Menge
ungewöhnlicher oder gar fremdartiger Zutaten und Lebensmittel
von unseren vielen berufsbedingten Reisen mitzubringen, so fehlt
uns häufig die Möglichkeit zum gezielten Ein- oder Nachkauf. Und
manche Spezialitäten gibt es einfach nicht überall, weil sie nur in
begrenzter Menge produziert werden und schon deshalb nicht in
großen Läden angeboten werden können. Viele kleine, noch handwerklich arbeitende Hersteller vertreiben daher ihre rare Ware lieber über Versandhäuser, die sich auf solche Nischenprodukte spezialisiert haben. Wir finden es überaus bequem, was wir brauchen,
einfach ins Haus geliefert zu bekommen. Deutsche Weine bestellen
wir bei den Winzern, die wir mögen, am liebsten direkt. Import-
weine und alle übrigen Lebensmittel gern und regelmäßig bei folgenden kleinen Unternehmen:

Vincent Becker
Gewerbestraße 11, 79285 Ebringen bei Freiburg
Tel. 0 76 64/ 9 79 80, Fax 0 76 64/ 97 98 99
Essige aus aller Welt, auch echter Aceto balsamico tradizionale,
unterschiedlichste Ölsorten (zum Beispiel Olio agrumato oder
Kürbiskernöl), eine reiche Auswahl an Spezialitäten aus Italien,
Frankreich und Österreich – sogar eine kleine, aber feine Auswahl
an Weinen und Champagner. Auch originelle, witzige oder schöne
Gerätschaften für Küche, Tafel und Keller.

GARIBALDI
Frohschammerstraße 14, 80807 München
Tel. 0 89/ 3 59 02 22, Fax 0 89/ 3 59 29 29
Wohl das umfassendste Angebot an italienischen Weinen, aus
sämtlichen Regionen und in allen Qualitätsstufen. Dazu eine inter-
essante Auswahl an Spezereien, Fisch in Dosen, Olivenölen,
Saucen, Pasta und anderen Zutaten.

Kössler & Ulbricht GmbH Co. KG
Äußere Bayreuther Straße 350, 90472 Nürnberg
Tel. 09 11/ 52 51 53, Fax 09 11/ 5 29 88 74
Weine aus aller Welt, nicht nur Europa, sondern auch Kalifornien,
Australien und andere Anbaugebiete in Übersee.

LandArt
Egelseestraße 44, A-4866 Unterach am Attersee
Tel. 00 43/ 76 65/ 60 11, Fax 00 43/ 76 65/ 60 11 20
Frisches Fleisch aus artgerechter Haltung, glückliches Geflügel,
daraus handwerklich hergestellte Wurst und Schinken sowie fix
und fertig zubereitete Gerichte.

Thomas Späth
Weinhandel, Franz-Joseph-Straße 43, 80801 München
Tel. 0 89/ 34 47 61, Fax 0 89/ 39 98 63
Spezialisiert auf österreichische Weine. Interessantes Angebot aus
allen Anbaugebieten des Landes.

Tivona Alimentaria
Im Klapperhof 33, 50670 Köln
Tel. 02 21/ 12 04 47, Fax 02 21/ 12 30 90
Feinste Essige (auch Balsamico) und Öle, erlesene Hülsenfrüchte,
unterschiedliche Reissorten, absolute Spitzen-Sardinen in Ölivenöl.

Werner's Naturspezialitäten
A-8503 St. Josef 14
Tel. 00 43/ 31 36/ 8 32 00, Fax 00 43/ 31 36/ 83 20 04
Spezialitäten aus der Steiermark, Marmeladen, feinste Schokolade,
Kürbiskernöl, Brände, Essige und Weine.

Register